フィールド科学の入口

遺跡・遺物の語りを探る

小林達雄・赤坂憲雄 編

玉川大学出版部

遺跡・遺物の語りを探る

目次

Ⅰ部●対談

「人間学」としての考古学の再編

小林達雄×赤坂憲雄

赤坂　これまで農学、自然地理学、民俗学などの分野の研究者との対談をおこなってきました。今回は小林さんにお願いして、考古学のフィールドワークについてうかがうことになります。また、東日本大震災を受けて、可能であれば地震などの災害に関して、考古学の見地からお聞かせいただければと考えています。

小林　考古学といっても、遺跡をはじめ遺跡に残された動植物の遺体や遺構や遺物など、対象はいろいろあります。

夏は、褌ひとつで一日中すごした

赤坂　ここでは、あくまでフィールドワークという視点から、さまざまな知とか学問の魅力を浮き彫りにするというのが趣旨になります。まずちょっと気になっているのですが、どんな分野の学者であっても、それぞれに抱えこんでいる原風景のようなものがあると想像しています。小林さんの出身は新潟でしたね。

小林　新潟県の長岡です。

赤坂　その原風景のようなものは、学問のうえにいかなる影を落としているのか。ここに一枚の写真があります。祖父母やお父さんと写真に納まってます。いや、ほんとにまさしく村の風景ですね。故郷のイメージをお聞かせいただけますか？

小林　そうですね。わたしの家は――いまは東京住まいですけれども――東京とはまったく対照的な、それこそ対極にある環境だったと思いますね。

いまのようなテレビだとかビデオだとかはなんにもなくて、ラジオでさえ正座して睨みつけるように真剣に聴くという時代でした。目に入るのはやっぱり山並みで、季節がくれば山並みが白くなっていく。やがて里に雪が下りてきて、それから半年は雪です。四月の小学校の入学式のとき、雪道を歩いていきました。まさに自然のなかに放り出されている。小学校に入っても、勉強は教室で終わり、帰ってくれば、夏だったら褌《ふんどし》ひとつになって、みんなで一日中すごしているような、そういう感じでしたね。

ただ、現在ではほとんど無雪状態です。同じ雪国出身といっても、いまの若い人の感覚とはだいぶちがうと思いますね。

赤坂　まだ褌でしたか。

小林　そうでした。川で泳ぎますから、赤褌っていうのが大事なんですよ。溺れたときに、赤いから目立つ。だから褌をしめる。それは、赤じゃないとダメです。

赤坂　ほう、そういう理由ですか。

小林　こういうことを知っている人はすくないかもしれない。わたし（の世代）なんかが最後でしょうね。木陰で将棋をしたり、飽きると川に行って魚を獲ったり泳いだりというような毎日でした。

赤坂　どんな山が見えますか?

小林　東山と西山っていいましてね、ようするに、信濃川をはさんで右岸と左岸。右岸が東山、左岸が西山になります。あたりでいちばん高い山が鋸山《のこぎりやま》で、七六五メートルか

鋸山
新潟県長岡市半蔵金《はんぞうがね》にある山。標高七六五メートル。

な。その山に雪がきて、季節を先がけて教えてくれる。ひと冬が終わってやがて春がくると、鋸山の白化粧もとけてきて、やがて逆川《さかさがわ》といって三本の谷に雪が残りました。いわゆる雪形《ゆきがた》です。

赤坂　残雪の形ですね。

小林　いろいろなところで、そういう景観と同調して生活が営まれていますけれども、その景観がタネ蒔きのころあいを教えてくれるんです。

赤坂　タネ蒔き。

小林　コメの籾《もみ》蒔き時期。それと重ねていくわけですね。

左岸のほうには、小木ノ城《おぎのじょう》をはじめ、それぞれ特徴的な山の形があります。山の名前も、あらたまってだれかに教わるわけじゃないですね。日ごろの話題のなかでだれかが、「あれは米山《よねやま》だ」「あれは風谷山《ふうやさん》だ」と口にする。それを聞いているうちに、山の名前が頭に入ってくるわけです。いろんな地名や山の名前が、生活のなかに入っている。

赤坂　なるほど、そのあたりは民俗学と重なりますね。

縄文時代から、山や川の名前は生活のなかに入っている

小林　「北秋田市歴史文化基本構想策定」についての文化庁の補助事業に関わったことがありました（二〇〇八―一〇年）。赤坂さんのところの――東北芸術工科大学の――田口洋美さんなんかも、いっしょに仕事をしたんです。なかなかいい作業でした。ただ、そのとき、いままでのようなとおり一遍の、文化財だけを対象とするのではなくて、どん

雪形
春の雪どけのころ、山肌の残雪が現すさまざまな形。人や馬などに見たててなぞらえ、名前をつける。

米山
新潟県の中越地方と上越地方との境に位置する山。四角錐《すい》（ピラミッド型）の頂上部をもち、よく目立つので、古くから海上交通の目印ともされてきた。標高九九二・五メートル。

風谷山
新潟県長岡市栖吉町《すよしまち》にある山。標高五二一メートル。

田口洋美
一九五七年―。狩猟文化研究者。「狩猟文化研究所」代表。「ブナ林と狩人の会」

な小さな地名も川の名前も、それらは全部文化財なんだから調査すべきだといって勧めたんですが、結局、名前調べまでは実行されませんでした。

赤坂　そうでしたか。

小林　あのあたりだと、昔、林野庁に勤めていたＯＢがいまして、「それはたいせつだと思います、わたしも調べたことがある」と、そういう人からの反応はいい。ところが、教育委員会のいまの若い人には、なかなか具体的な調査対象としてとりあげてもらえなかった。もしもそれを調査したら、とてもユニークな研究になるはずだった。なにもかも教育委員会がやるのではなく、地元の人びとにまかせればいいんですけれどねぇ……。

赤坂　ぼくが東北のマタギの人たちに聞き書きをしているときに、「まず山に入るまえに、先輩たちに何を教えられたか」とたずねると、「山の名前を覚えることだ、もうひたすらそれだった」という答えが返ってきました。縄文人は当然、山に名前をつけていますね。

小林　そう、だから縄文人には迷子はいないと思いますよ。迷子札が必要になったのはそのあと、弥生以降だろうね。

赤坂　ちゃんと地図をもっていたでしょうね。

小林　頭のなかに地図が入っていたんでしょう。アイヌの人たちも、小さな川でも谷でも全部名前をつけているじゃないですか。松浦武四郎が、北海道を歩きながら地名、川名をくわしく記録していますね。われわれだったら、川の本流しかわからない。生活環境というか生活圏から遠い人たちは、もう支流の名前がわかりません。支流のさらに支流

主任幹事。東北芸術工科大学芸術学部歴史遺産学科・東北文化研究センター教授。

松浦武四郎
一八一八―一八八八年。幕末から明治時代にかけて活動した、日本の探検家、浮世絵師。蝦夷地を探査して北海道という名前を考案した（左の写真）。雅号は「北海道人（ほっかい・どうじん）」。

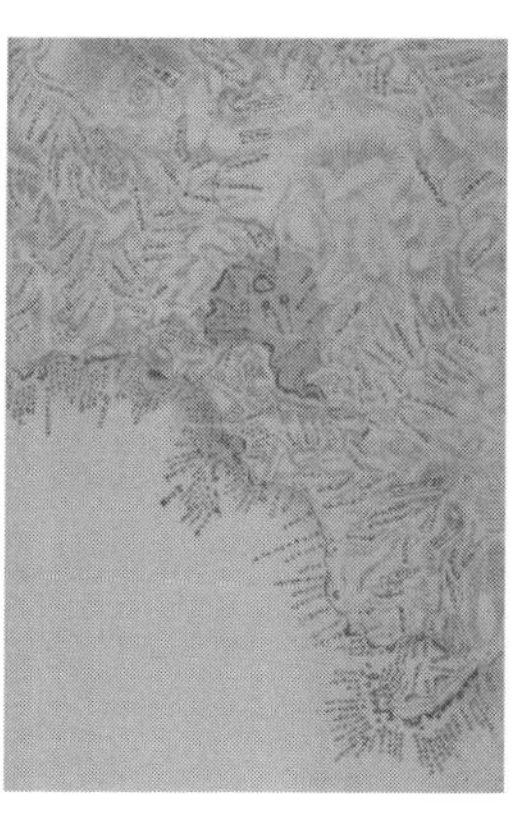

松浦武四郎「東西蝦夷山川地理取調図」洞爺湖付近（山田秀三監修・佐々木利和編『アイヌ語地名資料集成』別冊　草風館　一九八八年より）

——沢があるわけですけれども——当然、それはわからない。ところがアイヌの人びとは、自分たちの環境世界を、地名、川名をとおして具体的にしっかりと把握し、認知していた。

きょう、わたしは新宿駅から（対談の会場に）なかなかたどり着けなかった。すぐそこにきているのに、勘がはたらかない（笑）。

赤坂　そうですね。

小林　じつはね、東北地方の北部の五万分の一の地図に、「ナイ」とか「ベツ」とかいう川の名前がびっしりあるんです。

赤坂　はい、われわれは「アイヌ語地名」と呼んでいます。

小林　しかし、南下するにつれてすくなく、疎《まば》らになる。関西に行ったら、もうほとんどない。大きな川の名しかないんです。縄文人やマタギの人たちのような川や山との深い関係は次第に薄くなっていって、名前もどんどん必要なくなるわけです。今度はちがうことを覚えなければいけない。コメのつくりかただとか水をどうするかとか。

赤坂　そうですね。

小林　意識はそっちに傾いていきますから、名前と自然との関係性をたいせつにするというような考えは生活空間からどんどん削ぎ落とされてしまう。だからやっぱり、名前はすごく大事だと思っています。

赤坂　そうした小さな地名にたいする感受性とか想像力が、考古学の仕事の現場で役に立ったことはありますか？

小林　役に立ったと意識的に確認したことはありません。けれども、ほんとうに小さな沢のほとりに住居が一軒だけというような遺跡があったりします。われわれは、規模の大きなもの、あるいは長いあいだ住み続けていた大集落跡みたいなものに目を奪われがちですが、実際にそういうものを支えているのは、小さな川です。

赤坂　そういえば、北秋田の阿仁《あに》地方は本格的なマタギの文化がいまに伝わっている土地ですが、小さな沢ごとに「○○内沢《ないざわ》」という地名が見られますね。沢筋の田んぼや畑からは、縄文土器のかけらなどがいくらでも出てきます。マタギの老人に案内してもらったことがありました。

小林　本書の執筆者のひとりでもある佐藤雅一さんが洞窟を探すんですが、その洞窟はみんな小さな沢にあります。大きな川には面していないです（写真1）。

赤坂　戦後の考古学の発掘は、開発とかなり重なってきますね。そうすると、そのような小さい沢沿いの一軒（件）だけの遺跡みたいなものは、調査対象から落ちてしまいませんか？

小林　その危険性は高いです。

赤坂　沢筋の一軒の家が大きな集落とどういう関係があったのか、わかりますか？

土地の記憶が地名に残っている

小林　もちろん、一家族だけでは生活できません。いうまでもなく人間は社会的な動物で

写真1　黒姫洞窟遺跡遠景（写真提供：魚沼市教育委員会）

すから、どうしても共同作業をするでしょう。社会的行事もあります。ただ、それが季節的なものかどうかということが残ります。それは最後までわからないと思います。洞窟だったら、特別な場所としての目印でもあり、休憩所でもある。それから、何日間か泊まる場所でもあるわけです。それが記憶されていて、弥生時代以降になると今度はお墓になったりする。そこが日常的な生活の場から離れてしまっても、その記憶といいましょうか、特別なつながりのようなものが、まだ記憶されているのではないかと思います。

赤坂　なるほど、記憶の連続性ですね。

小林　そうすると、その洞窟の中にはじつはもっと精神的なつながりがあって、お墓をとおしてもうひとつの世界をのぞいているというような……。

赤坂　そういう、土地のはるかな記憶が地名に残っているということもあるかもしれませんね。

小林　群馬県の渋川あたりは、古墳時代の火山爆発で厚い火山灰でおおわれています。そこからは、古墳時代の田んぼにお百姓さんの足跡がくっきりと残されている遺跡が見つかっています。たとえば、国の史跡に指定されている**黒井峯遺跡**《くろいみね》には五、六世紀ぐらいの村の跡があり、畑の跡や道などが出てきました。そしてその近くに、**押手遺跡**《おしで》という遺跡があります。この遺跡は、石を持ってきて積んでいる。われわれは「**配石遺構**」と呼んでいますが、盛りあがっている。おもしろいことに、この押手遺跡では、古墳時代の道が縄文時代の配石遺構にぶつかり、それを乗り越えないで、迂回しているんです。そして、その配石遺構の盛りあがった中

黒井峯遺跡
群馬県渋川市中郷にある古墳時代後期（六世紀前期）の遺跡。榛名山の噴火で火山灰の下に埋もれたこの遺跡は「日本のポンペイ」とも呼ばれる。厚く積もった軽石の下からは、竪穴住居のみならず平地式の住居や倉庫、家畜小屋、建物をとりまく垣根や道などそれまでの遺跡では見ることのできなかったものがぞくぞくと見つかり、一九九一年に国の史跡に指定された。

押手遺跡
群馬県渋川市北牧《きたもく》（旧・北群馬郡子持村）にある旧石器時代、縄文時代後期、晩期、弥生時代前期、後期、古墳時代後期の遺跡。この遺跡からは、弥生時代前期に北九州地方で使われていた「遠賀川式土器」に似た壺が出土した。

心部からは、六世紀ごろの**土師器**《はじき》と玉が出てきています（図1）。本体は縄文時代につくられたものなのに、火山灰におおいつくされないで、顔を出していた。特別な聖所に祀りあげられていた可能性が高い。そこを迂回しているということは、古墳時代になっても意識していて、縄文時代が終わってからも、時代ががらりと変わっても、配石遺構は依然として聖なる場所として記憶されていたということです。かけらじゃなくて完形の**須恵器**《すえき》も出ていますから、なにか祭祀をおこなっている。それをさかのぼると、弥生時代の**遠賀川**《おんががわ》**式**の大きな壺がその配石の脇の**再葬墓**に一個体置かれていた。

赤坂　おもしろいですね。

小林　わたしは、そういうものに興味をもってきています。赤坂さんはフィールドワークでずっといろんなものを探り、再発掘されていますね。そういうものが土地に刻みこまれていて、そして残っているということに、これからもっと目配りしていく必要があると思いますね。

赤坂　青森の**小牧野**《こまきの》**遺跡**（青森市野沢字小牧野）の場合は、縄文の環状列石の中にお地蔵さんが組みこまれていますね。

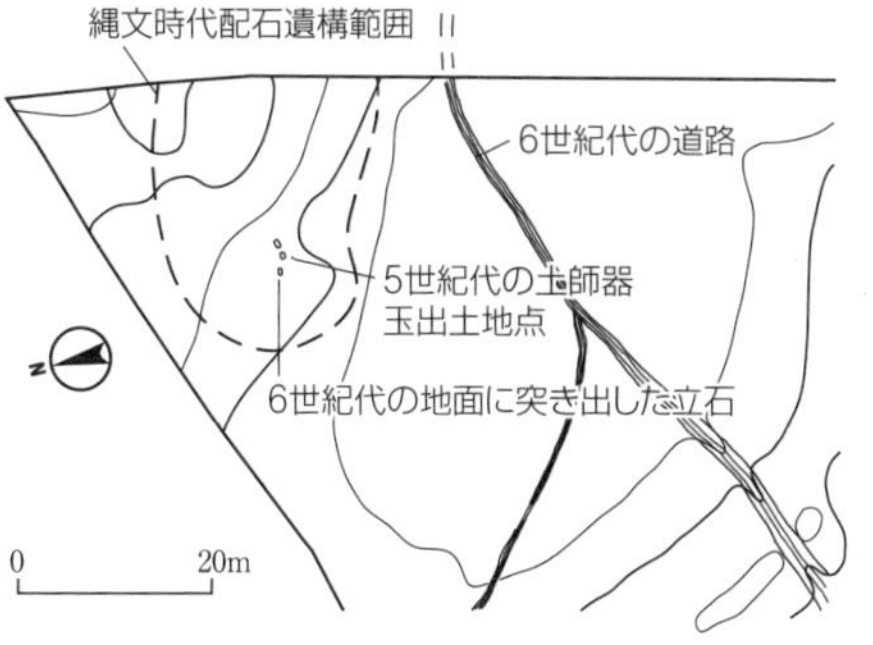

図1　縄文時代の配石遺構を避けて通る古墳時代の道路　1:1500の縮尺（押手遺跡　図面提供：渋川市教育委員会．図面は整理中のもの）

配石遺構
運搬可能な大きさの石を一定の形状に配置した遺構。主として縄文時代に、石材の入手しやすい地域に発達した。墓あるいは祭祀に関係したものだと考えられている。

遠賀川式（土器）
西日本に分布する弥生時代前期の土器の総称。初期の水田稲作の西から東への伝《でん》播《ぱ》の指標とされ、西日本の弥生前期土器の総称として使われるようになった。

再葬墓
埋葬あるいは岩陰に安置された遺体が風化して白骨化したものを別の場所に再葬する葬法。

小牧野遺跡
青森県青森市にある縄文時代後期前半（約四三〇〇～三七〇〇年前）の遺跡。土器・石器、湧水遺構、墓、柱穴などのほかに環状列石

小林　馬頭観音。

赤坂　そうか、馬頭観音でしたね。馬頭観音が露出していて、やはり聖地としての記憶が残っているんですね。

小林　そうです。ほかにも、大師森《だいしもり》遺跡（青森県平川市）で環状列石を発見して、発掘調査しています。

小牧野の場合をもうちょっと事実に即して申しますとね、環状列石がつくられてから大部分は埋没してしまいましたが、部分的にはちゃんと露出していました。

大湯《おおゆ》（秋田県鹿角《かづの》市）のストーン・サークルもそうですが、中心部分に小型のサークルがあって、それを一重と数えます。まわりには四〇メートルクラスのものがあり、これが二重と、二つめに数えます――ただし、わたしは、「円は円で意味があり、これは大事な世界観と関係している。真ん中は円の中心という意味であって、外側の円にたいして内側の一重じゃなく、ヘソと解釈すべきだ」と考えているのですが、この考えはぜんぜん浸透していないです。

おもしろいのは、ヘソの部分です。石は重くて、持ち運びできません。縄文時代の技術の延長線上では動かせないような大石を運んできて、持ちあげて置いているんです。それがヘソの真ん中にあたる。そのヘソはもちろん地表から頭が出ているんです。江戸時代の人は、それが地表に出ていたので、注目していた。それからサークルの中にところどころに節《ふし》がある。この節のひとつが、やっぱり見える。そのひとつを台座にして、馬頭観音をつくっているわけです。

（ストーン・サークル）も発見されている。一九九五年に国の史跡に指定された。

大湯のストーン・サークル　秋田県鹿角市にある縄文時代後期（約四〇〇〇年前）の遺跡。遺跡の中心には万座・野中堂のふたつの環状列石（ストーン・サークル）があり、石の下には墓とみられる穴が、列石のまわりにはたくさんの貯蔵穴や柱穴などが見つかっている。遺跡からは土器や土偶、鐸形《たくがた》土製品などがたくさん出土しており、祈りと祭り（祀り）の場であると考えられている。

江戸時代の人はヘソの意味を知っていた

赤坂　なるほど、おもしろいですねぇ。

小林　馬頭観音をつくるとき、台座の有力候補になるものはいくつか見えているはずなのに、そのなかのひとつを選んでいる。それはなぜか。このヘソから台座を望むと、夏至の日にはその延長線上に太陽が昇るんです。そういうものが、江戸時代にはみんなわかっていた。

赤坂　知っていたというわけですか？

小林　知っていました。だから、それを使っている。縄文人はその軸線が夏至の日の出にあたることを心得ていて、江戸時代の人びとはその秘められた意味を発見し、それに便乗していた。勝手に馬頭観音をつくっているわけではなくて、縄文人がそういうものをちゃんとつくらせている。ものはいいようですけれども、縄文の力がずっと消えていなかった（写真2）。

赤坂　縄文の力ですか、いいですね。

小林　そういうことは、ついこのあいだまであったんです。ところが、われわれ現代人はだんだんそういうのを忘れてきてしまいました。

わたし、遺跡の発掘現場を自分で掘らなくなってから何年もたちますけれども、現場を見学して、しばしばみんな（調査員）に聞くことがあります。「夏至のときはどこから

写真2　小牧野遺跡の夏至の日の出
中央の立石から東側の立石（馬頭観音碑）方向に日が昇っている（写真提供：青森市教育委員会）

日が昇るんだ？　冬至はどっちだ？」と。しかし、調査員の人はそれをひとつも気にとめて考えていない。そうすると作業員の人が、何人か答えてくれる。「いやあ、あそこですよ」とか「あそこの山ですよ」とかね。

つまり、ちゃんとした遺跡は、背景に〝意味のあるもの〟を用意している。単なる必要十分な面積があればそこが村になるというのではなくて、そういう固有のたたずまいや景観（ランドスケープ）があってこそ村として完ぺきに成り立つのだと、わたしは考えています。

例をかえると——たとえば能舞台の背景には、鏡板《かがみいた》に老松が描かれていますね。あれで能舞台が成立するわけですよ。なくても演じる（舞う）ことはできますが、あれがあってこそ正式の舞台になり、みんなも緊張してその世界に入っていくわけです。縄文時代には、そうやってきました。とくに山を気にしていますね。

赤坂　特別な方位に特別な山があって、それではじめて縄文の集落がつくられているということですね。それによって暮らしの舞台として成立するわけですね。

小林　研究者は、山を研究してない。相模大山《さがみおおやま》なんかでもそうですけれど、ちゃあんと見える。そこを調査して「あれはおもしろいよ。夏至のときにあそこに日が沈むんじゃない？」っていっても、だれも答えられないです。

わたしがそういうことをいいはじめて、もうそろそろ一〇年たちますかね。現在は、カシミールというソフトが出ています。どの地点ではどういう山並みが見えるか、夏至とか冬至に限らず、春分や秋分に限らず、何月何日の日の出はどの山から昇るかというのを教えてくれるソフトです。それを使うと、全部調べられます（写真3）。

鏡板
能舞台正面の老松を描いた羽目板。左右側面の羽目板は脇鏡板。

相模大山
神奈川県伊勢原市にある標高一二五二メートルの山。典型的な神奈備《かんなび》型（比較的低く、山容が美しい山）で、信仰の対象になっている。

カシミールというソフト
「カシミール3D」。くわしくは、110ページ参照。

それなのにまだ、下を向いて発掘を続けるだけで、頭を上げて山や日の出、日の入りを見ていない。ほとんどの人が見ていない。堂々たる大山が真正面に見えているのにですよ。帰りにいっしょに飲みながら念を押して「ちゃんと確認してくれ」っていっても、まあ一〇日や一か月はそのままですね。残されたものを見ているだけ。縄文人が何を見ていたのかということを考えない。

赤坂　一〇年ぐらい前ですかね、ぼくは小林さんのそうした仮説にしたがって、夏至の日に大湯のストーン・サークルを訪ねました。館長さんといっしょに遺跡のなかに座って、太陽が沈んでいくのをのんびりながめたんです。梅雨時ですから、残念ながら雲がかかって地平線近くまでは見ることができなかったですが、夏至の太陽が沈んでいく方位はあきらかに、いわゆる「日時計」といわれている組石と中心を結んだ延長上にありました。縄文の人たちも、そうして祭りでもしながら夏至の太陽をながめていたのかもしれないと思うと、楽しかったですね。なぜそこに二つの環状列石が並んでいるのか、想像力をかき立てられました。

小林　いまの話、すごく貴重ですよ。梅雨時ですから、なかなかそれを目視できない。目視できないにもかかわらず、設計のなかにとり入れている。つまり、ひとりやふたりの体験でそれが生かされているのではなくて、一〇〇年は続いているはずです。文化人類学では一世代二〇年くらいと考えるんですけど、一〇〇年だと五世代にわたって、それを全部観察して定着しているわけです。だから、実際に太陽が沈むところは見えなくても、方向はすでにわかっているわ

写真3　岡田遺跡からみた相模大山に落ちる夏至の日没のシミュレーション（カシミール3Dによる）

けです。それこそ目に浮かぶ。ところが、赤坂さんだからそうやって見てくださった。わたしの尊敬する亡き佐原真《まこと》さんでも、これはダメでした。

赤坂　そうですか（笑）。

小林　だれかが何かをいいだしたら、そこに弱点はないかと探す。それが人間です。人間というのはそういうものなんです。

地元で、わたしにつく人とそうじゃない人が出てきた。すぐ素直に「なるほど」と感動する人と、「いや、それはちょっとおかしいじゃないか」という人と。で、調べてみると、このヘソと日時計を結ぶ線がすこしずれている。

赤坂　はい、それはあります。

小林　わたしが地元で講演なんかすると、いつもきてくれる人がいます。わたしもよく知っている人ですが、手をあげていつも質問します。「ちょっとずれてるじゃないか」って。

たしかに、いまの天文学的な計算でやれば、ずれているかもしれない。でも、沈む地平線と山の上ではぜんぜんちがうわけです。

赤坂　う〜ん。

小林　わたしは、「東京大学の入学試験じゃないんだから。縄文時代では、それぐらいの誤差は合格なんですよ」っていうんだけど、だめ。

で、わたしがいうことを聞かないから、佐原さんに直訴するわけです。「小林ってのがきて、そうやってたぶらかしている」って。そうすると、佐原さんは信じる。佐原さんは

佐原真
一九三二—二〇〇二。日本の考古学者。弥生時代を中心とした考古学研究にたずさわり、日本人の起源から衣食住にわたるまで幅広く研究した。「わかりやすくおもしろい考古学」を提唱し、考古学の普及啓発を推しすすめるとともに博物館の充実・設立にも取り組んだ。また、考古遺跡の保存運動や史跡の整備にも尽力した。

単純なところがあって、わたしの尊敬する人のひとりではあるけれど、全部が全部というわけにはいかない。

「地元ではそういってるし、事実、ちがうじゃないか」という。佐原さんがそういうと、それに力を得て、わたしがいいだしっぺになることをよく思わない人たちは、それにつく。だから、ちゃんとした考えが普及しないです。こんなにいい顔をしてても、味方がそのまま顔についてくるわけじゃないですからね。

赤坂　あはは（笑）。

小林　やっぱり人徳が必要だと、しみじみ感じます（笑）。

赤坂　われわれの民俗学でいうと、「ヒジリ」ということばがあります。「聖」という漢字をあてています。柳田國男がいっていますが、語源的には「日知り」つまり「日を知る人」です。まさに、シャーマンの役割は日を知ることであって、たぶん縄文時代にもシャーマン的な人たちがいたはずです。神話には「月読《つくよみ》」という不思議な神様もいました。日を知るとか、月を読むとか、そういう天体の運行を長い時間をかけて観察しながら知識を蓄えて、自分たちのライフスタイルとか生業カレンダーをつくっているわけでしょうね。

世界各地の人たちは、太古から天気や季節を観察した

小林　そうですよ。いまは「知識」といわないで「情報」ということばに置き換えられる。そうするとみんな「情報」ということになるわけだけど、この情報は文字からくる。わ

月読
日本神話に登場する月の神。黄泉国《よみのくに》から帰った伊弉諾《いざなき》尊のみそぎのときに、天照《あまてらす》大神《おおみかみ》と素戔嗚《すさのお》尊とともに生まれた。「月読」は農耕、漁猟の暦をつかさどるため月齢をかぞえる意。月読尊、月弓尊。

たしたちが子どものころの情報は、山の残雪などからくるわけで、そこがもうちがう。タネを明かすと、わたしは縄文のことを考えるとき、縄文だけでは出てこないものに目をつけるんです。しかし、縄文だけをやっている多くの人は、そうはいかない。アメリカンインディアン（「インディアン」といわずに「先住民」と呼べという人がいますが、それほど気にしていない人もいる。彼らにはどっちでもいいことなのです。差別意識なんかまったくないから、コトバ狩りには与しません）の研究とかやっていると常識です。いまいわれたように、日本の古代だとか記紀の時代はもちろん、それ以前から天体観測は続いているんです。天気だとか季節だとかで生活が左右されるわけですから、地球上のいろんな地域の人たちが何を観察するかといったら、みんなそれ（天体の運行）を見ているわけです。

北米のサウスウエスト、コロラドやサンタフェとかプエブロインディアンのなかでも、シャーマンが夏至の日とかすでにわかっていて、あてる。

赤坂　どうやって知るんでしょうか？

小林　自分が住んでいる家の窓から差しこむ朝日が壁のどこにくるかによって知るんです。それを見ていれば「そろそろ一〇日前だ」っていうことがわかる。だから一〇日後には「夏至がきたぞ」ってふれまわれる。他の人はいつもシャーマンから教えてもらっているから、シャーマン以外は知らない。だから、ますますシャーマンの地位が高くなる。

赤坂　なるほど。

小林　このようなことは、向こうのことをすこし勉強すればいくらでもあります。ひとつやふたつの文献じゃなくて、民族誌のなかにいくらでも入っている。

民族誌
英語ではエスノグラフィー（ethnography）。文化人類学や社会学において、集団や社会の行動様式を調査して記録する行為やその調査書。アンケートなどで統計的にとらえる定量分析と対をなし、インタビューや観察から定性的に調べるのが特色。

赤坂　いまの話でちょっと気になったんですが、縄文考古学は、北米のインディアンの人たちに関する文化人類学的な知見を常に参照してきましたね。そしてさらに気になることは、近年になってインディアンの人たちはアジアからわたっていったモンゴロイド系の人たちだということがあきらかにされつつある……。

小林　はいはい。

赤坂　ぼくは、最初は偶然の比較だったのかと思っていたんですけれど、いまでは「もしかすると、この比較には大きな土台があったのかもしれない」と考えはじめています。これについては、いかがでしょうか？

小林　アジアからわたった時期は一万三〇〇〇年ぐらい前です。この「わたる」というのは非常に遊動的な生活の延長線上にあるわけで、ようするに、定住以前の彼らのなかに特別なランドマークのようなものをもたないから動ける。ニワトリが先か卵が先かなんですが、結果的には、そういうものをもたないから未練にとらわれずに動いていくわけです。

自然の経済が〝食べものの貯蔵〟という作戦をもたないなら、どこにいても同じことです。だから動いていく。動いていって定住ができるようになって、そこに文化的にいろいろ新しいものが生まれる。

モンゴロイドだけではなくて、ようするに地域ごとの文化を越えて人類がもっている潜在的な意識、能力のような共通性とみることができる。

赤坂　たとえば「サケ・マス文化論」が出てくる背景に、インディアンの人たちが、サケをどういうふうに獲ってお祭りをしていたかとか、かなり並行関係があるような気もす

特別なランドマーク
その土地に生まれ育った人びとにとって、単なる風景ではなく人間環境の重要な要素としての意味をもつもの。

るのですが。

小林　それは、彼らの主要な食料のひとつとしてサケと密接に関係していたからでしょうね。そのサケとの関係は、個人的なものではなく社会的な行事に止揚されて、ファースト・サーモン・フェスティバルという初ザケ祭りがおこなわれる。あれは、抜けがけを防ぐためにたがいに監視したわけで、祭りを境にして「獲ってもいいぞ」となる。そういうことがひとつの動機にはあるでしょう。そうやってサケと関係するときの関係のしかたは、個人的・恣意的なものではなくて社会的制度なんだと、わたしは思います。カリフォルニアインディアンはサーモンも獲りますが、おもな生産物はナッツです。山内清男《やまのうちすがお》先生が最初それを問題にしたんですけれども。日本列島のちょうど北および東北、そういうところがサケに依存し、南のほうはどちらかというとナッツに依存すると。それが、カリフォルニアインディアンと北米大陸の北西沿岸部に住んでトーテムポールを立てた人びととの文化のちがいだということにつながるんです。おたがいに共通の記憶だとか共通の嗜好があって同じようなことをやっているということではない気がします。

発掘で〝あたる〟人がもつ要素

赤坂　すこし脱線になりますが、伊勢堂岱《いせどうたい》遺跡の発掘現場でしたか、小林さんが案内してくださったときのことをよく覚えています。そのとき小林さんがいわれたことのひとつが、「掘る側の想像力の範囲とか質が、発掘に非常に大きな影を落とす」ということば

山内清男
一九〇二―七〇。考古学者。東京大学名誉教授。文学博士。日本の考古学史上重要な学者のひとりで、層位学的研究法を用いた遺物の年代決定を本格的に用いて、はじめて縄文土器の全国的な編年をおこなった。また、縄文土器の表面の文様が縄によるものだということを実験によって実証した。「サケ・マス文化論」は、山内が提唱した縄文時代の生業の一形態。

伊勢堂岱遺跡
秋田県北秋田市脇神《わきがみ》にある縄文時代後期前半（約四三〇〇～三七〇〇年前）の遺跡。A―Dの四つのストーン・サークルや掘立柱《ほったてばしら》建物《たてもの》跡、土坑墓、土器埋設遺構、捨て場、フラスコ状土坑、日時計型組石などから構成されている。保存状態がよく、学術的な価値が高いことから、二〇〇一年に国の史跡に指定された。

でした。つまり、そこに埋もれている遺跡をそのままに掘り起こすためには、柔らかい想像力が必要であり、そうした掘る側の想像力が貧しければ、すでにある先入観にもとづく遺跡のイメージに沿って掘ってしまう危険がある。そんなふうに勝手に理解したんですが、とても強く印象に残っています。

小林　そうですか。

赤坂　イマジネーションと発掘とは、どのようにつながりますか？

小林　これはひとつではなくて、いろんな要素があると思います。ひとつは、〝縄文人的な人〟になりきっている人がいる。そういう人は探せます。ほかには、「こっちにあるんじゃないか」という〝あたり〟をつけるのがうまい人。たとえば、本書執筆者のひとりでもある葛西勵さんは〝あたる人〟でした。そういう人は、ありそうなところを探して、無から発見していく。

どちらかというとわたしはそれが苦手です。「ありそうだ」というところまで案内されても、自分では見つけられない（笑）。

赤坂　そうですか。

小林　ダメですね。

明治大学の杉原荘介《そうすけ》先生、伝説上の人ですけれど、こんな話があります――弥生時代のお墓で、ちょっと大きなひとつの穴を掘って、そこに複数の遺体を二次的に埋葬している。深鉢や壺の中に骨を入れて多人数が埋葬される土壙《どこう》が点々とある。「じゃ調査しよう」と、彼はトレンチを入れる。すると、効率よくあてる。また、新潟県の六野瀬《ろくのせ》遺跡（阿賀野市）は開発がかかっているので、杉原先生が発掘し残したところもあるだろう

杉原荘介
一九一三―八三。考古学者。文部省（当時）勤務などを経て明大教授。戦後の静岡県登呂《とろ》遺跡発掘調査に中心的役割をはたす。また、岩《いわ》宿《じゅく》遺跡の調査では旧石器文化の存在を確認した。

トレンチ
考古学用語で、試掘調査の方法のひとつ。遺跡の有無や遺構の分布状況を迅速かつ安価に把握して発掘調査や遺跡の性質を判断するために掘られる溝のこと。

と、ふつうはそう思いますね、しかし、掘ったところ、ない。杉原荘介は、全部一発のトレンチであてていた。それは説明つかないですね。彼自身にも説明つかないのかもしれないけれど、結果的にあてる。それと先ほどの話はちがいますが、そういう人がいます。

わたしの直接のお師匠さんの、**中村孝三郎**という人もそうでした。発掘するとき、ふつうはどこが中心かなんて決められないですね。いろいろな〝場の機能〟がありますから。ところが、彼は中心部をあてる。土器をあてたりするんです。中村先生が入れた最初のトレンチから、ごろごろ出てくるわけ（写真4）。

「なぜ、あたるのか」というその説明は、彼もできなかったと思う。でもね、それはまったく無手勝流ではなくて、遺跡に何回も行っているからできるんです。一年だけじゃないです。何年も何年も行っている。矢じりや土器のかけらを拾ったり、雪どけ時の新鮮な畑の表面を歩いたりして……。その場所のいろんな情報が頭のなかに全部インプットされているから、やるとあたるんです。

しかし、彼がなかなかあてられないときがあります。あてられないというより、わからないときがある。

わたしは大学に通うために東京に出ていて、夏休みになると帰省して中村先生の発掘隊の小頭になる。あるとき先生が、「おまえ、ここにトレンチ入れてみろ」っていうわけ。先生、自分じゃわからないから。もちろん、わたしには案の定あたらない。そうでなくても下手なほうなんですからね。

そうしたら、「おまえたちは、まだまだだ。東京で勉強してきても、どこに中心があるか

中村孝三郎
一九一〇―一九四。新潟県出身の考古学者。独学で考古学を学び、石倉遺跡、卯《う》ノ《の》木《き》遺跡など新潟県下の一〇〇か所を超える遺跡の発掘調査にあたった。一九三六年に近藤篤三郎が新潟県長岡市の馬高《うまだか》遺跡で発見した火焔《かえん》土器を復元して学界に知らしめた（左の写真）。

長岡市馬高遺跡で出土した火焔土器（重要文化財　写真提供：長岡市馬高縄文館）

もあてることができないのか」と。そのあとで、「じゃあ、次はおれがトレンチ入れるから」っていってやると、あたります。

赤坂　（大笑）。

小林　わたしのムダなトレンチがあるから、絞られていくんですね。先輩がたは、お金もなければ、公共的に関わるわけでもなく、研究のためにやる発掘。だから、短期間のうちにすぐに成果をあげなくちゃいけない。わたしにムダなトレンチを入れさせるヒマなんか、ふつうはないですよ。ところが、彼は迷った。で、わたしにやらせて、あたったらほめてやろうと考えたが、案の定あたらなかった。

赤坂　あてがはずれたわけではなくて、ですか？

小林　最初から、「そこはダメだ、ダメだ」と。わたしだって、自分なりにこがいちばんいいと想像たくましくしてやるんだけどダメ。先生はそれを見ていて、「じゃ、ここだな」っていうのがわかる。勘の人だからもう決まる。これがひとつ、「見れども見えず」の例です。

もうひとつは——うまく説明できないですが——トレンチを入れるなかで石が出てくるでしょう。それがきれいに並んでいなくても、ぱっと見て「たぶんこうなるよ」とほんの一部でもイメージしないと、次にトレンチを入れられないですね。それはまさに、最初にイメージできるかどうかです。そしてこの石が、なんの変哲もなく、ただそこにたまたまちょっといくつか固まっていたとみるのか、「そうじゃないぞ。これはどうも本体に関係するような石ではないか。きっとそばに本体があるぞ」とみるのか。まさに、

写真4　中村孝三郎の発掘風景（新潟県津南町卯ノ木遺跡　写真提供：長岡市立科学博物館）

そういうことで判別できるかどうかにかかってくる。

たとえば竪穴住居は、古墳時代だったら正方形になっている。縄文時代だったら正方形も長方形もあるし、丸型も卵型もある。トレンチはふつう二メートル幅ぐらいで掘ります。真ん中に出るとは限らない。壁がちょっと出るだけのことも多い。ここまで出ているのにわからない人もいる。「どうして？ ここはもう決まっているでしょう」と思いますが。やはりわかる人にはわかるけれども、わからない人にはまったくわからない。

これは、基礎力のあるなしに大きく関係すると思います。

基礎力を備えてイメージすることがたいせつ。最初にお話しした、神業としかいいようのないやり口でです。もちろん、他人にはない、その人なりの土台はあるだろうけれども、本体にスポッと入りこめる人。

こういった要素は、どうもある。世界的にね（笑）。

赤坂　世界的に。

小林　そうですね。あたる人がいる。

赤坂　あたる人がいるということが、とても気になるわけです。掘ると妙に出てくる。それは単なる偶然なのかどうか、気になりますね。いまのお話をお聞きしながら、たとえば、壁にぶつかっているにもかかわらず、本体を想像することができない人もいる。考古学は、とてもおもしろくて繊細ですね。

小林　「前期旧石器ねつ造問題」というのがあったでしょう。悲しい出来事ですけれども、あれはそれに関わるわけですよ。

赤坂　なるほどねえ。

前期旧石器ねつ造問題
考古学研究家の藤村新一が次々に発掘していた日本の前期・中期旧石器時代の遺物や遺跡だとされていたものが、すべてねつ造だったことが発覚した事件。二〇〇〇年一一月五日の毎日新聞朝刊が報じたスクープによって発覚し、日本の考古学界最大のスキャンダルとされた。

小林　いまおっしゃるような、「俺の力」とはちがう力をもっていて「自分の力ではとどかないことができる人がいる」ということを安易に認めすぎてしまったんですよ。

赤坂　ああ、そうですか。

「前期旧石器ねつ造」の真の問題点

小林　岡村道雄さんなんかは筆頭ですけど、「あれはすごい」といっていました。しかし、なかなか説明がつかないから、最後には「藤村は色弱だ」と。検査をすると、たしかにそのとおりだったらしいですけどね。「いま、われわれがわかっているような単なる色の区別の曖昧さだけじゃなくて、彼らには別の識別があるんだ」という説明をしていた。

赤坂　なるほどね。

小林　そうやって、岡村さんはどんどんのめりこんでいった。検証委員会として最終的に総括したとき、わたしは藤村くんを、前期旧石器問題に関しての「張本人」と呼びました。それから、まわりでいっしょになって担いでいた人たちを「第一次関係者」と呼んだ。次に、それを信じて評価していたわたしをはじめほとんどの人（佐原さんもふくめて、みんなそうです）、それを「第二次関係者」と呼びました。

わたしは、第一次関係者の罪がいちばん重いという評価です。二〇一〇年に、ねつ造発覚から何周年記念だということで岡村さんが本を出しました。あの内容には相当な不満がある。

みんな藤村くんが悪かったことにしている。そうじゃない、あの人はアマチュアですよ。

岡村道雄
一九四八―。元文化庁主任文化財調査官。専門は日本の旧石器時代から縄文時代。

本を出しました
『旧石器遺跡「捏造事件」』岡村道雄、山川出版社、二〇一〇年

それを一回じゃなくて二〇年以上も見やぶれなかったプロの研究者に、大きな責任がある。そして扇動してきた人が……。

じつは、こういう発言もあるんです。「わたしの大事な青春を、それに巻きこまれて、やたら時間を費やしてしまった」と。そしてついにほんとうにもどれなくなったというか、みずから身を引いていった人もいます。

藤村くんは、考古学の研究者の仲間に入りたかった。仲間に入れてもらいたかった。そのときお酒一本持っていけばすんだのに、石器を持っていったのがまずかった。そして、それを見やぶる人がいなかった。だから、じつはいちばん苦しんだのは、抜き差しならないところにはまりこんでいった藤村くんだと、わたしは思っている。

つまり、彼が持っていった石器が「どこから出たのか？」ってたずねられたときに、ちょっとした知識で、いままで発見されていないようなところをあてずっぽうでいったわけです。そしたら、みんな「そんなら、古いぞ」と色めき立ったわけ。そして、「ぜひ見せてくれ」と彼にいう。彼はもう「えっ？」と思って、引くに引けなくなった。

そのときの彼の心の苦しみ、わかりますか？　その彼が追い詰められていくことを考えると、わたしは涙が出ます。そして、「次の休みの日曜日には仲間も誘うからいっしょに案内してくれ。いいだろう？」っていうわけ。彼は、「いいです」といっちゃった。で、そこに案内するときに〝土産〟がなくちゃ困ると思って、自分で埋めといたわけです。そのときの心中を察しますね。

それを、競馬の騎手はけしかけたわけですね。「すごいな。あった、あった！」と。「もっと見つけろ、その調子で！」といって、鞭を入れた。

赤坂　うーん。

小林　ちょっと長くなりますけど、もうすこし話します。わたしは、いつも新鮮な気持ちでどんなものでも判断できるような人間ではないです。当然のことながら赤坂さんもそうだと思いますけれども。

ものごとには前触れがある。たとえば、八王子の遺跡である中学生が拾った縄文中期の土器のかけらに、人の絵が描いてあった。

赤坂　へぇ〜。

小林　それを中学校の先生のところに持っていった少年——仮に小林少年にしときましょう——を、先生は励ましたわけです。そして、「これはすごいぞ。おれは素人だから判断できないから、東京の専門の先生に聞いてみよう」と、慶應大学の江坂輝彌《えさかてるや》先生に聞くわけです。江坂先生は、「おお、これはすごい」といって、いまの話になる。

中学校の先生は、「こんどの日曜日に江坂先生がくるから、案内してくれるか?」という。それで中学生は、（縄文中期の土器を）撒きます。それを江坂先生が拾うんです。この話は、一般向けの本にもカラーでちゃんと紹介されています。

中学生は、中学校の先生の気を引きたかった。「先生、ライバルの○○くんよりも、ぼくのほうを見てよ」といいたかった。先生は、そこまで案ずることができなかった。で、中学生は迷いに迷ったあげくに撒く。そして案の定、江坂先生は同じように人の線描きのある破片を拾うわけです。

前期旧石器の場合も、同じような話です。事件は、日本考古学全体の責任のように大騒ぎになった。わたしはそれについて、釘を刺したことがあります。「全員が、そういう

江坂輝彌
一九一九—。考古学者、慶應義塾大学名誉教授。縄文土器、石器時代の日本と大陸との交流について研究。一九六六年には坂詰秀一、芹沢長介と『考古学ジャーナル』を創刊した。

ふうに『やあ〜、日本の考古学は遅れてる』とか『日本の学界の体質に問題がある』なんてことをヒステリックにいうのは、ちょっとちがうんじゃないか」と書いたことがある。そういう事件です。

赤坂　ぼく、まだその神話が生きていたころに、鎌田俊昭さんにインタビューしたことがあります。鎌田さんは藤村さんの同伴者ですが、話を聞いていると楽しかったですよ。一枚の写真を見せて、数十万年前の日本列島に暮らした人びとが、こんな石の遺構を残していた……と説明されました。こんなものが洞窟の中で発見されたと、写真を見せられる。「わぁ、これはすごい」と思いました。それを新聞の紙面にインタビュー記事として書きました。きっと、そういうぼくをふくめた周囲の人たちが、期待とか欲望をもって彼らを追い詰めていったんだとは思いますね。

鎌田俊昭
NPO法人東北旧石器文化研究所（二〇〇四年解散）前理事長。

第一の道具、第二の道具

小林　ところで、縄文人の道具類は、「第一の道具」と「第二の道具」の二種類に区別されます。
第一の道具というのは、狩猟・漁撈・採集用具、調理用具、道具をつくるためのいわゆる工作具です。手を使って使用する、「手の道具」ということができます。
それにたいして、手にとってみたところでどのように扱ったらいいのか皆目見当のつかない、独特な形態の道具類があります。代表的なものとして土偶や石棒などがあげられますが、これが第二の道具です。第一の道具（手の道具）がおよばない分野あるいは第一の道具の限界を超えた次元で働きを発揮する――つまり呪術、儀礼、精神世界に関わる――道具で、「心の道具」とでもいうべきものです。

第二の道具は、たとえていえば今日の交通安全のお札《ふだ》みたいなものです。興味深いことに、これは縄文文化のまわりの地域（沿海州や朝鮮半島）にもない、縄文人に特有の道具なんです。

赤坂　いまだに出てこないんですか？

小林　出てこないというか、もつ必要がなかった。彼ら（沿海州や朝鮮半島の人びと）の世界では、第一の道具だけあればそれでよしとしていたというわけです。しかし、縄文人は第二の道具を必要としたんですよ。

縄文人には、みずからの力のおよばないところにも希望を捨てずに期待していこうとする強い意志があった。そのために、第二の道具を独自に発明・開発したんです。力がおよばなければ、別の方法で克服する方法を編み出してくる。

現実的な手の延長の技術は、そのまま近代合理主義につながってくる。縄文人は、手の延長ではたすことができない、まったく別の次元の技術を手に入れるわけです。第二の道具がもつ「観念技術」です。そういう観念技術をもったのが縄文人というわけです。第二の道具はひとつだけじゃなくて、いろいろな種類があります。心根がちがうというか、それこそ、のちの「民族性」というものにつながるんじゃないかと思います。それだけではないと思いますが、このことはものすごく感じますね。

赤坂　そうですか。

小林　新しい時代になって、王権が祭祀を執りおこなう道具を揃えます。青銅器などです

観念技術　手でとり扱う手業ではなく、頭のなかの観念で編み出したはたらき。

ね。しかしそれらは、一般の人びとがもった民俗的な意味をもつ第二の道具とは別物です。常民が、日常的な生活のなかでそれをもったのが、縄文というわけですね。

赤坂　それは、中国の考古学者たちが「観念技術」の存在を求めていないということじゃないんですか？

小林　ではないです。もしあれば、発掘したら出てくるわけだから。

赤坂　そうですね。

小林　「モノ」ですからねえ。「モノ」は動産ですから、手にとって持ち歩くことができます。それと、地面につけられた「しるし」を探していくのとは、ちょっとちがいますね。

遺跡は土地に刻みこまれた遺構、構築物の痕跡

赤坂　すこし確認させてください。考古学者が表面採集をしますね。それは、地表に出ているものから地下深くに埋もれている文化を思い描くことだと思いますが、考古学者にとって表面採集はどういう意味をもつのでしょうか？

小林　「過去の人たちが、いろいろな行動を繰り広げた場所に痕跡を残したところ」――それが「遺跡」です。ただ歩いたところには、痕跡は残らない。だから、それは遺跡とはいいません。遺跡というのは痕跡のこと。土地そのものに刻みこまれたもの、その場所に残したもの――遺した不動産と、動産（手に持てる遺物）――です。それから、土地に刻みこまれた竪穴住居跡や土壙は「遺構」と呼ばれます。これらが遺跡の構成要素です。

表面採集
地下に埋まった遺物も、長年の風雨・小動物の活動・農作業などで破片して地表に浮きあがってくる。これらを丹念にひろい集め、その範囲や時期、およその遺跡の性格などを推定する調査。開発の際に遺跡を避けたり、発掘調査をおこなう際の計画に役立てられるほか、広い範囲での土地利用や遺跡間の関係を研究する材料にもなる。

遺構の多くは、発掘しないと出てきません。ストーン・サークルのように一部顔を出している遺構は非常に特殊な例で、だいたいは下へ下へと埋もれていきます。時間を経るにしたがって、火山の爆発による火山灰の供給だとか腐植土の発達が、遺構をどんどん包んでいくわけです。だから、地下にもぐっている。

しかし、逆に上がるチャンスもあるんです。木の根っこが持ちあげるとか、モグラのトンネルが地表に押しあげるだとか、凍上などで、上下してもいるわけです。さらに、後世の人が田畑にすれば耕作することで浮上する。

赤坂　耕すことで？

小林　はい。耕して出てくるものがある。こうして、いろいろなかたちで遺跡のサイン（気配）を出しているわけです。

赤坂　表面採集から見えてくるものというのは、どの程度のものなんですか？

小林　多い少ないがあり、種類や範囲があります。それらを見ることで、この遺跡はどういう遺跡かということを、あらあら推測できます。

赤坂　やっぱり推測するわけですか。

小林　以前、「多摩ニュータウンの先住者」という論文を書いたことがあります。わたしにとって研究上のたいせつな、画期となる論文のひとつです。土器や石器のタイポロジーではなくて遺跡のタイポロジーを、発掘せずに試みたものです。

広くて平坦な場所で、遺物が多く、しばしば第二の道具をもっている。土器を調べていくと、一型式で終わらないで何型式にもわたって続いている（縄文だったら、大まかに一型式の継続期間は一〇〇年ぐらいと考えていいので、たとえば五つの異なった型式があれば

凍上
寒気によって土壌が凍結して氷の層が発生し、それが分厚くなるために、土壌が隆起する現象。

「多摩ニュータウンの先住者　主として縄文時代のセトルメント・システムについて」
『月刊文化財』一九七三年

タイポロジー
考古学などにおいて、物質をその特質・特性によって分類し、分類結果を考察すること。「類型学」と訳される。

五〇〇年ということになります）。発掘してみると、何十という住居が出てくる。ときには一〇〇を超えるものが残されています。それを「パターンA」とするわけです。広場があるというのは、そこに〝社会的な区域〟があったことを示しています。

「パターンB」は、住居の数は何十とあるけれど、平坦な広場がなくて、馬の背状のところに遺構や建物がたくさん残されているものです。ここには、社会的な区域は存在しません。

「パターンC」は、一、二、三軒しか住居がないところです。

それらが、一定の地域のなかで全部関わりをもってセトルメント・システムとして展開していました。つまり、セトルメント・パターンのAからFまで（図2　くわしい分類は、155ページ参照）のありようを具体的に見ていくことの重要性を論じたわけで、その後の集落研究の大事な目安となりました。

実際に発掘することはできなくても、そこには遺跡を構造的にとらえるものがあるわけです。

赤坂　それは、どういう学問的なバックボーンから出てきたんですか？

小林　表面採集（笑）。表面採集の原点は、わたしにとって中学生ぐらいですね。中村孝三郎先生に連れられていったのが最初です。

赤坂　中学生のときにすでに？

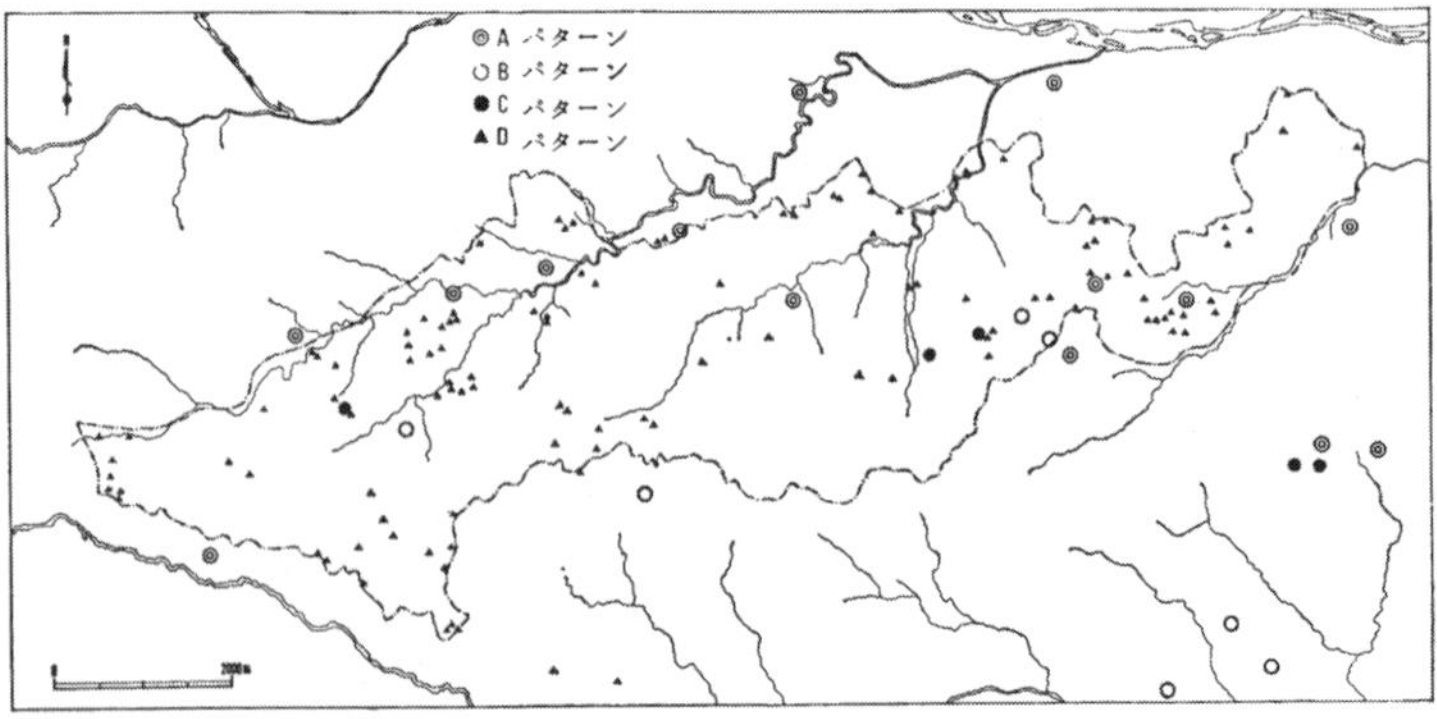

図2　中期中葉のセトルメント・パターンの分布図
（小林達雄「多摩ニュータウンの先住者　主として縄文時代のセトルメント・システムについて」『月刊文化財』112号、1973年）

小林　そうですね、考古学少年だったから。
赤坂　ああ、そうでしたか。
小林　いまとちがって、大学を出て考古学をやろうと思っても、専門として研究できるものではなかった時代です。優秀な人でめぐりあわせがよければ、大学に残ることができるかもしれない。しかし、ポストは極端に限られている。だから、ふつうの考古学少年あがりは、高校などの先生になって研究を続けられれば、それでよしとする。それでも、学問をする楽しみや、考古学とつきあうことができますからね。それが当面の目標でした。
赤坂　なるほどね。

歩いて、歩いて、〝自然〟と会話する

小林　わたしが大学院を出たときはなんにもない時代でしたが、大規模開発がそろそろ始まるという時期でした。そんななか、多摩ニュータウンの開発が計画された。広い面積にわたる大規模開発です。その三〇万ヘクタール全部が対象でしたね。それを、表面採集しながらくまなく歩いたんです。畑はもちろん、崖の面とか……相当歩きました。そのときのボスが加藤晋平さんで、いっしょに歩きました。加藤さんは当時、いくつかの大学の非常勤講師をかけもちしながら研究を続けていた。東大の大学院を出た加藤さんでも職がない時代でした。

セトルメント・システム　集落のシステム。一九六〇年代アメリカの考古学会で採用された遺跡群を構造的にとらえる試み。日本では多摩ニュータウンの遺跡群を対象に試みられ、縄文時代の遺跡のパターンを分類し、そのパターンにより、遺跡の性格が異なることを立証した。

加藤晋平　一九三一—。考古学研究者。イラン、シベリア、中国、ヴェトナム、モンゴル国で調査をおこなってきた。おもな著書に『アウラガ遺跡1・ヂンギス=カン宮殿址発掘調査報告（英文）』『カラコルム古代都市（英文）』などがある。

加藤さんといっしょじゃないときにはわたしひとりで、とにかく毎日多摩ニュータウンの建設予定地内に入って歩いた。歩くことが困難に思えるような斜面にも遺跡がある例が、いくつもありました。

赤坂　そうですか、そんな斜面にも遺跡があるんですね。

小林　ものが落ちている。それは、わたしのいう「パターンD」だったりするわけです。そこを発掘しても、遺構はない。ていねいに発掘すると、数個体分の土器のかけらが見つかる。完形品なんか出てこない。でも、この程度のあいまいで小規模な遺跡でも、ほかのパターンと組み合わさって一地域を活動部分としていたのだということがわかったわけです。

赤坂　五万分の一の地図に場所を落としていったわけですか。それは、いくつぐらいのころですか?

小林　大学院の卒業のときですから、二七歳ぐらい。恥ずかしながら、その多摩ニュータウンの開発地域を歩くまでは、五万分の一の地形図もちゃんと読めませんでした。理屈では読めるはずなんですが、読んだことがなかった。都会だったら道がありますけど、あそこにはまだ何も目印がないですから、地図を見て自分のいる場所はここだなんてわからない。

あのときにようやく、地図がすばやく読めるようになりました。とにかく、読まなければ地図上に遺跡の位置を落とせないわけです。多少の誤差はあるとしても、ほかの遺跡と混じらないように区別して五万分の一の地図のなかに落としていった。それがやっぱり、重要な基礎作業となります。

考古学は、民俗学のフィールドワークと共通性もありますが、別の意味もあると思います。民俗学の場合は、記憶をたどって、その記憶の切片と会話していくんでしょうけれど、考古学は〝自然〟と会話していかなくちゃいけない。自然化してしまったものから、情報を引き出さなくてはならないから、はいずりまわるか歩きまわるしかなかった。それはまさに、さまざまな性格、内容を内に秘めた一筋縄ではいかない人たちときちんと出会って会話していくようなものでした。

赤坂　とてもおもしろいですね。それを何年ぐらいやられましたか？

小林　歩くだけというのを、まる一年。二年めぐらいから、試掘調査に入りました。試掘をやりながらも、三年ぐらいは歩いていました。

赤坂　やはり、その時期の仕事が基礎になりましたか？

ふたりとも考古学少年だった

小林　そうでしょうね。それがひとつ。

じつは、おもしろいエピソードがあるんです。わたしは、小学生時代に考古学にちょっと関心があったけれど、そんなに望みが高いわけではなかったんですよ。やがて中学生になったとき、新入生が集められて、何人かで座談会をおこなった。そこで、「将来、何をやりたいか」って月並みなことを聞かれる。わたしが「考古学をやりたいんだ」といったら、先生が大仰に書き直すんです。「世界的な考古学者に」。それが校内誌に残っていて、もう恥ずかしくて恥ずかしくて……。

赤坂　ははは……。
小林　そんな気持ちはさらさらないんですよ。わたしは「考古学をやりたい」としかいっていない。中学生あたりだと、そんなもんです。小学校二年生の孫に「何になりたい?」と聞くと、テレビドラマ『相棒』の刑事……その主人公になりたいとか、電車の運転手とか。そういうものです。自分が中学生のころに「世界的」なんか、けっして視野に入っていない。ところが、先生が書き直す（笑）。
赤坂　それ、とってもよくわかる。じつは、ぼくも小学生のとき考古学少年でした。
小林　あ、そうですか。わたしより一枚上手だ。
赤坂　ぼくは三多摩で育ちましたが、道路がつくられ、家が建てられるという時期で、東京の街のいたるところが掘り返されていました。そういうところを歩いて、石器のような石の破片を見つけたりしました。ただ、ぼくにはそれを考古学へと導いてくれる先生との出会いが、残念ながらなかったということですね。
小林　そりゃあ、はじめておうかがいした（笑）。
赤坂　そのときの感覚を、ぼくはよく覚えています。たとえば、シュリーマンの伝記を読んで「自分も巨大な遺跡を発掘したい」というのとはまったくちがう。もっと小さな石器みたいなものを見つけて、そこから広がっていく世界に好奇心をふくらませていた。そういう純粋な関心なんです。だから、とってもよくわかります。しかし当時の先生は、「世界的な」ってつけ足したわけですね（笑）。
小林　つけられて、恥ずかしくてね（笑）。それで、ずっとやっているうちに、アメリカに行くチャンスができました。一九六八年のことです。

シュリーマン
一八二二—九〇。ドイツの考古学者、実業家。ギリシャ神話に出てくる伝説の都市トロイアが実在することを、発掘によって証明した。

そのころ東京では、東《あずま》龍太郎《りょうたろう》都知事が主導する「都政明治百年」事業で「東京都に博物館をつくる」準備が始まろうとしていた。わたしはたまたま多摩ニュータウンでやっていましたから、どなたかの頭に思い浮かんだのでしょう、呼びもどされました。

しかし、もどってきたところで、都知事が美濃部《みのべ》亮吉《りょうきち》さんに替わった。美濃部さんは、それまでの東都政の計画を全部ご破算にした。もどってきたはいいけれど、職はまたなくなった（笑）。

アメリカでの研究、そして文化庁へ

赤坂　アメリカでは、何をやられていたんですか？
小林　オナラリー・フェロー（名誉研究員）でした。当時、ＮＳＦのプロジェクトでウィスコンシン州立大学のチェスター・チャード博士が、日本の考古学やアジアの考古学を精力的にすすめていました。アメリカは、ものすごい金持ちの時代でした。そうした勢いを背景にして日本の考古学を研究するときには、問いかけるとすぐに答えが返ってくる人間が必要だったわけです。
赤坂　なるほど。
小林　チェスター・チャード先生をたよって、全米だけでなくカナダからも学生がきていました。チャード先生は、一〇人以上のドクター論文の面倒を見ていたわけです。そのなかに、日本を研究する人がいた。チャード先生も日本を研究していますからね。そうすると、日本研究をする人の相談相手がいるわけです。わたしは、そのためにいま

ＮＳＦ（National Science Foundation）
アメリカ国立科学財団。

した。相談相手になって、たとえば「ヒスイのことをやりたい」といわれると、ヒスイ関係の重要な論文を知っている限り教えてあげるわけです。「これとこれとこれ」というように。それぐらいの力はもっていたので、役に立つわけですね。すると、すごいことに、わたしが教えてあげた論文を全部コピーして、翻訳屋にまわす。

赤坂　ほう、そういうことでしたか。

小林　アメリカ人というのはそうなのかと。これじゃあ、もうかなわない。

赤坂　ほんとうですね。

小林　だから、わたしはただ論文の名前を教えていればいい。ちょうどそのころお世話になった人がいましてね、いま、ちょうど日文研（国際日本文化研究センター）にきている大貫恵美子さんですが、ご存じでしょうか？　彼女にはすごくお世話になりました。

赤坂　文化人類学と接点もあったんですね。

小林　彼女はアイヌをやって、そのあと病理人類学をやって、「冷え症は日本人にしかない」とか、そういうことをやった女性です。その後の新しい研究は、『ねじ曲げられた桜　美意識と軍国主義』（岩波書店）にまとめられた。素晴らしい内容です。

アメリカのマデソン・ウィスコンシンにはちょうど一〇月ごろ行ったんですが、わたしは貧乏だったから、彼女のご主人のセーターとかいろいろ提供してもらいまして、ほんとうにお世話になりました。懐かしい。

ところで、わたしは向こうで研究していて、もどってきたはいいが、職がない。もどってこいと声をかけてくれた東京都教育庁の文化課の人たちが親身になって面倒をみてくれた。そして正式採用じゃないけれども四月一日から臨時の口を用意してくれて、五月

大貫恵美子
一九三四―。ウィスコンシン大学人類学部教授。専門分野は、樺太アイヌの研究、象徴人類学、歴史人類学、共同体の自己意識、病理人類学。

から正職員になった。

若いですから、多摩ニュータウンとその周辺のことや自分の専門については、だれにも負けないというぐらいの気持ちがあったんです。でも、東京都内の全体についてはほとんど知らなかった。

しかし、都内の遺跡あるいは考古学については、すべてを把握しておかなくてはならない立場です。なんとか努力しているうちに、やがて一か月でわかるようになった。島のことまでふくめて、どこにどういう問題があって、どういう遺跡があるかということが、わかるようになった。けれども、自分にそれほどの力が備わっていたというのではなくて、都内全体を視野に入れなくてはならないという〝自覚〟とその意識がはたらいいだということに気がつきました。

一年がすぎ、さらにもう一年がすぎようとしたころに、文化庁から「こないか？」と声がかかり、行く意思を伝えました。だけど、そういう話は入っているはずなのに、都の文化課の課長はなかなか話をしてくれない。それで、業を煮やして「文化庁から何か話がきてませんか？」とたずねたら、「いやあ、おまえ、ほんとうに行く気があるのか？」という展開になり、飲みながら、「行きたいです」「しょうがないな」「じゃあ行っていいよ」ということになりました。

文化庁に行くと、全国のことが頭に入りましたね。それもあっというまに。そこでわたしは、こういう原理——高いところにのぼると、同じ能力でもたちまち視界が広がって、あれこれがよく見えてくる——に気づいたわけです。視野が広がる。それだけの話ですがね。文化庁に行くと、全国のことが全部目に入ります。否応なしに、能力と関係なし

文化庁
文化財保護法の所管官庁で、遺跡や出土品をふくむ文化財の保存・活用の方針立案や、そのための地方自治体への指導などをおこなう。とくに重要な遺跡は国の史跡、重要な出土品は重要文化財に指定され、十分な保護と活用がはかられる。

に、全部把握することができるようになった。まあ、そういう理屈です。だから、多摩ニュータウンでひとつ、もうひとつの段階が文化庁に行ったことで、わたしなりの基礎ができてきたと思います。

赤坂　なるほど、そういうものなんですねぇ。

小林　その間、直接の上司の田中琢《みがく》さんの取り組みかたとか手際を目のあたりにして、多少のことができたことが、大きかった。

赤坂　そういえば、民俗学者にも二つのタイプがあります。生まれ育った土地を、あるいは調査地として選んだ土地を、とにかく深掘りしていくタイプと、もうひとつは宮本常《みやもとつね》一《いち》さんみたいに、全国を世間師のようにわたり歩いて自分の研究スタイルをつくっていくタイプですね。

いまのお話でも、小さな行政のなかでひたすらその町の遺跡を掘っている人と、小林さんのように、文化庁とかに属して全国の遺跡を頭に入れながらそこに関わる人たちがいる。たぶん大学の研究者にもいろいろなタイプがあるのだと思いますけれども、その限られた地域で発掘や研究をしている人と、小林さんのような全国的な視野をもった考古学者とは、どのような出会いをするのでしょうか?

小林　やっぱり、ひとつの遺跡にたいして同格で関係を結ぶわけですね。全国的な視野はたまたまわたしのバックグラウンドであって、わたしにはわたしのよさがあるかもしれない。それから、彼らは彼らで、その遺跡だけじゃなくてもまわりの遺跡との絡みのなかでやっていますから、話をしていけばだいたい共通します。

赤坂　そうですか。

田中琢
一九三三―。日本の考古学者。滋賀県出身。京都大学卒、同大学院修士課程修了。奈良国立文化財研究所所員、同埋蔵文化財センター所長、文化庁文化財鑑査官を経て、奈良国立文化財研究所所長。平城宮跡の発掘調査では、木簡の第一号発見者となった。

宮本常一
一九〇七―八一。フィールドワークに徹した民俗学者。アチックミューゼアムの所員として全国を歩き、のちに武蔵野美術大学教授をつとめた。日本観光文化研究所、日本民具学会設立などにより、後進の指導にも成果をあげた。『私の日本地図』全一五巻、『日本民衆史』全七巻、『宮本常一著作集』(いずれも未來社)の刊行が続いている。

小林　そうじゃないというときは、テーマがちがうか話題がちがうんじゃないでしょうか。だから民俗学でも、宮本常一さんはまさにそう。柳田國男はまた別の生きかたでしょう。わたしは、長野県の**一《い》志《し》茂《しげ》樹《き》**さんがひとつの典型だと思っています。あの人は、考古学もやれば民俗学、近世の文献的な村の年中行事もやる。柳田國男は物語、昔話をやる。彼は、何回も柳田國男に怒られています。最後は関係がダメになります。「結局、どっちがいいのか」という判定とは別に、それを許した時代なんです。わたしは、ある意味で、柳田國男のほうが学問的じゃないと思っている（笑）。

赤坂　そうですね、まったく学問的ではないですね。柳田は、たしかにたくさんの旅をしましたが、民俗誌の類は残していません。著書を読んでも注ひとつないし、先行研究もよくわかりません。

一志茂樹
長野県の歴史研究者。全国有数の地域史学会である信濃史学会を設立し、『信濃史料』『長野県史』の刊行を通じて、文献史学・考古学・民俗学・歴史地理学など多様な方法と、周辺地域への目配りをもって、長野の歴史の解明をめざした。

日本の民俗学が遅れた原因は柳田國男がいたから

小林　だから、たとえば日本に民俗学が芽生えなかった原因は、柳田國男のせいだと思う。

赤坂　きわめて文学的ですからねえ。

小林　でも、それが許された。だから「あの人は悪い、悪人だ、民俗学の悪だ」とはいいたくない。いうべきじゃないと思います。彼が民俗学のために生きる必要はない。みんな自分のために生きているわけで、彼は彼で生きかたを決めればいいんです。
話はとびますが、「前期旧石器ねつ造事件」を最初に告発した男が、このあいだ亡くなりました。彼は、わたしの学生でもありました。

赤坂　どなたですか？

小林　角張淳一《かくばり》くん。彼が最初に「おかしい」といって、インターネットで流したんです。それがきっかけになって、毎日新聞が記事を書きました。

彼は、アルカという会社で遺跡報告書づくりの仕事をし、とくに石器に取り組んでいました。石器を実測して、日本の考古学界のためにと『アルカ通信』を発行していました。よく電話がきて「日本の考古学のためにすこしでも役に立てば」というから、「おれはそんなことを思ったこともない。そして、きみにそんな役割を負ってもらう必要はひとつもない」といって、つき放したことがある。「何かをやって、これは学界のためだとか学問のためだとかというのは、おこがましいよ」っていったことがある。それは、わたしのスタンスの一部でもあります。しかし、角張くんは断固として「学問のため」を標榜して生き抜いた、信念の人だった。

だから、「日本の民俗学は、柳田國男がちょっと視点を変えたらもっとすばらしいものになったにちがいない」とわかっていても、柳田自身が責任を負う必要はない。ジョン・F・エンブリーが調査した熊本の須恵村《すえむら》の記録がありますが、あれほど日本民俗学にとってお手本になるべきものがあっても、生かされていない。だけど、それをやっていたのが一志茂樹だと思います。そういう意味で、いろいろな方法がある。また、だからといって、どれがいちばんだというわけでもない。

須恵村に限らず、アイヌの研究でも同じような性質をもっているんですが、アメリカの文化人類学者は、自分がやりたいことをして、自分が満足すればいい。だから、ひとつのテーマには終わりがある。極端にいうと、**科研費**が終わるとその研究も終わる。

角張淳一
一九六〇—二〇一二。長野県小諸市出身。埋蔵文化財整理・図化・分析の考古学研究所を主宰。全国の都道府県、市町村から遺物を預かって、約一〇〇〇遺跡の遺物から一〇万点あまりの石器図化分析をおこなった。

ジョン・F・エンブリー
一九〇八—五〇。文化人類学者。一九三五年から三六年にかけて熊本県須恵村の部落社会構造を実地調査し、『Suye Mura: A Japanese Village』としてまとめた（邦訳は『日本の村　須恵村』植村元覚訳、日本経済評論社、二〇〇五年）。日本文化理解の教科書『菊と刀』の参考文献としてあげられている。

赤坂　そうですね。
小林　「文化人類学」なんていうえらそうな風呂敷を広げてはいるものの、ぜんぶ自分の業績です。そういう意味では、柳田國男も自分の業績だけであり、どこで自分の業績をあげるか、他人は口をはさめないと思う。
赤坂　柳田自身は、学問は経世済民のためにあると考えていたようですが、その志は受け継がれていませんね。
小林　もうひとつは、日本の大学はおかしくなってきていると思う。学生のために講義をして、学生が理解してくれなければ先生が悪いということになってきている。
赤坂　最近はまったくそのとおりですね。
小林　ＦＤ制（ファカルティ・ディベロップメント制度）というのがありますが、あれには腹が立ちます。
赤坂　たしかに最悪です。
小林　「あなたはどの講義を公開しますか？」なんて照会がある。なんのためかというと、ほかの先生が聴きにくるんだという。つまり、「人の講義を聴いて、いいところは参考にし、悪いところは改める」。自分の教えかたをブラッシュアップしようというわけです。
赤坂　小林さんは、まだよかった。その波に飲みこまれていないから。
小林　ずっと抵抗してきました。
赤坂　ぼくらは抵抗できませんから。休講もできないし……。
柳田の名前が出てきましたので、また脱線させてください。柳田は、じつは考古学には

科研費
科学研究費補助金。国が研究者に出す研究資金のひとつ。申請に応じて専門家による審査を経たのちに提供されるが、採択率は四分の一から五分の一程度。

ＦＤ制
ファカルティ・ディベロップメント制度（Faculty Development）の略。日本語訳は「大学教員の教育能力を高めるための実践的方法」。第二次世界大戦後のベビーブーマーたちが学んだマスプロ教育では、大学の授業は教授の専門領域が一方的に話されるのみだったが、少子高齢化にともなって、大学が学生のニーズに応える教育をする必要に迫られるなかから生まれた授業改革のための組織的な取り組み方法。

けっこう関心を示していたし、関連する文献も読んでいたと思います。ところが、柳田にとっていちばん大事なテーマは「心」です。精神文化なんです。だから、日本考古学の「モノへのこだわり」にたいしては、批判があったと思います。それにたいして宮本常一や渋沢敬三の流れは、逆にモノにたいする関心が非常に強かったわけです。そのどちらが主流になるかということは、やはり大きかったと思いますね。

考古学との接点という意味でも、柳田の系譜が非常に強いですから、そのことが大きな影を落としているかもしれません。モノにたいして冷淡であるということが、民俗学と考古学との接点をうまくつくれない要因になっているのではないかと考えています。

ぼくは、東北の山村を歩きはじめたときに、「縄文を勉強していないと、目の前にある山村が見えないな」と感じました。でも、それは極端にいやがられます。「民俗学者が縄文を語るなんておかしい」というわけです。なにしろ、柳田以来、民俗学の時間的な射程は応仁の乱あたりの中世であって、それ以前にさかのぼることはできないと決まっているんです。無意識に排他的なのか、意識的に遠ざけているのかはわかりませんが、絶対に許さないという風潮はありますね。

小林　わたしが赤坂さんのことを知ったのは、講談社のPR誌『本』の連載を読んだのがきっかけでした。

赤坂　あれは、一九九〇年代前半に東北を歩きながら書きました。いまは講談社学術文庫に、『東北学／忘れられた東北』として収められています。

そういえば非常に印象的だったのは、縄文の遺跡の前に「先住民の住居跡」という標識があったことですね。

渋沢敬三
一八九六―一九六三。祖父は渋沢栄一。第一銀行頭取、日銀総裁を経て幣原《しではら》内閣の蔵相をつとめる。その一方で、アチックミューゼアム（のちの日本常民文化研究所）を主宰し、多くの人材を育てた。著作に『日本釣漁技術史小考』『日本魚名集覧』（いずれも角川書店）など。

小林　ああ、なるほど。縄文の遺跡の上に、その後の人たち、現代人のお墓がよくある。

赤坂　ありますね。

東日本大津波で縄文遺跡はなぜ残ったか

小林　二〇一一年の大津波のとき、縄文遺跡は残りましたが、後世の人たちの生活圏はぜんぶ破壊されてしまいました。それをきっかけに、あらためて縄文遺跡を見直そうという動きがあったけれども、わたしは「誤解を招いてはいけない」と思っています。べつに縄文人に先見の明があってやったわけじゃなくて、そのときの彼らの生活の場が高台だった、それだけの話です。それを、まさに大発見のごとく「縄文人はえらかった。彼らはあの災害から逃れられるところに居を構えていたじゃないか」という、縄文を買いかぶって称えるようなことになったらいかんと思っています。

赤坂　つまり、高潮や津波の難を逃れるために高台に住んでいたわけではないということですね。

小林　というわけではないんです。縄文以降に人が下に降りてくる理由は、そこが平らな場所だからです。足の便がいい、自分たちのコミュニティをつくりやすい、それから漁業と関係している。だからいまの人も、三陸の大津波があったその経験を生かしきれなくて、またぞろ降りてくるわけです。それはみんな、縄文人以降がわかっていながらそうしてきたという責任であって、縄文人は、降りる必要がなかった。上へいればよかった。それだけです。

赤坂　福島県南相馬市の小高《おだか》にある貝塚は発掘途中で、報告書が出るまえに津波に遭いました。考古学の人たちといっしょに歩きましたが、それは丘のすこし小高いところにあって、すぐ下まで津波がきていました。だからぼくらは、「ああ、縄文人は津波を避けるためにここにいたのか」と感動するわけです。

小林　そうか、そういう感動か。

赤坂　たくさんある貝塚も、ほとんど例外なしに、けっこうな高台に位置していました。海で獲った魚や貝なんかをわざわざ運ばなくてはいけないし、「丸木舟は海辺に置いておくのか？」など、不思議に思うことがあります。海に近いほうが生活が楽でしょうからね。どうして高台で暮らしていたんでしょうか？

小林　そりゃあ、経済的な問題ですよ。現在の新しい経済社会のもとでは、効率がいいから下で暮らすわけです。多少の時化《しけ》でも出ていって漁をしたほうが、帰ってきたときに魚が高く売れるからです。海の側にいれば、いつでも漁に出られる。ところが縄文人は、うしろ（山のほう）にも生活の場がある。そこに聖地的な意味があれば、わざわざ海辺に住むようなことはしない。働きやすいということと、その日の食料をとるのに有利だというのが同じじゃないわけですから。

赤坂　なるほどねえ。

小林　いまは、その日の食料を得るということだけじゃなくて、それを生活の糧として生きていかなくてはならないから、危険を承知で低地に住む。記録があるので、津波の怖さは縄文人より知っていたかもしれないですよ。一方、縄文人はいまの人よりも散らばって点々としていますからね。定点観測をして「ここまでだったら津波をよけられる」

なんてことはない。

赤坂　アイヌの人たちは、津軽海峡のことを「しょっぱい川」と呼んでいますね。つまり、丸木舟でわたれる海峡ということです。ところが、巨大な洞爺丸が沈没した原因は、嵐のなかを出航してしまったからだという。つまり、自然環境のことを知っていながら、それを生かさないで過信する。

小林　縄文人とは比較にならないほど、台風についてのくわしい膨大な情報が入っていたのに……ですね。

赤坂　そうですね。それをうわまわる経済的な理由が存在する。

小林　出航時間のダイヤがあったから。

赤坂　アイヌの人たちが丸木舟でわたる場合、潮の加減、季節とか風向きなど、ぜんぶ測ったうえで実行するわけですね。

小林　そう。『津軽海峡の天気とことわざ』という本があります。小さな本ですけれど、それを読むと、「どこそこの方向から湿っぽい風がきたらすぐに嵐になる」とか「少々強くても、これなら大丈夫。こちらからの風はやむんだ」と、全部わかっている。だからわたしの見解は、丸木舟に乗る縄文人にとっては、海難事故はなかった。

赤坂　なるほど、逆になかったと。

現代人が想定する範囲をはるかに超えて活動した縄文人

小林　いまの漁船の性能は、縄文時代の丸木舟より何千倍もいいです。でも、しょっちゅ

洞爺丸が沈没
一九五四年九月二六日、青函連絡線洞爺丸が台風一五号の接近するなか函館港を出航、予想を超える強風と大波に直面し、函館湾七重浜近くで横転転覆座礁し、犠牲者数一一五五人の大惨事となった。

『津軽海峡の天気とことわざ』
津軽海峡海難防止研究会編、北海道新聞社、一九八九年

う海難事故を起こしているでしょう。

いまの船が頻繁に海難事故を起こすようになったのは、性能のせいではありません。気象や潮の流れに関する情報はぜんぶ、精密に刻々と入ってきている。それでも、海に出ては沈没するわけです。やむにやまれぬ冒険精神や漁民魂もあるかもしれない——それはそれで見事といいたい——けれど、ちょっと問題がある。

津軽海峡は、ものすごく便利な高速道路ですよ。「何曜日と何曜日は何時出発」というダイヤ（時刻表）にしたがうのではなくて、ちゃんと見計らっていけばいいんです。

赤坂　それは人間の側のダイヤですからね。

小林　そう、だからそれをはずして、自由にやっていけばいい。ホールという人が、人間の時間について書いています。「時間を約束しちゃいけない」と。それから、有名なアマゾンのヤノマミ族の生きかたもそうです。また、別のところに行って住みこんで研究した人がいて、おもしろい報告をしています。時間をまったく気にしないから、そこの民族調査に入った人がもどってきても時間になじめなくなる……とね。

「時間」ということばもないと聞くと、言語学者は怪訝《けげん》な顔をします。しかし、時間を問題にしていないのだから、時間という概念がない。そんな社会もあるわけです。それが、時間に追われて地下鉄が一分でも遅れたらイライラしてしまうようにつくり変えられている。

縄文の場合は、そんな時間の概念がなくても沖縄まで行ったりきたりしているわけですけどね。

赤坂　東北からですか？

ヤノマミ族
アマゾンの熱帯雨林からオリノコ川にかけて広く居住している南米の先住民族のひとつ。狩猟と採集をおもな生活手段にしている。「ヤノマミ」とは「人間」という意味。

小林　出発は、南九州のどこかからかです。沖縄には、鹿児島の縄文土器もいっているし、ヒスイもいってます。人が直接ヒスイの里からいかないとしても、ヒスイ自体はいっている。現在でもそれはたいへんなことなのに、二回、三回と、しょっちゅういっているわけです。

だから、沖縄の土器、文化は、縄文文化なんです。土器には全部突起がある。口に突起がある焼きものなんて、世界中どこを探してもほかにはない。縄文土器だけです。お隣の朝鮮半島のものも、突起をもっていない。みんな平らで、弥生土師器みたいなもんですよ。そういう意味で、縄文というのは合理性や機能性から離れている。だから「第二の道具」も生む。そういう特徴がある。

赤坂　なるほど。

小林　しかし、このことをいくらいっても、なかなか日本の考古学研究者にはわかってもらえない。「沖縄と九州の文化はちがう。同じ縄文と呼んでいいのだろうか……」と。

冗談じゃない。土器にわざわざ突起をつけているじゃないですか（写真5・6）。彼らは、わざわざ突起をつけた土器にはちゃんとそれに固有の名前をつけて呼んでいたはずです。

台湾まで行ったら、突起はもうない。中国本土にもない。突起があるのは縄文土器だけです。デザインの問題じゃない。

赤坂　なるほどね。

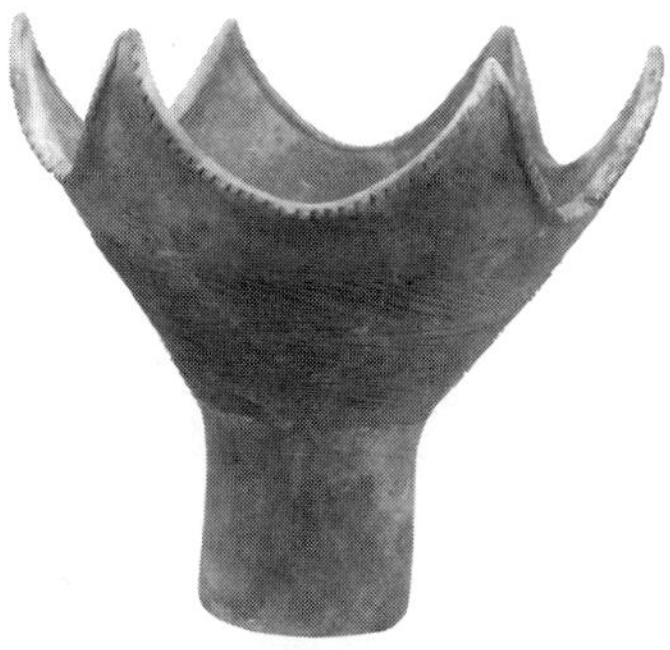

写真5　関東の突起付土器（國學院大學博物館）

写真6　沖縄の突起付土器（津堅島《つけんじま》キガ浜貝塚の荻道《おぎどう》式土器　写真提供：沖縄県埋蔵文化財センター）

小林　われわれにとっての土偶は研究対象であり、鑑賞の対象です。でも、当然のことながら縄文人にとって土偶はそうじゃないでしょう。それは「ドグウ」であった（写真7）。

赤坂　そうですよねぇ。

小林　土偶という〝名前〟ではなくて〝モノ〟が必要だったわけです。そして、そのモノに名前をつけて呼んでいる。ですからわたしは、縄文人の側に立つときは「ドグウ」というカタカナ表記にしようと思っています。

突起も、研究対象、鑑賞の対象のときには漢字で「突起」と書きます。しかし、彼らの立場に立って、いろいろと考えてみたいと思っているんです。われわれにはほんとうの名前はわからないけれど、彼らがそう呼んでいたとして、カタカナ表記にする。わたしはそれを「トッキ」にしておこうと。「トッキ」としたときには、その概念が呼称されます。（縄文人にとっては）デザインの問題じゃないから、土器には「トッキ」が必要なんです。それが、かえって使い勝手が悪くなるものだとしてもね。

赤坂　そうですよね。

小林　使い勝手が悪くなることはわかっているのに、「トッキ」をつける。それが縄文人のおもしろいところで、効能とか機能だとかで生きているわれわれとは対極にあると思

写真7　土偶（國學院大學博物館）

いますよ。岡本太郎が好きな「対極主義」ですか……（笑）。その土器をもっているところには、「トッキ」という名前が通用するような縄文日本語があったのではないか——縄文日本語が文化を生み、文化が縄文日本語を生むというのが、わたしの考えかたです。

器が体現する世界観

赤坂　突起は形状だと思いますけれども、文様には縄文があったり貝殻紋があったりします。沖縄は貝殻紋ですよね。

小林　いや、そうとも限らない。

赤坂　出てきますか？

小林　あります、ヘラ描きですね。モチーフを描く場合は、ヘラで描く。

赤坂　形状にたいして、文様はどういうふうに考えたらいいのでしょうか？

小林　それはむずかしい問題ですね。文様は、われわれがもっているような単なる〝装飾〟という概念ではないです。そういう模様をつけないと終わらない、美術史にある「空間恐怖」という概念に近いものです。そういう概念だけでも説明はつかないのですが……。

土器は、歴史時代になって絵描き・芸術家が出現して、彼らがキャンバスに向かって絵を描くことといっしょなんですよ。単純に器《うつわ》——生活の役に立つもの——をつくればいいということでつくっているわけじゃない。彼らのもっている世界観のなかから生み

空間恐怖
芸術において、空白・空間部分をそのまま残すのではなく、なんらかの形象で充填せずにはおれないという衝動。たとえば装飾文様は常にパターンの無限進行によって支持体の隙間を埋めつくしていくという傾向性をもっている。

だされたモノなんです。その世界観から分離していない。

赤坂　う〜ん……。

小林　モノと世界観とがいっしょだから、その世界観がいつまでたってもずっとつきまとっている。その器自体が、世界観を表現する媒体のひとつかもしれないです。模様も、彼らの世界観を単なる形だけじゃないところで生みだすひとつの要素として表現している。そういうことではないかと思いますね。山崎正和も指摘していますが、それによって「自分のもの」にするわけです。

模様をつけなくて無地だったら、それはどこに出しても、だれが使ってもいいじゃないですか。アフリカの砂漠で使ってもいい。しかし、アフリカの砂漠に住んでいる人たちは、「こんなの器じゃないよ」と拒否するかもしれない。それを「器にする」（自分のものにする）ためには、彼らの世界観が形じゃないところにまで必要なんです。

たとえば、ヒョウタンの類なんかを器にしている場合は、みんな模様がついていますね。この模様は、飾りじゃなくて世界観です。だから、それを持つということは、詩人が詩を書く、絵描きが絵を描く、それと同じことをおこなっているんだと思います。

ところが、わたしたちのいまの器は、湯が飲めればいい、お茶が飲めればよくて、こんな（座談会の席の前にある湯のみを指す）形を許すわけです。自分のものでもないからね。もしも自分のものだったら、これを家では使いたくないでしょう？　これ（座談会の席の前にあるグラス）だって、ビールを飲むんだったら許せるけれど、大事な「どぶろく」は入れたくないです（笑）。

そういう、器は「容器としての機能があればいい」「ものや量を出し入れできればいい」

山崎正和
一九三四―。日本の劇作家、評論家、演劇学者。専門の演劇美学、戯曲に関する著書を発表する一方で、文明評論家として『柔らかい個人主義の誕生』（中央公論社）など現代日本文化論の著作も数多くまとめている。

という観念は、あくまでもわれわれがもっている器の概念であって、とくに縄文は、そういう意味で世界でも孤立している、あるいは孤高というのかな……（笑）。

赤坂　うん。

小林　わたしひとりがそういう解釈を強調しているのですが……それは「単なる〝生活の道具〟じゃなくて、彼らの世界観の延長上にある〝作品〟なんじゃないか」とね。

赤坂　それは、考古学のなかで「モノからコトへ」というふうに転換を志向していることとつながっていますか？

小林　そうでしょうね。かなりまえからわたしは、縄文土器の文様に「物語性を見よう」といってきました。**松岡正剛**《せいごう》はとんでもない天才ですけど、彼は、ほかに考古学やってる人がだれも注目してくれなかったときに、わたしの意見に注目してくれた。まだ『遊』をやっていたころね。

赤坂　古いですね、一九八〇年代ですね。

小林　彼が代々木に事務所をかまえていたときに声をかけてくれて、行った覚えがあります。「縄文土器の文様というのはたんなる飾りじゃなくて、絵画やあるいは物語が描かれている」ということを、最初に評価してくれた人です。

モノが織りなすさまざまな文脈、それは物語である

赤坂　もうすこし具体的に、「モノからコトへ」を説明していただけますか？

小林　わたしは、とくに一所懸命にそれをいったことはないんです。むしろ安斎さんがい

松岡正剛
一九四四―。編集者、著述家、日本文化研究者。一九七一年に友人らと工作舎を設立して雑誌『遊』（一九七一―八二年）を発行した。

っています。

赤坂　安斎正人《まさひと》さんですね。

小林　これは、考古学の世界のことだけじゃないです。モノというのは現実にある。それを認識するというのは、そのモノが織りなすさまざまな文脈のようなものを読みとることだと思う。モノから物語をやらなくちゃいけない。安斎さんはそういっていますが、まさにそのとおりだと思いますね。モノだけをやっていたのでは、そのものの形の研究で終わります。安斎さんは、その形がどういう意味をもっていたのか、事柄になるのじゃないかと考えている。最近、おりにふれてそれを強調していますけれども、当然のことではないかと思います。わたしも、かねてからずっと考えていました。わたし、自分自身が身を置いている日本の考古学にすごく不満なことは、日本でちゃんとやっていることを評価しないで、横文字を読んで向こうから輸入することによって新しい境地にしようとしていることなんです。認識考古学もそうだし……。

赤坂　うん。

小林　たとえば認識考古学で、向こうで「コグニティブ・アーケオロジー（cognitive archaeology）」ということばが流行りだすと、それを読んで一から始める。そのまえに日本でもやっていたじゃないかということについては、一顧だにしない。それがすごく残念なんですよ。そういうのが、あまりにも多すぎる。何かというと向こうですからね。いまの日本の土壌は、輸入用の洋花を切り花で盛って目新しくする。そんな感じです。

赤坂　そうですね、なるほどね。だから、いくらやってもあだ花。ひとりで咲かして散っていくしかない。

安斎正人
一九四五―。東北文化研究センター教授。理論考古学に依拠しつつ、最近は東北地方を中心とした縄文時代研究をすすめている。おもな著書に『理論考古学入門』『日本人とは何か』（いずれも柏書房）など。

認識考古学
認知心理学による一般理論をベースとして考古学資料を解釈する方法で、認知考古学ともいう。具体的な研究対象は、脳の進化、無意識の動作、形や色への反応をはじめ、幅広い領域に広がる。欧米のコグニティブ・アーケオロジーが紹介されて、近年、日本国内でもこの方法による研究が増えてきている。

小林　リービ英雄が、新聞でおもしろいことを書いていました。彼は中国語も日本語もペラペラ、もちろん英語でも書く。でも、日本語じゃなければ書けない物語があるというんです。それがうれしい。日本語じゃなければできない考古学もある。「モノからコトへ」っていうのは、そういうことをやっているわけ。だけど、そんなこといわれなくたってやってきた。「いまさら、あなたに指揮をとってもらう必要はない」っていうのが、わたしの不満ですね（笑）。

赤坂　まあねぇ。

小林　そうなら、いま、いい声で鳴いている鳥がいるよ。その鳥の声に耳をかたむけないで、輸入物のキンキラキンのオウムを連れてこなくちゃいけないのはなんなんだと。日本には日本で育った、日本語で考えている考えかたがいっぱいある。

赤坂　そうですね、とても納得できます。

小林　日本の民俗学は、日本語でしかできないでしょう？

赤坂　それはできないでしょう。

考古学に限らずどんな学問も「人間とは何か？」だ

小林　文化人類学は、どんなことばでもできます。しかし、日本の民俗学は日本語でしかやれないと思うので、それをもっとたいせつにしていくべきなのかなって気がする。

赤坂　そう思いますね。柳田以来、民俗語彙と称して、そのあたりの民俗とことばの関係についてはむしろ神経質であったかと思いますね。ただ、そのために普遍化がむずかし

リービ英雄
一九五〇―。アメリカ生まれの小説家・日本文学者。日本語を母語とせずに日本語で創作を続けている作家のひとり。本名はリービ・ヒデオ・イアン。

く、失敗してきたかもしれません。
ところで、小林さんにとって考古学とは、結局なんでしょうか？　「人間学」っていうことばを使われていますが。

小林　あたりまえのことですが、「遺物学」ではない。形を分析したり、年代差や地方色といったことだけを調べるのではなくて、「なぜそれをつくっているのか」「それはどういう意味をもっているのか」がいちばんたいせつではないかと思います。いわゆる「モノ学」ですね。それはまさに「人間とは何か」ということにもつながってくる。どんな学問も哲学もそうかもしれないけれども、わたしはたまたま考古学をやっている。赤坂さんもたまたま民俗学をやっている。「学」をとおして何をするのかというと、人間を見ているわけです。ということで、遅ればせながら考古学も「モノからコト」というよりも、むしろ人間、モノ、コト、そして人間を見ることではないかと思いますね。

二〇一二年の四月から七月にかけて、国立科学博物館で「縄文人展」という企画展がおこなわれました。デザイン界のボスである佐藤卓《たく》さんが企画したイベントで、展示は貝塚から出てきた女と男一体ずつの人骨を並べているだけです。それを写真家が撮影して、その作品を並べている。画期的なおもしろい切り口の展覧会です。彼からどうしても書けといわれて、意識して戦争について「女・男、縄文人」（女をあえて先にいうんですが）という文章を書きました。佐原真さんが、「縄文人は戦争をしていない」「戦争は弥生からだ」という。だからわたしはあえて、戦争のことを書いた。「人間は戦争をするのだ」と。人間は、戦争をする動物です。観察している人の前ではたまにしか見せないですけれど、ゴリラもチンパンジー

佐藤卓
一九五五―。日本のグラフィックデザイナー。東京都出身。パッケージデザインやグラフィックデザイン制作・監督、アートディレクションを中心に活躍。また商業デザインのかたわら、「バーバーサインプロジェクト」のようなデザインを切り口から考察、検証するプロジェクトやエキシビションにも注力している。アートワークとしての切り口

ジーも、戦争をやっている。オスのチンパンジーの遺体を解剖してみると傷だらけです。骨にまで達しているような傷もあります。

赤坂　ほう。

小林　そんなものは常識です。人間も、いろいろな戦争の動機があり、やりかたがある。決着のつけかたもいろいろで、全部ちがいます。あるひとつの型だけを「戦争」といったら、それは人間を見てないってことじゃないかというのが、わたしの考えです。どんなに優秀な考古学者でも、考古学者として考古学の世界だけで発言し、そのなかで気持ちよくしているということではいけない。最初から勝手に戦争を提示して「これが戦争で、そうじゃないのは戦争じゃない」みたいなとらえかたでいったら、大事な人間性というものを否定することになる。というか、見ないことになる。そうじゃないのではないか。結局、考古学は、「モノからコト」だけではない、そういうことばがあるかないかは別として「人間学」をやらなくちゃいけない。物理学でもそうだと思いますね。脳科学もそう。

赤坂　学際的な位置にいる人たちの書かれた本を読んでいると、人間について発言しているから、わたしも引きこまれるんです。

小林　なるほどね。

赤坂　だから赤坂さんがずっと、民俗学のタイポロジーをやったりしていたら、わたしはその存在について注目しなかったと思います。ところが、そうじゃなかったからずっと注目させていただいた。そういうことです。

文章を書きました
『JOMONESE』上田義彦写真、篠田謙一・坂上和弘・伊藤俊治解説・文、美術出版社、二〇一二年

赤坂　「人間学」としての考古学の再編でしょうか。

小林　そうでしょうね。

赤坂　こういう変化の激しい時代のなかで、それこそ、世界は考古学のためにあるわけでもないし、民俗学のためにあるわけでもないわけですね。変わっていく世界のなかでどのように人間やその世界について理解するのか、そのなかでどのように生きていくのかということを知りたくて、われわれは学問をしているわけです。

当然ですが、人間学としての考古学は魅力的であり、その方向に向かわざるをえない。

小林さんのやられてきたことがそこにまっすぐにつながっていることを、あらためて確認させていただきました。

Ⅱ部

縄文ランドスケープ　縄文人の視線の先を追う　——大工原　豊

釣手土器を追う　——中村耕作

縄文ランドスケープ　縄文人の視線の先を追う

――大工原　豊

I　ランドスケープとは何か？

「ランドスケープ（Landscape）」ということばを日常の生活のなかで耳にする機会は、ほとんどないだろう。ランドスケープは、日本語では「景観」と訳される。都市景観（都市工学）、景観保護条例（法律用語）といった専門的な分野で用いられることばなので、なじみがないのはむりもない。類似したことばとして「風景」があるが、これは英語では〝Scenery〟。どちらかといえば、「景観」が背景に深い意味をふくめて理屈っぽい場面で使用されるのにたいして、「風景」は漠然とあるいは感情的な場面で用いられる。したがって、「風景」はなじみ深く、「景観」はどこかかたくるしい。

日本の考古学のなかで、これを「景観」とせずにそのまま「ランドスケープ」ということばで使用しはじめたのは、この本の編者のひとりで、I部で対談をおこなっている小林達雄（國學院大學名誉教授）である。小林は、縄文研究の第一人者であり、それまでも「セトルメント・パターン」（居住類型）など日本語になりにくい概念の英語をそのままカタカナ表記して日本考古学に導入していた。

セトルメント・パターン　アメリカで提唱された先史遺跡研究の方法で、集落遺跡の居住形態（セトルメント）から類型（パターン）に分類し、それらの結びつきかた（セトルメント・システム）をあきらかにする研究。小林は、縄文集落をA～Fの六つのセトルメント・パターンに分類して縄文社会の実態に迫ろうとした。くわしくは、155ページ参照。

小林は、英国留学から帰国してすぐの一九九六年から「縄文ランドスケープ」ということばを用いはじめた[1]（図1）。そして一九九七年から「縄文時代におけるストーンサークル及び関連記念物の設計とランドスケープ」研究プロジェクトの活動を開始した。

わたしも、発足時からのメンバーとしてこの研究プロジェクトに参加した。日本列島各地の縄文時代の環状列石（ストーン・サークル）遺跡に出かけて、その遺跡の「ランドスケープ」がどのようなものだったのか、縄文人の気持ちになって四方のヤマ（山）をながめ、そこから見ることができる冬至・夏至・春分・秋分（まとめて二至二分《にしにぶん》という）の日の出・日没の景観を確認していった。

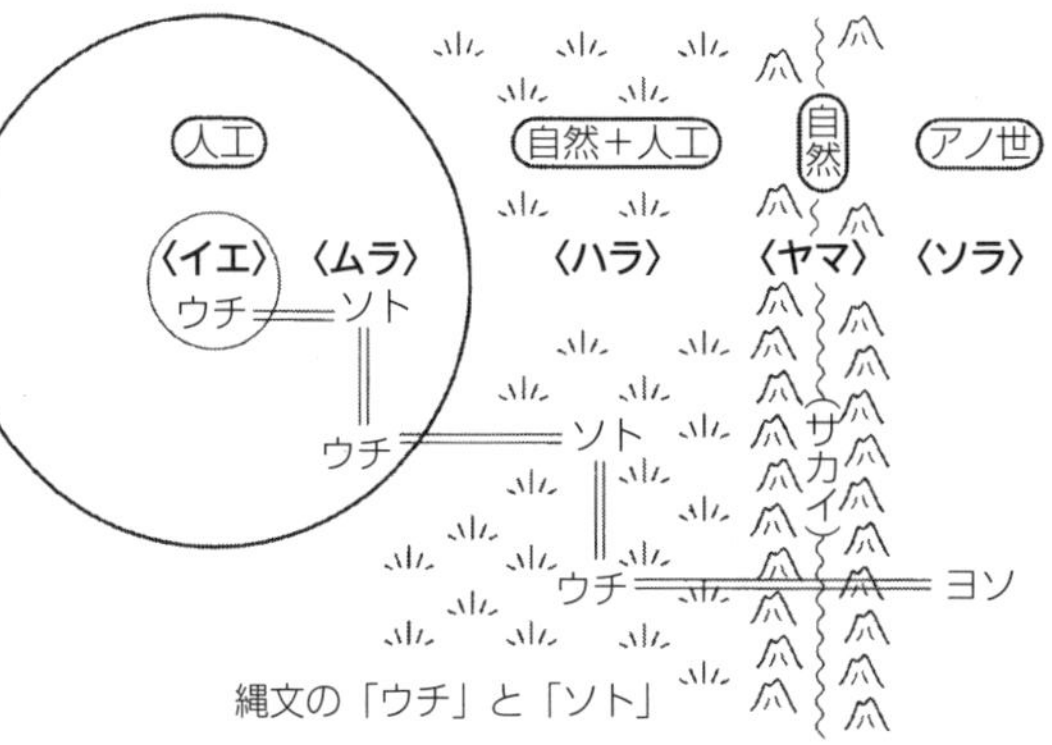

図1　小林達雄の縄文ランドスケープの概念[1]
縄文人は常に、対立する「ウチ」「ソト」概念で周囲の景観をとらえていた。

二〇〇二年には研究成果をまとめ、そのものずばり『縄文ランドスケープ』[2]という本が刊行された。これは、縄文人が当時遺跡から見ていたであろう景観の写真が多数掲載された、これまでにない新しい視点の本であった。というのも、これまでの遺跡の写真は上空や高い場所から撮影したものであり、常に外側から現代人の視点に立っていて、縄文人が見たことのない景観の写真だったからである。

縄文時代
縄文時代は、BC一三五〇〇年からBC七〇〇年まで続いた。縄文土器の型式によって、古いほうから草創期、早期、前期、中期、後期、晩期に区分されている。最近の放射性炭素の年代測定によれば、草創期と早期の境はBC一〇五〇〇年、早期と前期の境はBC五〇〇〇年、前期と中期の境はBC三五〇〇年、中期と後期の境はBC二五〇〇年、後期と晩期の境はBC一二〇〇年とされている。それぞれの時期をさらに三区分すると、前葉《ぜんよう》、中葉《ちゅうよう》、後葉《こうよう》となる。

二至二分
冬至・夏至をあわせて二至という。また、春分・秋分をあわせて二分という。ちなみに、立春・立夏・立秋・立冬をあわせて四立《しりつ》という。二至二分と四立は、一年を八分割した重要な節気《せっき》である。先史社会では、

Ⅱ　日本のランドスケープ研究

大場磐雄《おおばいわお》は、神道考古学の先駆者であり、神社の立地研究をおこなった。大場は、神社の立地に関して、①山容が共通している（三角形）、②部落に近い平野にそびえている、③古来の大社が山麓に鎮座している——といった共通点をもっている場所が多いことに気づいた。そして、こうした小山を、飛鳥の神奈備山《かんなびやま》（奈良県高市《たかいち》郡明日香村《あすかむら》にある三諸山《みもろやま》の異称）を典型例として、「神南備式霊山」と呼んでいる[3]。この小山にたいする信仰は、狭い範囲（地域社会）に限られるのが特徴であり、弥生時代以降の農耕民の信仰の原点のひとつと考えていた。

また、建築家の樋口忠彦《ひぐちただひこ》は、日本古来の集落の立地する景観を体系的に整理して、七つの型を抽出している[4]。樋口は、盆地の景観として「秋津洲《あきつしま》やまと」型・「八葉蓮華《はちようれんげ》」型、谷の景観として「水分《みくまり》神社」型・「隠国《こもりく》」型、山の辺の景観として「蔵風得水《ぞうふうとくすい》」型・「神奈備山」型・「国見山」型があるとした（図2）。類型の命名方法からもあきらかなように、弥生時代以降の農耕集落と神社・寺院といった信仰の場が結びついた場所が、日本の原風景だと考えているのである（ここでは、平地の景観には類型を設定されていない。彼は、平地に集落が形成されるのは後世になってからであると考えていた）。「平地の景観において、何か取り柄のある自然景観といえば、河川などのつくりだす水の辺の景観くらいしかないといってもよい[5]」と断じるのである。

前方後円墳の方位についての研究は、斎藤忠の「古墳方位考」[6]にはじまり、都出比呂志《つでひろし》の前期古墳の竪穴式石室の方向に関する研究[7]、白石太一郎の体系的な古墳方位研究[8]などが

経験から二至・二分・四立の順に認識していったと考えられる。

大場磐雄
一八九九—一九七五。神道考古学を提唱した考古学者。國學院大學教授。文学博士。『神道考古学論攷』『祭祀遺蹟』『神道考古学講座』全六巻など多数の著書がある。

樋口忠彦
一九四四—。景観工学を専門とする工学者。工学博士。元京都大学大学院教授。著書に『景観の構造』『日本の景観』などがある。

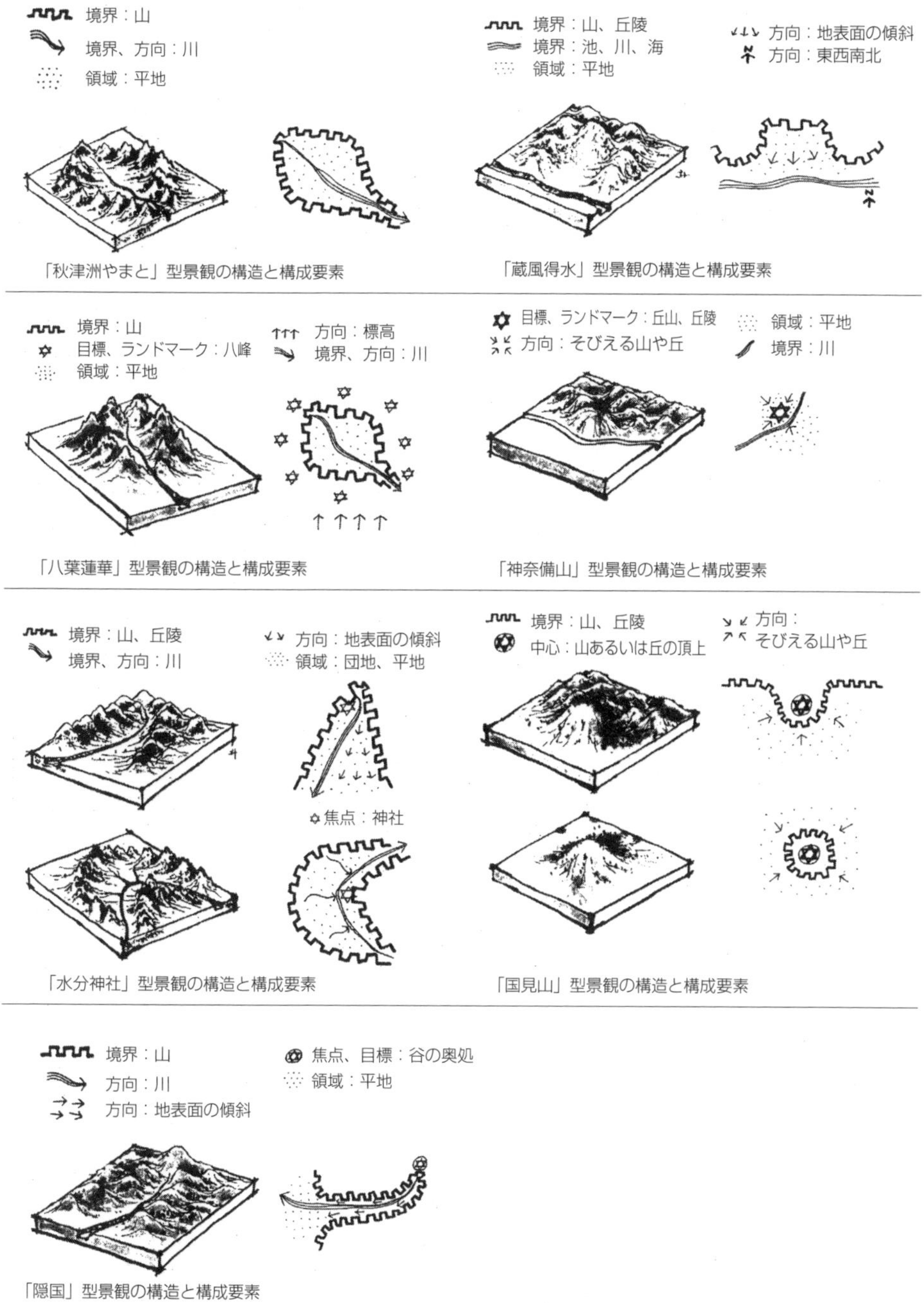

図2　樋口忠彦の景観分類(5)

ある。ただし、こうした研究は古墳本体の絶対的方位についての検討であり、周囲のヤマや太陽の運行と古墳とを結びつけたものは、ほとんどない。

最近、わたしは東日本隋一の古墳県である群馬の大形前方後円墳の立地について、縄文ランドスケープと同様の観点から検討をおこなってみた。(9) すると、多くの古墳で縄文モニュメントと同じような傾向があることがあきらかになってきた。検討は現在進行形であり、まだ結論に到達してはいないが、この研究事例については106ページ以降でもう一度述べることにしたい。

以上のように、ランドスケープに関する考古学的研究（ランドスケープ・アーケオロジー）は、まだ発展途上の研究ジャンルである。とくに「縄文ランドスケープ」という考えかたは、一九九〇年代になって注目され、研究されるようになった、新しいジャンルなのである。

Ⅲ　世界の古代遺跡のランドスケープ

世界的にみても、古代遺跡とくにモニュメント（記念物）と太陽の二至二分の日の出・日没との関係は、数多く見いだすことができる。また、星との関係が意識されていた事例も存在する。したがって、ランドスケープに関する研究は、世界各地でさかんにおこなわれている。方形や三角形・円形といった幾何学形を呈する石造のモニュメントの方向性が明確であることも、こうした研究を進展させた要因である。

古代エジプトでは、太陽神ラーが信仰の対象であった。この時代の人びとは正確な太陽暦を把握しており、さらに天文学も発達させていたことは、よく知られている。もっとも明るい星シリウスの周期が一四六一日であり、それをもとに太陽暦を補正する知識までもっていた。また、カルナック神殿では、神殿の配置が夏至の日没・冬至の日の出に対応するように、入口や窓が設置されている。

約五〇〇〇年〜三五〇〇年前につくられた英国のストーン・ヘンジは、「古代の天文台」という異名をもつ世界的に著名なモニュメントである。環状にめぐるサーセン・ストーンと、その周囲を環状にめぐる盛り土や、単独で存在するヒール・ストーンなどから構成されているのだが、これは夏至・冬至の日の出・日没方向と関係があることが指摘されている（図3）。つくられた当時は、サークルの中心からヒール・ストーンを望むと、ちょうどその位置から夏至の日の出を観測することができた。これをつくった人びとが太陽の運行を意識していたのは、ほぼ確実である。近くに存在する、木柱が立てられていたと推定されるウッド・ヘンジと呼ばれる構築物も、夏至

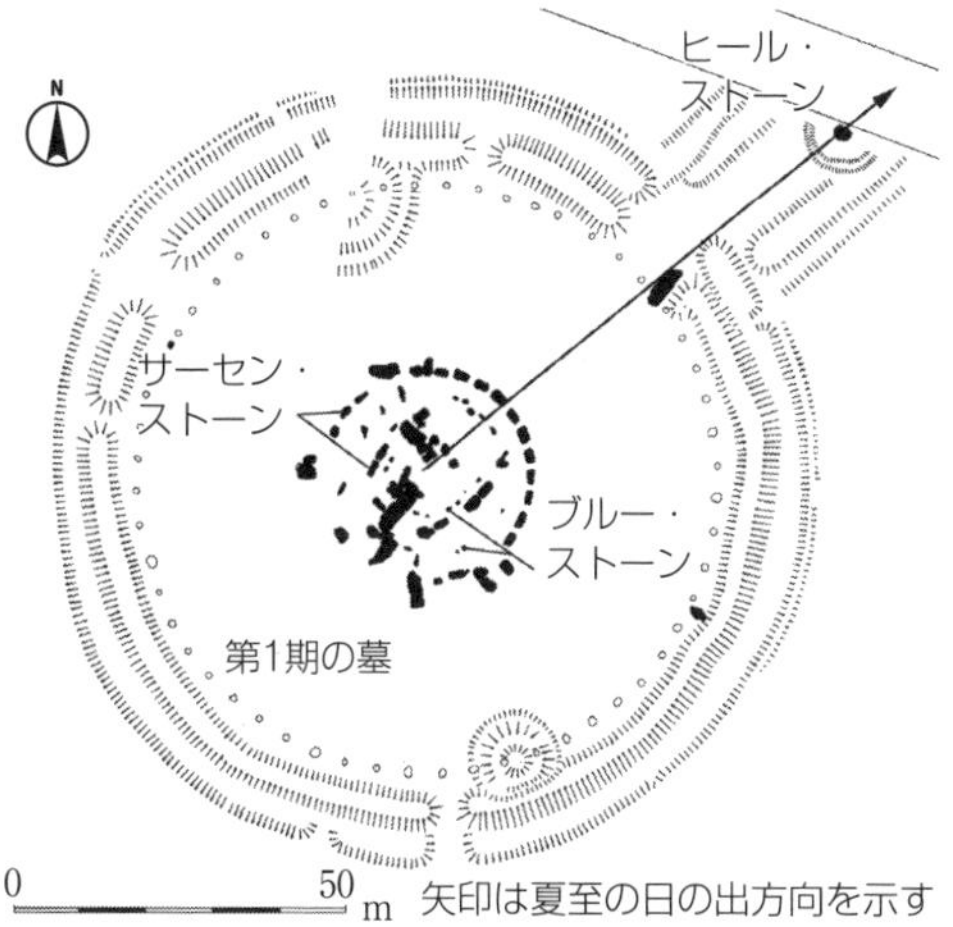

図3　ストーン・ヘンジでの夏至日の出方向 (10)

シリウスの周期
シリウスは、太陽をのぞいて地球から見えるもっとも明るい恒星である。古代エジプト人は、シリウスが日の出前に出現する周期を観測して、それが一四六一日（三六五×四年＋一日）であることを発見し、BC二三八年から閏年《うるうどし》を設けて太陽暦を補正していた。現在、この星は青白く輝いているが、BC七〇〇年ごろのバビロンの粘土板文書には「銅のように輝く」とあり、古代ローマ時代でも「火星より赤い」とある。太古の昔には、赤く輝く星だったようだ。

カルナック神殿
ナイル川中流域のルクソールの東岸にある、新王国時代の首都テーベに建てられた神殿・祠堂・塔門などからなる大規模な神殿複合体。対岸（西岸）には「王家の谷」がある。

の日の出方向に入口が設定されている。

また、オークニー諸島にあるメイズ・ハウという直径三五メートルのひときわ大きい墳丘墓《ふんきゅうぼ》は、横穴式石室のような構造をもち、冬至の日の出のときにだけ、羨道《えんどう》にさしこんだ太陽光が石室の奥壁を照らすように設計されている（写真1）。

このように、英国の先史時代のモニュメントでは、夏至・冬至が意識されていたことが判明している。

中米のマヤ文明でも、天文学が発達していた。太陽や星の運行を正確に観測し、現代コンピュータで計算された数値とほとんど誤差のないマヤ暦を完成させていた。金星の運行までも正確に観測し、太陽暦を補正していた。そのため、この地域には天体観測関連の建物やモニュメントが多数存在する。

チチェン・イッツァには、カラコルと呼ばれる天文台がある。そこへ登る階段は、夏至の日没方向を向いている。天文台の上部には三つの小窓があり、ひとつは春分・秋分の日没方向を示し、ほかのふたつの小窓は金星の運行に関連するものであると推定されている。

グアテマラに存在する先古典期（約四〇〇〇～一七〇〇年前）のワシャクトゥンの三つの神殿は、その正面に存在するピラミッドの階段の中段の一点から見ると、それぞれ夏至・二分・冬至の日の出方向と対応するように配置されている。中米では、これがもっとも古い事例とされる。

写真1　メイズ・ハウ（撮影：中村大氏）

ストーン・ヘンジ
英国南部のソールズベリー平原に存在する先史時代の大規模な環状列石。約五〇〇〇年前～三〇〇〇年前までの二〇〇〇年間にわたって石が追加され続け、現在の形となったと考えられている。夏至の日の出や冬至の日没と巨石の配置がほぼ一致することから、「古代の天文台」と呼ばれている。

オークニー諸島
グレートブリテン島の北東にあり、約七〇の島じまからなる。メイズ・ハウはメインランド島にある。

羨道
古墳の横穴式石室や横穴墓などの玄室と外部とを結ぶ通路部分。

チチェン・イッツァ
メキシコ、ユカタン半島北部にある、一〇～一六世紀につくられたマヤ文明の都市遺跡。

中国でも、太陽や月など天体の運行についての知識は古くからあった。すでに殷《いん》・周時代（約三八〇〇〜二八〇〇年前）には、冬至を一年間のはじまりとした暦が使用されている。二至（冬至・夏至）・二分（春分・秋分）、四立（立春・立夏・立秋・立冬）の順に細分化されていき、前漢時代には二十四節気《にじゅうしせっき》の区分が成立していたことが知られている。

また、目標物のない大陸内部では、城壁を正方形にめぐらせ、東西南北を意識した都市がつくられた。殷墟《いんきょ》のような殷（商）時代の王墓も、方形を基本としている。秦の始皇帝陵も巨大な方形墳墓で、正確に東西南北軸に合わせてつくられている。そして、四方を守る四神《ししん》（四獣《しじゅう》）の考えが生まれた。朱雀《すざく》（南）・玄武《げんぶ》（北）・青龍《せいりょう》（東）・白虎《びゃっこ》（西）である。日本には飛鳥《あすか》時代に伝わったことが、**高松塚古墳やキトラ古墳**の壁画から確認されている。

未開社会にもこうした事例は見られる。米国のロッキー山脈上にあるビッグホーンの**メディスン・ホイール**は、ネイティブアメリカンの祖先がいつのころかつくった、環状の配石遺構である。このモニュメントは、通常は雪におおわれており、夏の短いあいだにだけ姿を現す。環状列石にはスポークと呼ばれる放射状の列石が配置されていて、夏至の日の出と日没方向を示す配列が認められる。さらに、外周にあるいくつかの小さな環状配石を結ぶと、ひときわ明るいアルデバランやシリウスが、その方向から昇る。太陽だけでなく、星の運行について、強い関心をいだいていたことがわかる。

つまり、文明を発達させなかった未開社会の民族でも、太陽や星の運行について、相当正確な知識をもっていたのである。

古代の人びとは、ソラをながめ、太陽の運行を観測し、それに彼らの宗教的概念を重ねあわせていた。天体の運行を確認するには長い歳月を必要とする。彼らはソラをながめ続

高松塚古墳やキトラ古墳の壁画
高松塚古墳は人物壁画で有名だが、それ以外に、四方の壁に方位を示す四神と日・月が描かれ、天井には星宿図（星座図）が描かれている。キトラ古墳でも、同様の鮮やかに描かれた四神と星宿図が存在している。

メディスン・ホイール
標高三〇〇〇メートルの場所に存在する直径二三メートルの環状列石。数百年前にネイティブアメリカンによってつくられた祭祀遺跡。

アルデバラン
おうし座でもっとも明るい恒星（一等星）で、明るくオレンジ色に輝く。

け、こうした規則的・周期的な天体の動きに気づいたのである。そして、それは現代人が想像するよりはるか昔、数千年も前のことだった。しかも、世界各地で独自に気づき、独自の計算方法で暦をつくりだしていた。あらためて、人類の賢さ、偉大さを考えないわけにはいかない。

Ⅳ　縄文ランドスケープとの出会い　天神原遺跡の発見

1　天神原遺跡の調査

話を日本の古代に移そう。はたして、縄文人はどの程度天体に関する知識を有していたのだろうか。それをひもとくきっかけとなった、わたしの体験談を述べてみたい。

わたしが遺跡と天体との関係について考えるきっかけとなったのは、天神原《てんじんばら》遺跡（群馬県安中市《あんなか》）の発掘調査であった。一九九〇年、まだ二〇代のころで、このときはじめて縄文時代の環状列石（環状積石《かんじょうつみいし》）の調査を担当した。

試掘調査で最初にあたったのが、長大な石だった。調査をすすめると、その両脇にも長大な立石《りっせき》が二本見つかった。どうも、妙義山《みょうぎさん》の三つ峰（白雲山《はくうんざん》・金洞山《こんどうさん》・金鶏山《きんけいざん》）を意識して立てられているようだった（写真2）。しかし、遺跡の西側は雑木林にさえぎられ、妙義山を直接見ることはできない。そこで、遺跡の空中写真撮影用の気球をあげて、妙義山の位置関係を確認してみた（写真3）。予想したとおり、三本の立石に対応する方向に妙義山が見えた。

天神原遺跡
群馬県安中市にある縄文時代後・晩期の祭祀遺跡。配石墓群や埋設《まいせつ》土器群（土器棺墓）が存在し、墓地として利用されていた。同時に儀礼・祭祀の場としても利用されており、晩期前葉（約三〇〇〇年前）の環状積石遺構や石棒《せきぼう》祭祀遺構などが発見されている。晩期前葉の天神原式土器の標式遺跡（時代を知る目安の標準となる遺跡）でもある。

2　見学者からのひとこと

調査も中盤にさしかかったころ、遺跡の現地見学会を開催した。そのとき、ある見学者から「お彼岸に、妙義山に太陽が沈むのではないか?」との指摘を受けた。それが気にかかり、国土地理院の二万五〇〇〇分の一の地図で遺跡と妙義山との位置関係を調べてみた。ぴったり西ではなく、すこしずれていた。

しかし、妙義山との距離は一〇キロと近く、比高差は七〇〇メートル以上ある。単純に平坦な地形なら真西に日が沈むが、このように近くの高い山では、そうはならないだろう。これは直接観測するしかないと思い、春分・秋分のころになると、妙義山をさえぎる雑木

写真2　天神原遺跡の3本の立石（写真提供：安中市教育委員会）

写真3　天神原遺跡と妙義山（写真提供：安中市教育委員会）

写真4　天神原遺跡から観た妙義山への春分ごろの日没（1996年3月27日）

林の西側に立ってカメラをかまえた。ところが、「くされ彼岸」のことばどおり、二分のころは天気が悪く、日没はなかなかうまく撮影することができなかった。

三年後の一九九四年三月二一日、ついに春分の日に撮影に成功した。妙義山の中心峰・金洞山（標高一〇九四メートル）のすこし南側に、太陽は沈んだ。すこしずれていたのである。それからも、二分のころには妙義山を撮影し続けた。一九九六年三月二七日（春分は二〇日）、ようやく山頂に沈むきれいな日没写真を撮影することに成功した（前ページ写真4）。

くされ彼岸
春分の日前後は菜種梅雨、秋分の日前後は秋雨前線の時期であり、彼岸のころは天候が安定せず雨天が多いことをいう。

3　冬至と大桁山

すると、つぎにはまた新しい疑問がわいてきた。

「冬至には、どこに日が沈むのだろうか？」

こんどは冬至にカメラをかまえた。冬至の撮影は、わりと楽だった。このころは空気が澄み、晴天も多いからだ。均整のとれた神奈備型（低い富士山型）の大桁山《おおげたやま》（標高八三六メートル）の真ん中のくぼんだところに、太陽は沈んだ。じつに美しい光景であった（写真5）。一九九五年一二月二二日のことである。縄文人は、二分だけでなく冬至も意識してこの場所を選んでいた可能性が高まった。

写真5　天神原遺跡から観た大桁山への冬至日没（1995年12月22日）

4　さらに継続して観測

天神原遺跡が所在する横野台地は、東西約一〇キロ、南北約一・五キロの、三日月の形をした広大な河岸段丘の台地である。わたしは、土地改良事業にともなう発掘調査で、この台地の東半分の調査をおこなっていた。

縄文時代の遺跡はどこにでもあるわけではなく、散漫に小規模な集落遺跡が存在する状態であり、いずれも短期間だけしか利用されていないものばかりであった。天神原遺跡と隣接する前期の大規模集落である**中野谷松原遺跡**《なかのやまつばら》（安中市）は、規模・継続期間・内容ともに例外的なものであった。この遺跡は台地の北寄りに位置しているのだが、ほかの縄文遺跡の所在地と比較しても地形的に大きなちがいはなく、この場所が選地された理由を地形から説明することはできない。この場所に遺跡が形成されたのは単なる偶然だろうと指摘する研究者もいた。

そこで、同じ台地上でも場所がちがったら妙義山や大桁山と二至二分の日没の見えかたがどのように変わるのかを確認してみることにした。一九九五年一二月、天神原遺跡の南一・二キロの台地の南端部と、北一・四キロの磯部愛妻橋で、同時に日没を撮影してみた（次ページ写真6・7）。いずれの地点でも、大桁山とはまったくちがう場所に日は落ちた。しかも、大桁山の形は均整がとれておらず、美しくない（次ページ図4）。天神原遺跡や中野谷松原遺跡の地点が、大桁山がもっとも美しく見える場所であることも確認できた（写真5）。妙義山との関係はもっと微妙であり、二分のころの太陽の動きは一日で〇・五度と大きく、すこしずれただけで日没はまったくちがう場所になってしまう。

中野谷松原遺跡
碓氷川《うすいがわ》右岸の河岸段丘上に立地する、前期中葉〜後葉の大規模な集落遺跡。当期の集落としては、関東地方最大規模で、大形掘立柱建物群・大形住居・墓域などが検出されており、定住的な生活をおこなっていたことが判明している。信州産黒曜石交易の、群馬ルートの拠点集落でもあった。

写真7　中野谷明戸の冬至日没（1995年12月22日）

写真6　磯部愛妻橋の冬至日没（1995年12月22日）

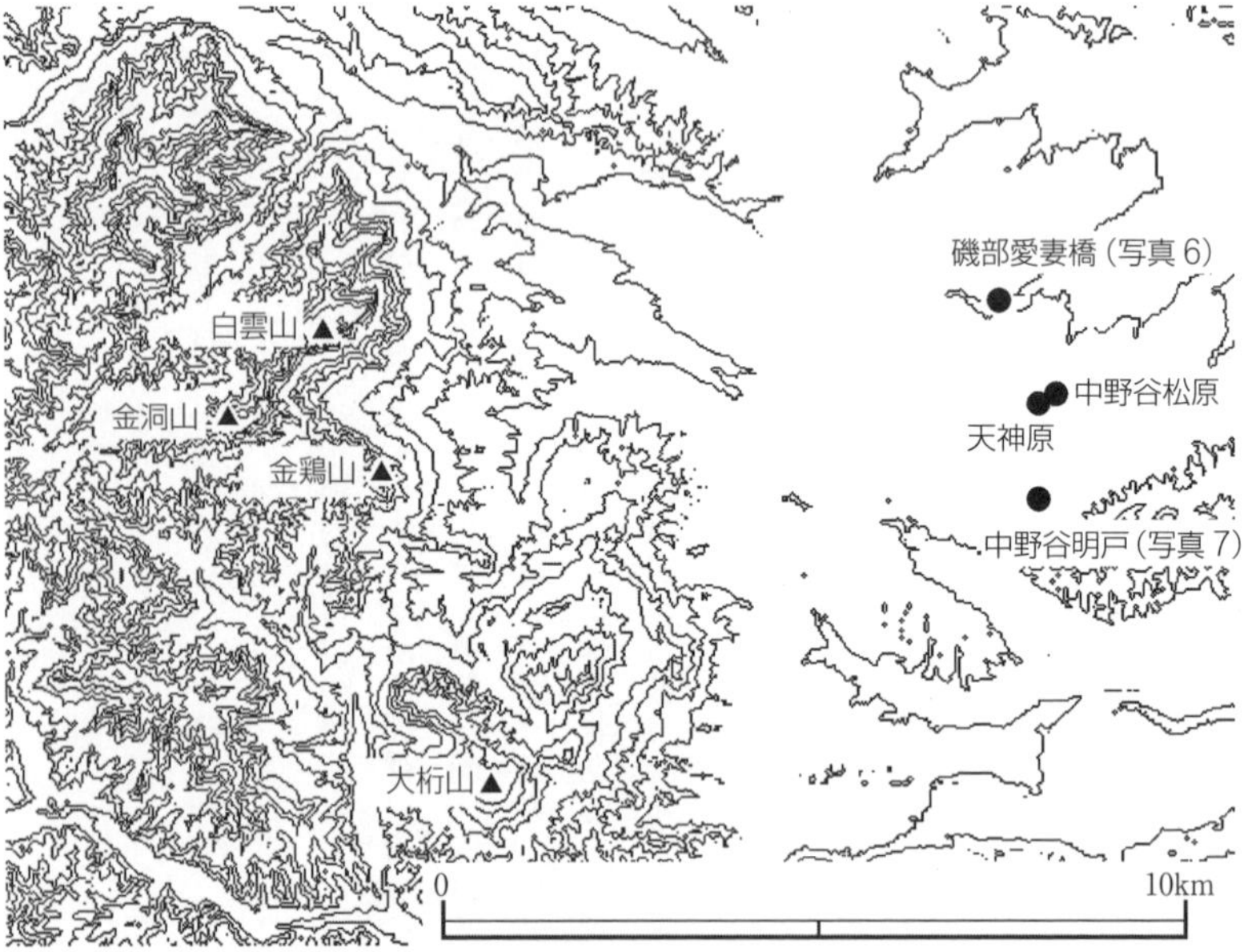

図4　天神原遺跡と妙義山・大桁山の位置

天神原遺跡や中野谷松原遺跡の場所が縄文人に選ばれた理由は、やはりランドスケープ的理由によるものであると強く認識するようになった。縄文人は意図的に、均整のとれた目立つヤマと冬至・二分の日没が同時に観測できる場所を選地していた可能性が高いのである。

またつぎの疑問が投げかけられた。それは、「縄文時代には周囲が森におおわれていたので、山は見えなかったはずだ」というものである。たしかに、秋分のころはまだ葉も生い茂っていて山は見えないと思われたし、実際、撮影しても見えなかった。しかし、春分はどうであろうか。こんどは、雑木林の西側ではなく遺跡の位置からの写真撮影をおこなってみた。落葉した雑木林ごしに日没がはっきりと見えることが確認できた（写真8）。一九九八年三月一八日のことである。

こうして遺跡と景観との関係に否定的な意見を検証するたびにわたしは、「縄文人が二至二分を意識してモニュメントを構築していたことは、ほぼ確実である」と認識するようになっていった。

もうひとつ疑問は残っていた。ほんとうはいつ、太陽は妙義山の真ん中に沈むのか――。また撮影を続けた。

一九九八年三月二七日に、ちょうど真ん中に日が沈んだ。春分の六日後である。このずれの原因は何だろうか？

ひとつは、天神原遺跡が存続していた縄文時代後・晩期（約四〇〇〇～三

写真8　雑木林越しに観た妙義山への春分ごろの日没（1998年3月18日）

〇〇〇年前）と現在とで太陽の運行は同じだったのかどうかという、天文学的観点からの疑問である。この問題に関して沼澤茂美氏は、「ＢＣ二〇〇〇年では冬至から夏至の日数が、夏至から冬至までの日数より約一週間も長くなっていた」と述べている。[11]やはり、数千年前と現在とでは、太陽の運行にちがいがあったのである。そうであれば、日没位置が六日ほどずれる原因は理解できる。

べつの要因も考えられる。現代にはカレンダーがあり、いつが冬至かを知ることはかんたんにできる。しかし、実際に冬至のころに撮影をくり返していると実感できることなのだが、太陽の沈む位置は肉眼で見る限りは一週間ほどほとんど変化しない。はっきりと変化が確認できるのは、冬至から数日が経過した時点なのである。縄文人がこのように感覚で「きょうが冬至」と判断していたならば、そこから日数を数えた春分も数日ずれることになる。縄文人は目視で観測していたのだから、この程度の誤差は問題なかったのかもしれない。

沼澤茂美
日本プラネタリウムラボラトリー。天文・宇宙関係のイラスト・写真の仕事や、天文・宇宙関連の番組の制作・監修を手がける。

5　蜃気楼も見えた？

天神原遺跡の北に位置する磯部温泉周辺では、大正末から昭和初年ごろにかけて蜃気楼が目撃されており、そのときの新聞記事や写真が残されている。当時の写真を見ると、たしかに妙義山が二重に写っていた。この写真について詳細に検討したところ、細工が加えられていることが判明した。しかし、目撃情報を調べてみると、現在でもたしかに蜃気楼のような現象が生じており、多くの目撃者がいることが確認された。また、目撃地点を地図に落としてみると、天神原遺跡がその中心にあたることも判明した（写真9）。天神原縄文人もこれを見ていた可能性が高いのである。ちなみに、この現象をわたしたちは、「磯部蜃気楼現象」と呼んでいる[12]。

富山湾で観測されるような、大気の温度差によって屈折が起こる現象ではない。妙義山に向かって南東方向から吹きあげる暖気と、北西から吹きこむ寒気とが接触して、水蒸気が雲（霧）になることによって起こる気象現象である。

現代人でも不思議に思っている現象である。縄文人にとっては、この光景は精神的に大きな衝撃で、祭祀をおこなう衝動にかられたことであろう。天神原遺跡が廃絶されずに継続的に利用された背景には、この現象の発生が要因のひとつとしてあったのかもしれない。

写真9　磯部愛妻橋から観た磯部蜃気楼現象（2006年10月14日）
上に見える「山なみ」が蜃気楼。

Ⅴ　「ヤマを観ていた縄文人」中野谷松原遺跡の土壙墓群

1　縄文ランドスケープのはじまり

もうひとつ、気になりはじめた点がある。「縄文人はいつから、この場所が意味のある場所だと認識していたのだろう」ということである。

天神原遺跡の調査から二年後の一九九二年、北東に隣接する場所で縄文前期中葉～後葉（約六〇〇〇～五五〇〇年前）に営まれた大規模な集落遺跡が発見された。わたしはこの遺跡の調査を担当し、約一年間、遺跡に立ち続けた。おかげで、縄文人と同じ春夏秋冬の景観を見ることができた。

この遺跡は、中野谷松原遺跡と命名された。縄文前期の集落としては関東地方でも最大クラスであり、相当長期間にわたって縄文人の活動拠点として利用されていたようだ（写真10）。ほとんどの住居は、建て替えられたり拡張したりして同じ場所につくられ続けていた。また、集落の一角には全部で六か所の墓域があり、約二二〇基以上の土壙墓《どこうぼ》が発見された。いずれも、人びとが定住的生活をおこなっていた証拠である。

ひとつの墓域の土壙墓は、みな同じ方向を向いていた（写真11）。そして、土壙墓には墓標として石が立てられていた。人骨は発見されなかったが、いくつかの墓からは玦状《けつじょう》耳飾りが見つかった。それによって頭位方向を知ることができた（写真12、図5）。頭の位置に土器が伏せられた状態で出土する墓もあった（写真13、図6）。いずれも西を向いていることがわかった。

さらにくわしく、墓地の変遷と頭位方向について調べてみた。すると、前期中葉の墓域では、北北西に見える浅間山《あさまやま》の方向を向いていることが確認された（図5）。標高二五六八メートルの浅間山は、群馬方面から見ると富士山に近い均整のとれた形をしており、山頂付近が白く雪におおわれた、美しい山である。

この場所に住みついて最初に墓地をつくった縄文人は、浅間山を目印にしていたのである。縄文人がヤマを意識していた証拠である。そしてそれは、

写真10　中野谷松原遺跡全景（写真提供：安中市教育委員会）

写真11　中野谷松原遺跡の前期中葉の土壙墓群（写真提供：安中市教育委員会）

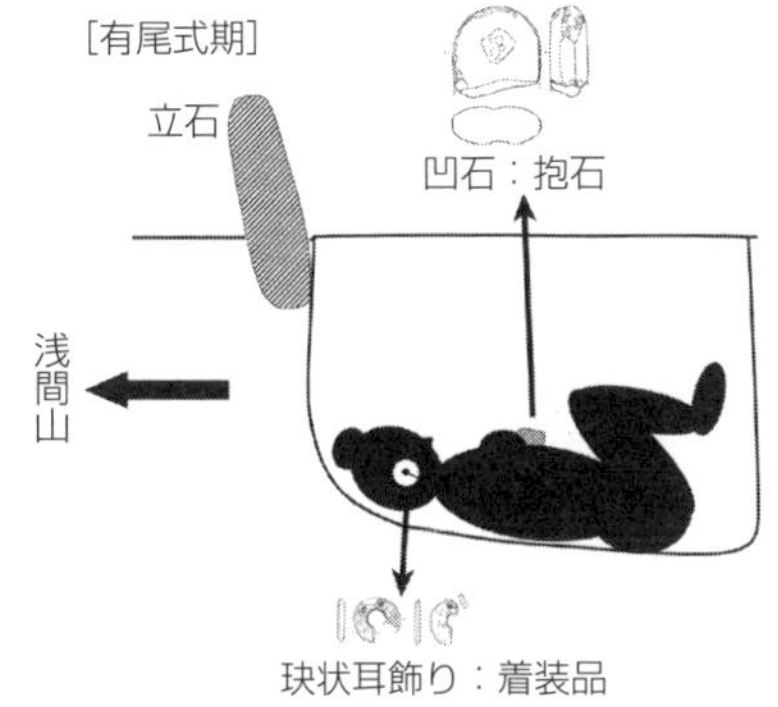

図5　縄文前期中葉（有尾式期）の土壙墓の埋葬状態復元[13]

写真12　玦状耳飾りの出土した土壙墓（写真提供：安中市教育委員会）

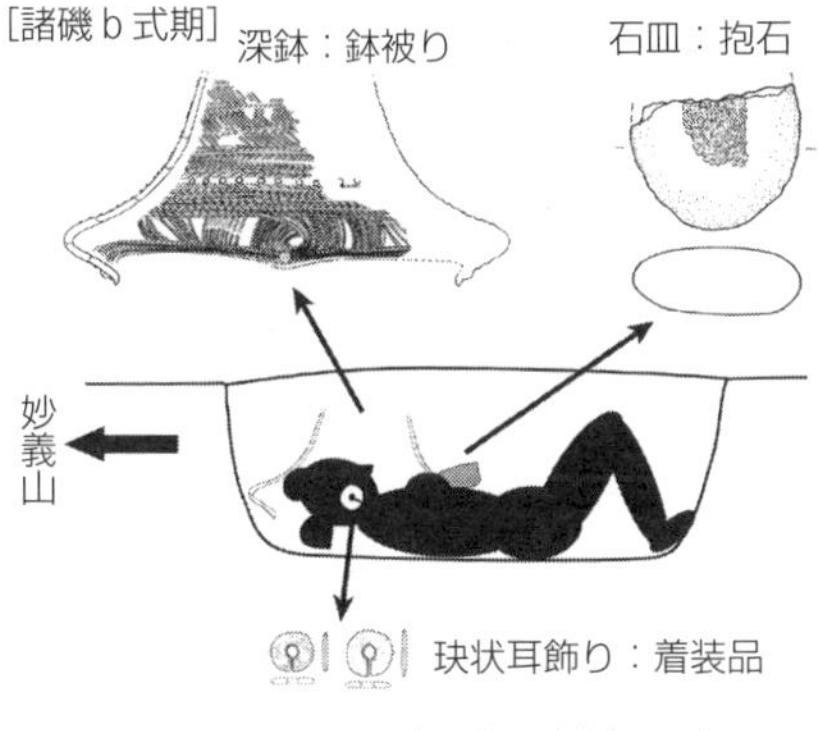

図6　縄文前期後葉（諸磯ｂ式期）の土壙墓の埋葬状態復元[13]

写真13　上：頭部に土器が被せられた墓、下：土器の下から出土した玦状耳飾り（写真提供：安中市教育委員会）

土壙墓

単に穴を掘ってつくられた墓。もともと「壙」という字には墓穴という意味があるが、単なる穴の「土坑」と区別して、墓の場合には「土壙墓」と呼ぶ。配石墓、石棺墓、土器棺墓などと区別して用いる。

玦状耳飾り

縄文時代の石製または土製・骨製の耳飾り。円形または長方形で、中央に穴をあけ、外縁からこの穴に切れ目を入れる。形が古代中国の玉器《ぎょっき》の「玦」に似ているところから、この名前がついた。

ただの目標物ではなかったはずだ。縄文人の心のなかで、自分たちの死とヤマとが結びついていたことを示すものである。縄文人の死生観を垣間見ることができる。

それでは、浅間山にはいつ日が沈むのか——こたえは、六月一日ごろと七月一二日ごろである。残念ながら、夏至ではなかった。つまり、太陽の位置を意識していたのではなく、荘厳なヤマを意識していたのである。わたしは、この時代の縄文人を「ヤマを観ていた縄文人」と呼んでいる。

中野谷松原遺跡の後半期（前期後葉）の墓地では、土壙墓の頭位方向が変化した。真西に存在する妙義山のほうを向くようになったのだ（前ページ図6）。天神原遺跡の配石墓と同じである。この時期の縄文人がヤマを意識していたのか、それとも沈む太陽を観ていたのか、悩むところである。

そこで、中野谷松原遺跡と同時期のほかの遺跡について調べてみた。中野谷松原遺跡の南東約一・五キロの位置に、**大下原遺跡**《おおしもはら》（安中市）というほぼ同時期の集落遺跡がある。集落の規模は中野谷松原遺跡よりも小さく、中規模の集落遺跡である。ここには南北二か所に墓域が存在し、あわせて約五〇基の土壙墓が発見された。この遺跡では、ずっと浅間山の方向が意識されており、妙義山を意識することはなかった。すなわち、ヤマを観ていたのである。

おそらく中野谷松原の縄文人の移動先の集落であるにもかかわらず、なぜ、ほぼ同じ領域内に存在する妙義山を指向しなかったのか、疑問は依然として残ったままである。

なお、中野谷松原遺跡からは、和田峠（長野県）周辺の黒曜石が大量に出土している。

大下原遺跡
碓氷川右岸の河岸段丘上に立地する、縄文時代前期中葉から後葉を中心とする集落遺跡。遺跡全体を調査していないので集落構造ははっきりしない部分も多いが、多数の住居群が環状にめぐり、中央の広場には墓域が形成されていた。

なかには、長野県外では最大の約三・六キロもある超大形原石（和田峠系）も発見されている。また、前期後葉の土壙墓では、黒曜石（諏訪《すわ》・星ヶ《ほしが》塔《とう》系）が副葬されていた。

この遺跡は、黒曜石流通ルート（群馬ルート）の流通拠点集落であった。つまり、黒曜石原産地の縄文人と黒曜石の交換・交易を通じて交流があったのである。わたしは、こうした黒曜石流通の道を「ストーンロード」と呼んでいる（図7）。

また、黒曜石の産地は、前期後葉に和田峠系の亜円礫・亜角礫の転石から、諏訪・星ヶ塔系の光沢のある角礫へと変化したことが判明している。黒曜石の採取場所が和田峠の長和町《ながわまち》側から諏訪側へと変化したのである。

2　阿久遺跡の石列

長野県諏訪郡原村《はらむら》にある阿久《あきゅう》遺跡は、中野谷松原遺跡とほぼ同時期（前期後葉）の大規模な集落遺跡である。ここでも、黒曜石原石（和田峠系）の集積が発見されている。阿久遺跡は、ストーンロード（山梨ルート）の黒曜石流通の拠点とみられる（図7）。そして、

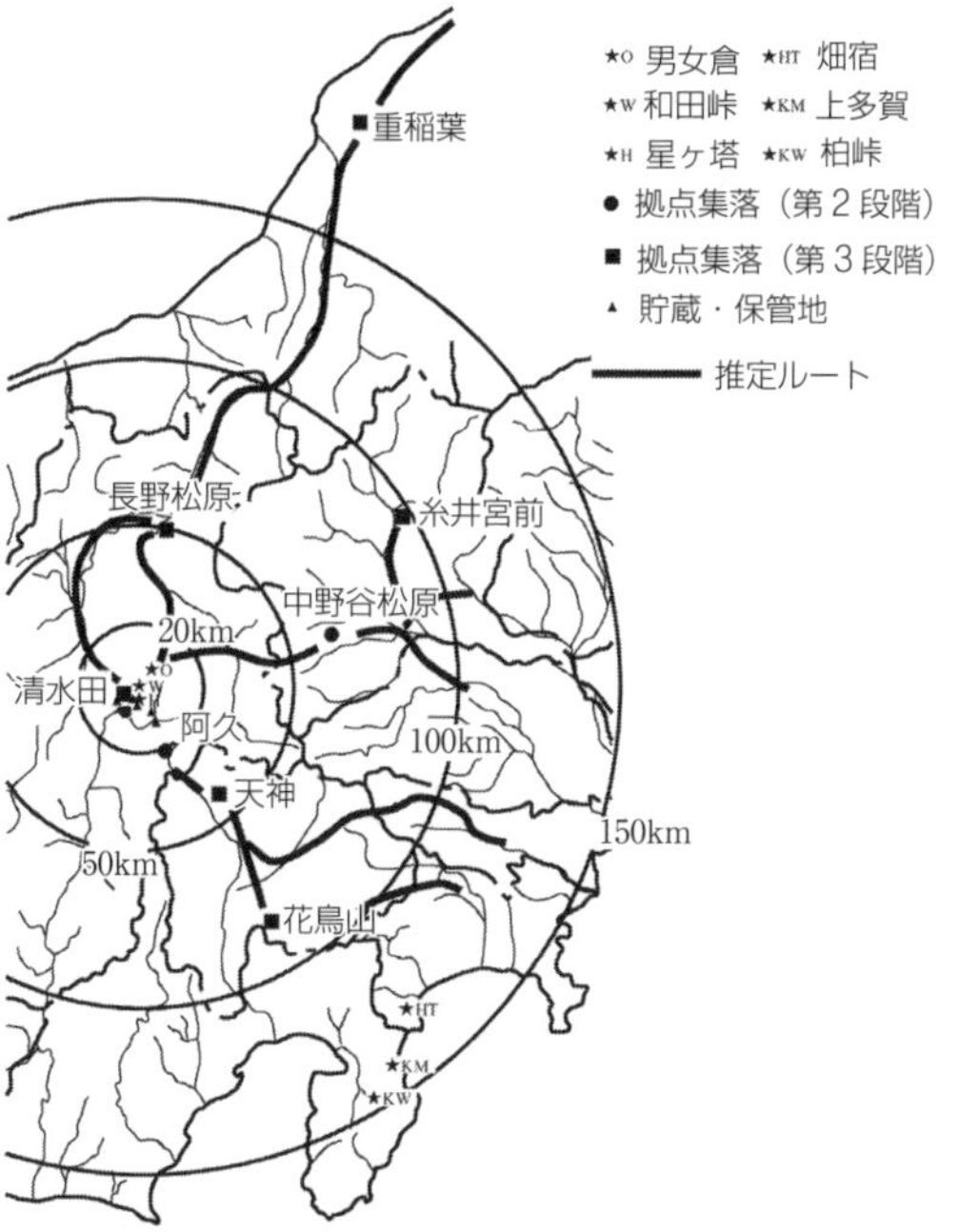

図7　縄文前期後葉～末葉の黒曜石流通網と主要遺跡[14]

阿久遺跡
八ヶ岳南麓の台地上に立地する、縄文時代前期前葉から後葉にかけての大規模な集落遺跡で、住居群のほか方形柱穴列が多数発見されている。また、中央広場には環状にめぐる集石土壙群が存在しており、墓域と考えられている。

黒曜石原産地で群馬の縄文人と接触・交流があった可能性がある遺跡である。

ここでは、珍しい石のモニュメントが発見されている。大きな板状の石を二列並べた石列で、ほかに類例のない遺構である（図8）。そして、この石列は蓼科山《たてしなやま》の方向に向けて配置されていた。蓼科山は、高くはないが「神奈備式霊山」のようなきれいな円錐形の山である（図9）。阿久遺跡の縄文人も、ヤマを意識して観ていた可能性が高い。つまり、群馬だけでなく長野の縄文人も、「ヤマを観ていた縄文人」だったのである。

なお、阿久遺跡では、これ以外にも特殊な遺構が発見されている。方形柱穴列と呼ばれるもので、柱穴がほぼ正方形に配列されている遺構である。建物跡なのか、木柱を立てたモニュメントなのか、はっきりしない遺構である。

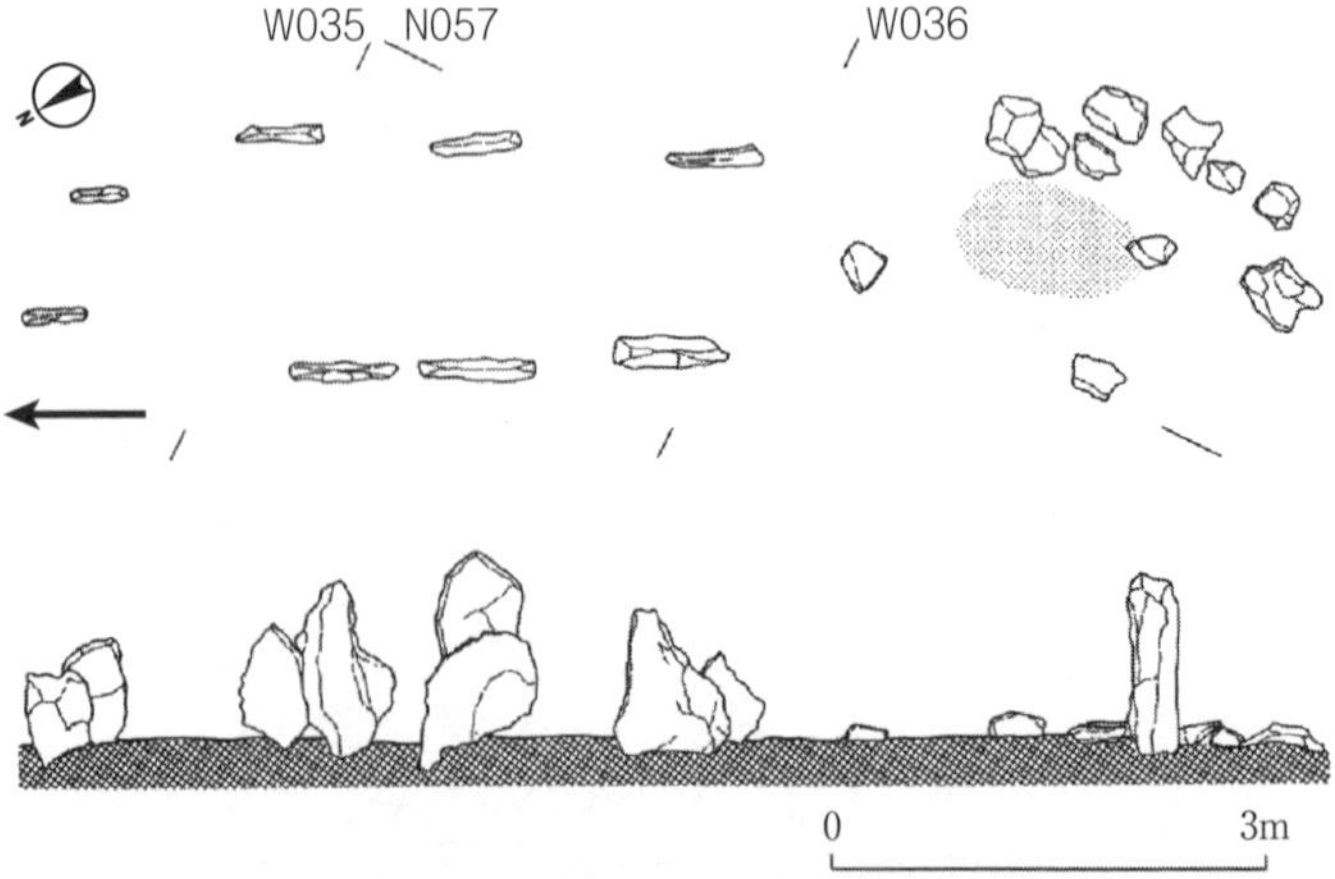

図8　阿久遺跡の石列。矢印の方向が蓼科山（長野県教育委員会　1982年）

図9　阿久遺跡から観た蓼科山（カシミール3Dで作成）

主軸方向について調べてみると、夏至日没方向に弱いまとまりがあるが、夏至を意識していたとまではいえない。たぶん、別の意味をもってつくられた公共性の高い施設なのだろう。

3　中野谷松原のマーカーポール

ふたたび、中野谷松原遺跡へ話をもどそう。

ここでは、和田峠系から諏訪・星ヶ塔系の原石へと黒曜石の流通が変化した前期後葉のころに、長大な木柱（マーカーポール）が二本立てられたことが判明している。二本の木柱は一四〇メートルも離れて、集落の東端と西端に位置している（図10）。柱穴の直径は二メートル以上あり、直径一〇メートルの大形住居の柱穴の四～五倍の大きさである。相当長大な柱が建てられていたことがわかる。柱穴の覆土から出土した土器は、同時期のものであった。二本の木柱は同時併存していたことになる。

そこで、この木柱を結んだラインについて調べてみることにした。これに気づいたのは、調査終了から七

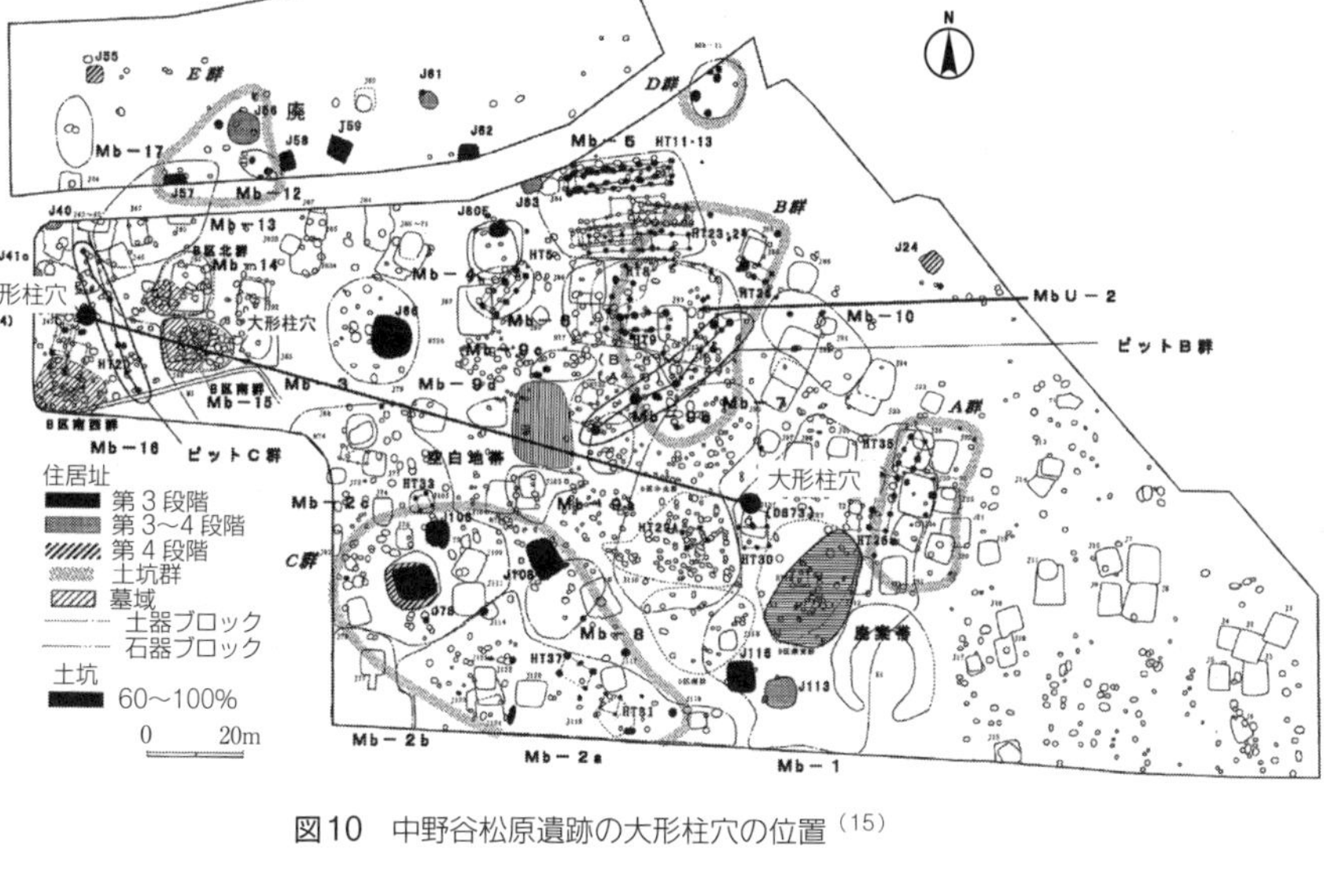

図10　中野谷松原遺跡の大形柱穴の位置 (15)

年目。すでに遺跡は工場造成工事によって消滅していて、現場で確認することはできない。図面上で角度を計測すると、W－15度－Nである。そこで、地図作成ソフトの『カシミール3D』(110ページ参照)を用いて確認してみた。その方角には妙義山も浅間山も存在していない。対応するヤマは見あたらない。ヤマを示すものではなかった。次に、太陽の沈む時期について調べてみた。すると、五月五日(立夏)あるいは八月七日(立秋)前後だということがわかった。春分と夏至の中間点(夏至と秋分の中間点)であり、春分から四五日め、夏至から四五日めにあたる。中野谷松原の縄文人は、このような暦をもっていたのだろうか。後・晩期ならまだしも、定住的生活をはじめてまだそれほど経っていない前期の縄文人がこうした暦をもっていたとは、さすがに信じられなかった。

4　諏訪御柱の起源

ほかの理由を探すことにした。諏訪といえば、諏訪大社《すわたいしゃ》の御柱祭《おんばしらさい》が有名である。「日本の三大奇祭」のひとつで、六年に一度開催されている。農事暦《のうじこよみ》とは関係なくおこなわれているため、なんのための祭りかよくわからないとされている。

祭礼では、黒曜石の原産地付近の本御射山《もとみさやま》から御神木を切り出し、御柱道《おんばしらみち》を引きずって山から下ろし、木落とし坂で若者たちが勇壮に御神木に乗り、最後は諏訪大社下社《しもしゃ》に柱を建てる(建て御柱)。現在は木落としが大きく脚光を浴びているが、メインイベントは最後の建て御柱である。

建て御柱がおこなわれるのは、立夏である。地元の考古学者・宮坂光昭は、御柱道に縄文前期末葉の土器が落ちていることから、御柱祭は縄文時代にまでさかのぼる可能性が高いと考えた。

　中野谷松原遺跡でマーカーポールが建てられたのは、諏訪の黒曜石が運びこまれるようになってからである。黒曜石原石を副葬することがなかった群馬で突然黒曜石を副葬するようになったのも、この時期である。同様の事例は、**下《しも》諏《す》訪《わ》町《まち》一《いち》の釜《かま》遺跡**に見られる。原石二五個が副葬されていた。このうち二〇点は良質の一〇〇～三〇〇グラムサイズの中形原石である。中野谷松原遺跡でも、四点中三点は中形原石である。ここにも共通点が見いだせる。

　そして、柱を建てる時期。中野谷松原遺跡の二本の柱も、立夏の日没にあわせて建てられていた可能性が高い。これを単なる偶然であると片づけていいものだろうか。

　このような理由から、わたしは御柱が縄文時代までさかのぼると考える宮坂説を支持したい。そして、この考えをさらに発展させて、黒曜石原産地でおこなわれていた文化現象が、ストーンロードを伝わって群馬にもたらされたのだと推定している。

　それでは、黒曜石原産地では、立夏はどのような意味をもった季節なのだろう。標高の高い信州地方の春は遅い。それは、いまも縄文時代も同じだ。諏訪地方では、新緑が一斉に芽吹くのが立夏ごろである。雪でおおわれていた和田峠の黒曜石が露出するのも、立夏ごろからである。中部高地の縄文人にとって、立夏は新しい季節の到来を告げる時期にあたる。四季の自然環境の変化に身をゆだねて生活していた縄文人にとっては、重要な節目だったのである。

　中野谷松原遺跡のランドスケープは、縄文人のさまざまな生業活動の節目を示すものと

一の釜遺跡
諏訪湖畔の傾斜地に立地する縄文時代前期末葉の遺跡。良質の黒曜石を副葬した土壙墓が発見されており、諏訪・星ヶ塔系の黒曜石採掘に従事する集団の集落遺跡と推定される。調査されたのは一部で、全貌はまだわかっていない。

して、経験的に認識されるようになったのだろう。ちなみに、温暖な群馬では立夏は大きな節目ではなく、立夏を示す事例は、中野谷松原遺跡以外では見あたらない。

Ⅵ　天神原遺跡を中心とした群馬県西部地域の縄文ランドスケープ

1　天神原縄文人のテリトリー

現在に残る未開社会では、ひとつの集団の活動領域（テリトリー）は半径一〇キロ程度である。これは、狩猟・採集活動をおこなうときに一日で往復することができる距離であり、人間の脚力の限界を示している。これより狭くなることはあっても、広くなることはない。縄文人も同様のテリトリーをもっていたと推定されている。

活動領域を研究する際には、大規模な拠点集落を中心として、コンパスで半径一〇キロの円を描いてみることからはじまる。これを「仮想テリトリー」と呼んでいる。

天神原遺跡・中野谷松原遺跡を中心として、円を描いてみることにした（図11）。すると、仮想テリトリーは山岳地帯に囲まれた盆地状の地形であることが判明した。半径一〇キロを境に、外側の地形は急激に険しくなっている。そして、妙義山や大桁山はテリトリーの境界近くに位置していることもわかった。これらのヤマは、天

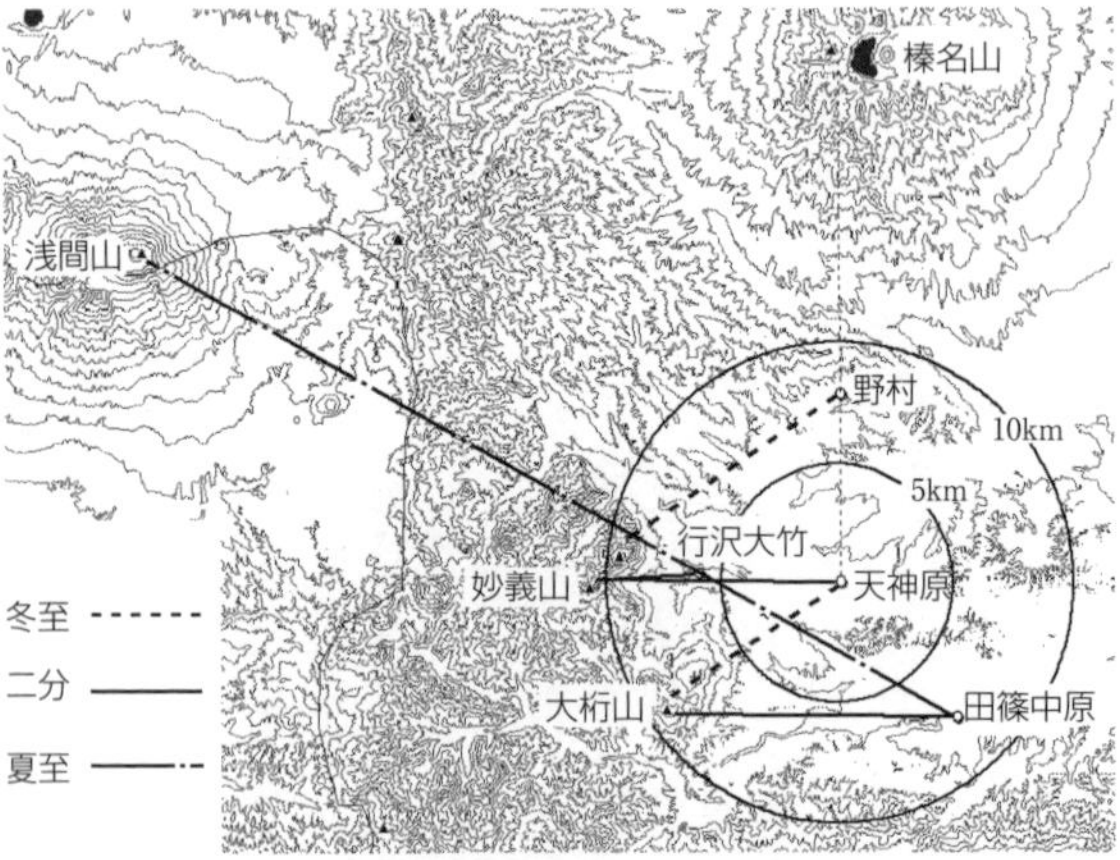

図11　群馬県西部の遺跡とヤマの関係（16）

神原縄文人にとって生業活動の目印の意味ももっていた可能性が高い。
それでは、このなかに存在する天神原遺跡とほぼ同時期の遺跡で、大規模な配石遺構が発見されている遺跡はどこに存在しているのだろうか。

2　冬至と野村遺跡

大規模な環状列石が発見されていることで有名な遺跡に、**野村遺跡**（群馬県安中市）がある。ここは天神原遺跡の真北約八キロの位置で、仮想テリトリーの外縁部に相当する（図11）。野村遺跡では、中期末葉（約四二〇〇年前）につくられた環状列石と、それを囲む**敷石住居**《しきいしじゅうきょ》群が発見されている（図12）。中部日本の環状列石のなかでは最古段階のもので、起源地の有力候補である。

野村遺跡は、秋間丘陵の細長い馬背状の丘陵の一角に位置している。この場所は、特別に居住環境がいいというわけでもなく、前期前葉、前期後葉、中期後葉に断続的に集落が形成されていたにすぎない。そして、環状列石がつくられたのち、後・晩期には一度も居住されることのなかった遺跡である。

しかし、ここは冬至に妙義山への日没が観測される場所

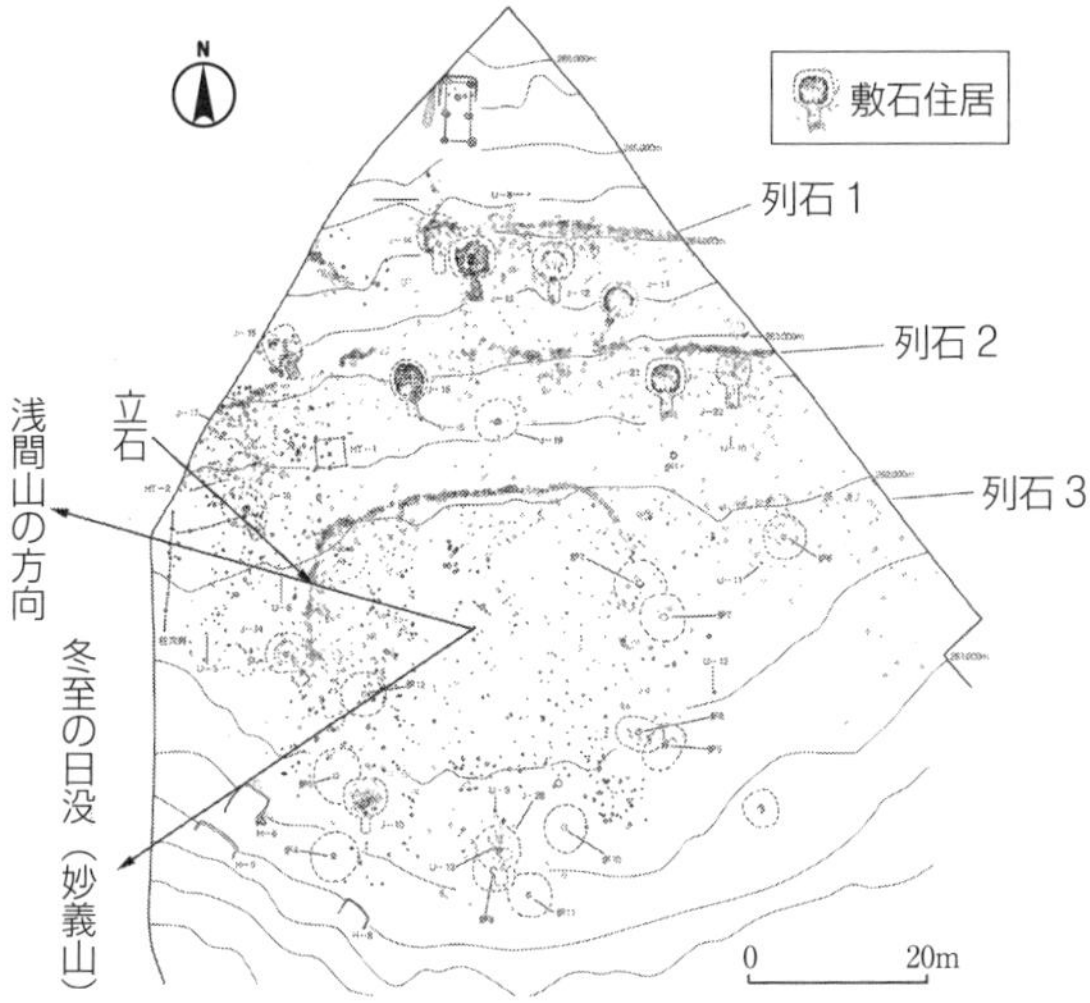

図12　野村遺跡全体図（17）

にあたる（写真14）。また、環状列石のなかに一点、一メートルほどの長大な石が存在していた（写真15）。おそらく縄文時代には立石として立てられていたものと思われる。そして、環状列石の中心からこの石の方向をながめると、ちょうど浅間山が見える。これも単なる偶然とはいいがたい。

ここの環状列石は、正確には約三〇メートルの隅円《すみまる》長方形であり、長軸方向が正確に真東・真西を示している。さらに、追加してつくられた三列の列石が存在するが、これもほぼ東西方向を向いている。野村遺跡は見はらしのいい丘陵上にあるため、二分の日の出・日没は、ちょうどこの列石の方角に一致している。

これらのことから考えると、野村遺跡では、妙義山と浅間山、冬至・二分の方向性を意識して、環状列石がつくられていた可能性が非常に高いといえよう。

3　夏至と田篠中原遺跡

天神原遺跡の南東約七・五キロ、やはり仮想テリトリーの外縁部に位置するのが、**田篠《たじの》中原《なかはら》遺跡**（群馬県富岡市）である。ここでは、直径三〇メートルの環状列石あるいは大弧状列石の一部が発見されている（写真16）。やはり縄文中期末葉に構築されたもので、周囲には敷石住居群も存在する。野村遺跡との共通点が多い遺跡である。

この遺跡は平坦な河川低地の中央部にあたる場所にあり、水の便も悪く、縄文人にとって特別良好な場所というわけではない。そのため、環状列石がつくられた時期以外はほとんど利用されていない。ただし、この場所からは浅間山へおりる夏至の日没を観測する

野村遺跡
秋間丘陵と呼ばれる丘陵地帯に立地しており、縄文時代前期前葉の大規模環状集落（縄文時代特有の、広場を中心に住居群が環状に配置された集落）と、中期末葉の環状列石が上下の地層に重なるように存在していた。安中榛名駅前に所在していたが、造成によって現在は消滅した。

敷石住居
床面と張り出した入り口部分に石が敷かれる住居。平面の形状から、柄鏡形《えかがみがた》（敷石）住居とも呼ばれる。縄文時代中期末葉から後期中葉に、関東西部から甲信地方の限られた地域で盛行した特殊な形態の住居で、祭祀行為に用いられた特殊な家屋とする説と、一般家屋とする説がある。野村遺跡のような初源的な敷石住居は、前者の可能性が高い。

ことができる（写真17）。また、二分には大桁山へ日が沈む。ここでは、浅間山と大桁山、夏至と二分の方向性を意識していた可能性が高い。

また、この遺跡には、立石をともなう配石遺構と倒置土器が、環状列石の内側に並んで存在していた。倒置土器は、大形深鉢を浅く掘りこんだ地面に伏せて置いたもので、設置時には塔のような状態だったと考えられる。ふたつの遺構は、何かを目標として配置されていたものと推定されるが、いまのところはっきりしない。

ちなみに、夏至の日没を観測することは非常にむずかしい。夏至のころは大気中の水蒸気が多く、晴れていても夕方には遠くの山はかすんで見えなくなるからだ。わたしが写真撮影に成功するまでには、二〇年近くの歳月を要した。

田篠中原遺跡

鏑川《かぶらがわ》右岸の低位段丘上の平坦地に立地し、大弧状列石と敷石住居群が存在する。一九八六～八七年に調査がおこなわれたが、遺跡全体が調査されなかったので、性格がはっきりしなかった。野村遺跡の調査（一九九六～九八年）以降、類似例として注目されるようになった。

写真14　野村遺跡から観た妙義山への冬至ごろの日没(1997年12月21日、写真提供：安中市教育委員会)

写真15　野村遺跡の立石列石（写真提供：安中市教育委員会）

写真16　田篠中原遺跡の大弧状列石（写真提供：群馬県教育委員会）

写真17　田篠中原遺跡から観た夏至ごろの日没（2010年6月24日）

余談になるが、単にシミュレートするよりも実写のほうが説得力が高いので、わたしは現在でも二至二分のころには遺跡へ出かけて写真撮影を続けている。遺跡に立ち、五感で空気を感じとることで、縄文人の気持ちの一端にふれることもできるからである。

4　テリトリーと縄文ランドスケープ

このようなありかたから、群馬県西部地域では同様な意識のもとに複数の遺跡で環状列石が造られていた可能性が高いことがあきらかになった。

これらを構築したのは、この地域をテリトリーとした同一集団、あるいは同族集団であったと推測される。季節によって異なる場所で、なんらかの祭祀がおこなわれていたと考えられる。冬至には野村遺跡が、二分には天神原遺跡が、そして夏至には田篠中原遺跡が、それぞれ季節の祭りの会場として利用されていたのであろう（86ページ図11）。

ただし、まだ遺跡情報がたりない部分もある。ひとつは、天神原遺跡で中期末葉の環状列石が発見されていない点である。これは、調査範囲が狭いことに起因する。天神原遺跡では、中期末葉の敷石住居群や立石をともなう配石遺構は発見されている。調査区は台地の南傾斜地部分であり、北には平坦な部分が存在する。残念ながら、この場所には現在工場が建ち並び、遺構の状況をまったく確認することができないのだ。

わたしは、将来この場所から環状列石が発見されることを願っている。それにより、この地域の縄文ランドスケープはより確実性を帯びることになる。

Ⅶ　群馬県のその他の地域の縄文ランドスケープ

1　群馬中部地域の縄文ランドスケープ

次に、渋川市を中心とする群馬県中部地域での様相について、調べてみよう。この地域は赤城山《あかぎやま》と榛名山《はるなさん》にはさまれた地域であり、北には子持山《こもちやま》・小野子山《おのこやま》が並んで存在する（図13）。仮想テリトリーを描くと、赤城山と榛名山の裾野が広範囲にふくまれ、縄文人にとっては良好な生活環境だったと推定される地域である（通時代的に縄文遺跡の数が多いことが、その証拠である）。

環状列石がつくられる以前には、**三原田《みはらだ》遺跡**（渋川市）、**道訓前《どうくんまえ》遺跡**（渋川市）、**行幸田山《みゆきだやま》遺跡**（渋川市）などの環状集落が高密度に点在している。しかし、これらの遺跡では、ヤマと二至二分の関係性は認められない。縄文ランドスケープの研究対象となるのは、やはり中期末葉以降の遺跡である。

久森遺跡の環状列石

久森《くもり》遺跡（中之条町）で、野村遺跡と同じ隅円長方形で同じ大きさの環状列石が発見されている。時期も同じ中期末葉

1 天神原・中野谷松原　2 野村　3 大下原　4 田篠中原　5 東平井寺西　6 谷地　7 道訓前　8 行幸田山
9 三原田　10 浅田　11 押手　12 瀧沢　13 久森　14 前畑F　15 大屋H　16 阿左美　17 千網谷戸
榛名山（A 水沢山　B 二ツ岳）　赤城山（C 鍋割山　D 鈴ヶ岳）

図13　群馬県のその他の地域の関連遺跡と山

である。つまり、野村遺跡と共通の設計原理によってつくられたモニュメントである。しかし、この遺跡は谷底に立地し、周囲の眺望は悪い。二至二分の日の出・日没方向に対応するヤマも存在していない。この点は、野村遺跡とは大きく異なっている。ただひとつ目立つヤマは小野子山であり、ここからは二月二一日に日が昇る。しかし、これが特別な意味をもっていたとも思えない。

浅田遺跡と水沢山

この地域には、群馬西部地域のような遺跡は存在していないのだろうか。調べてみると、いくつかの候補遺跡があることがわかった（前ページ図13）。

このうち浅田遺跡（渋川市）は、利根川の下位段丘上に位置している。赤城山の日の出も榛名山の日没も眺望することができる場所である。この遺跡は、六世紀のなかごろに噴火した榛名山二ツ岳《ふたつだけ》の軽石層（Hr-FP層）によって厚くおおわれていた。その直下では、古墳群が当時のままの状態で発見されている。さらにその下の地層からは、縄文時代後期中葉の敷石住居と弧状列石、日時計型配石、配石墓などが発見された（写真18）。日時計型配石は、青森県の小牧野遺跡（青森市）に特徴的な縦・横に交互に石を並べる「小牧野式石組」が認められた（写真19）。そして、舟形に石を並べてつくられた配石墓も、この地域から伝播した墓制である。つまり、この遺跡には東北北部の影響が強く認められた。

また、調査担当者の石井克己氏（元渋川市文化財保護課長）によれば、この遺跡では地下レーダー探査をおこなっており、未調査部分に大規模な配石遺構の存在を示す反応があったという。つまり、環状列石も存在していた可能性がある。

三原田遺跡
赤城山西麓の利根川左岸の河岸段丘上の台地に立地する、縄文時代中期の大規模な環状集落。

道訓前遺跡
赤城山西麓の利根川左岸の河岸段丘上の台地に立地する、縄文時代中期の大規模な環状集落。

行幸田山遺跡
榛名山東麓の利根川右岸の台地上に立地する、縄文時代前期・中期と弥生時代〜平安時代の複合遺跡。縄文中期には大規模な環状集落が形成された。

久森遺跡
吾妻川《あがつまがわ》支流の上沢渡川《かみさわたりがわ》の河岸段丘上に立地する。縄文時代中期末葉の環状列石が検出されている。

浅田遺跡
利根川の右岸の河岸段丘上に立地する。榛名山二ツ岳この場所からもっとも目立つのは、榛名山の東端部に位置する水沢山《みずさわやま》である。均整のとれた三角形の山型であり、冬至にはちょうど山頂に日が沈む（写真20）。

押手遺跡と榛名山二ツ岳

押手《おしで》遺跡（渋川市）は、天神原遺跡と同じ後期中葉～後葉（約三五〇〇年前）の配石墓群が発見された遺跡である。その後、晩期には環状積石として利用されている。これも、天神原遺跡と同じである。

この遺跡では、弥生時代前期の西日本から運ばれてきた壺（遠賀川系《おんががわ》）が供献《きょうけん》されていた。これは、弥生時代代まで祭祀の場所として利用されていたことを示している。

噴火の軽石層に厚くおおわれていたため、遺存状態が良好であった。古墳群の下層には縄文時代後期中葉の弧状列石などが存在していた。地下レーダー探査によって、ほかにも複数の配石遺構が存在していることが判明している。縄文時代の調査は一部おこなわれたのみで、全貌は不明。

墓制

墓をつくる場所の定めかた、

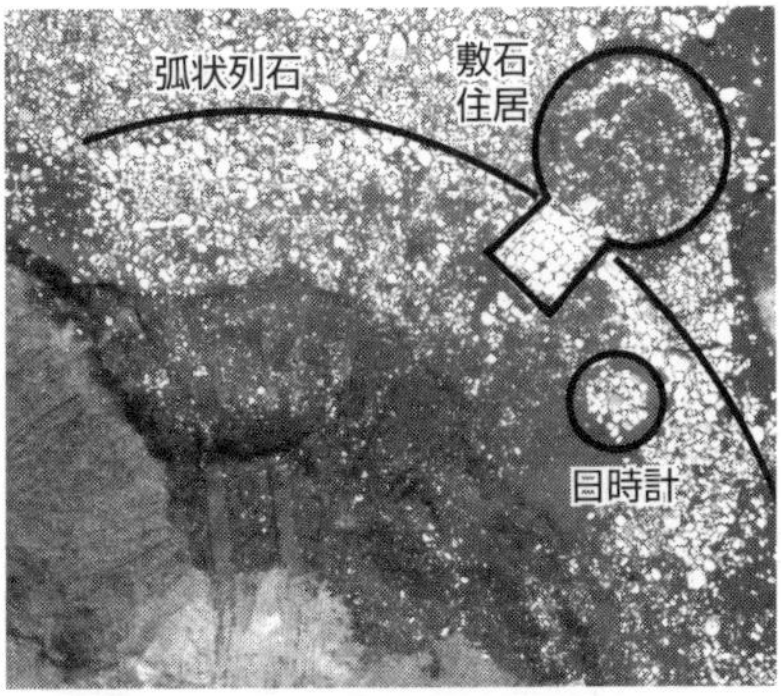

写真18　浅田遺跡の敷石住居と日時計型配石（写真提供：渋川市教育委員会）

写真19　浅田遺跡の日時計型配石（写真提供：渋川市教育委員会）

写真20　浅田遺跡から観た冬至ごろの日没（2012年12月25日、写真提供：後藤佳一氏）

ここでは、冬至に榛名山二ツ岳に日が沈むことが確認される（91ページ図13）。この山は六世紀に火山砕屑丘《さいせつきゅう》が形成されたので、縄文時代にはまだ存在していないはずである。あるいは、噴煙は縄文時代から立ちのぼっていたのかもしれない。

瀧沢遺跡と赤城山

瀧沢《たきざわ》遺跡（渋川市）は、赤城山麓に位置する縄文中期から晩期前葉まで継続的に利用された遺跡である。国指定史跡のため一部しか調査されていないので実態ははっきりしないが、後期中葉〜後葉には配石墓群がつくられ、晩期前葉になると天神原遺跡同様、環状積石に改築されたと推定される。ここでは、長大な石棒《せきぼう》や柱状節理の棒状礫などが複数立てられており、祭壇状の施設が存在していたと推定される。おそらく、赤城山の峰々を意識して立てられていたものと思われる。

この遺跡からは、赤城山の峰々を一望することができる。夏至にはひときわ高い鈴《すず》ヶ《が》岳《たけ》から日が昇る。二分には、もっとも南に位置し、お椀を伏せたような形の鍋割《なべわり》山《やま》から日が昇る。一方、榛名山への日没位置を確認する

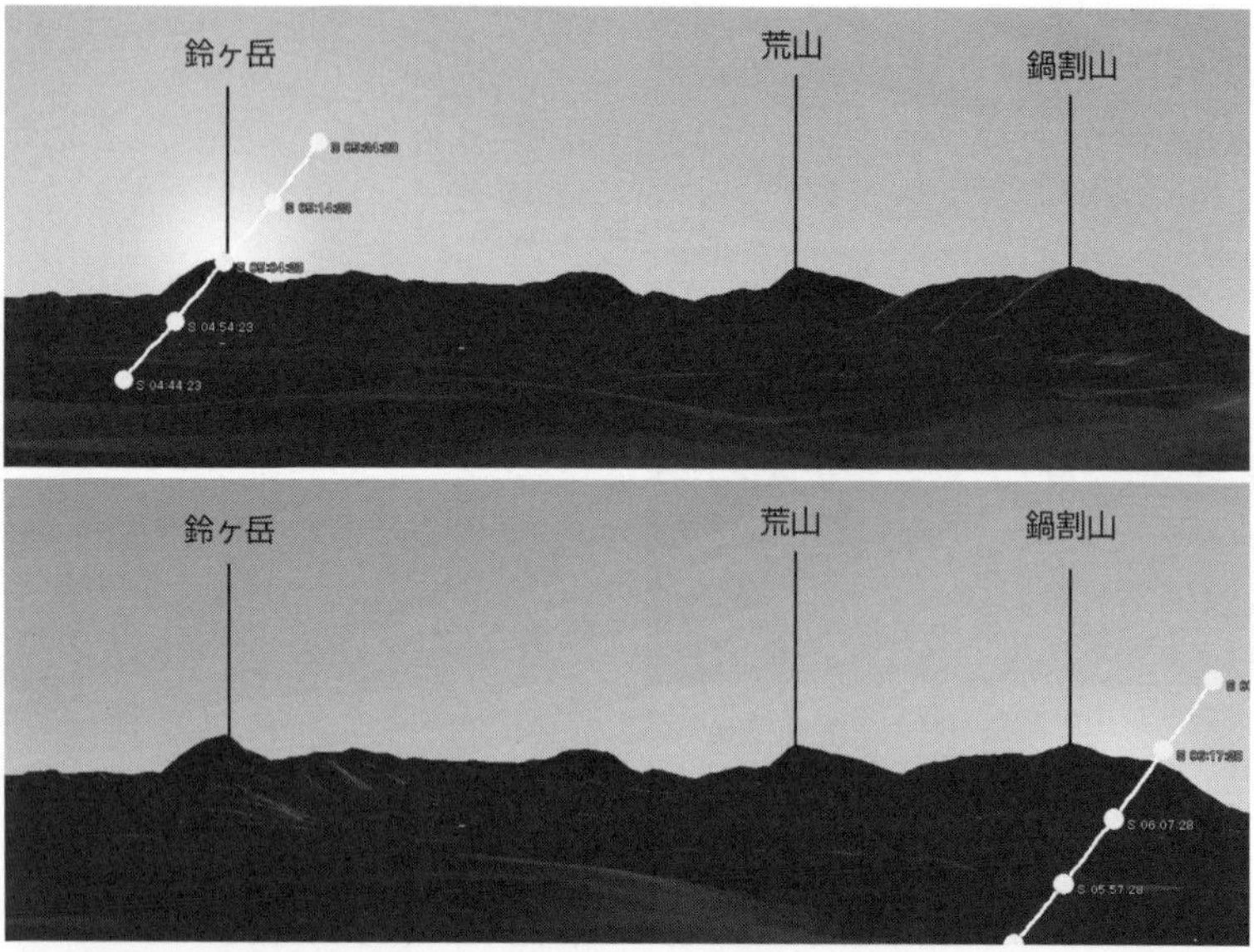

図14　瀧沢遺跡の夏至（上）と春分（下）の日の出（『カシミール3D』で作成）

と、二至二分いずれも、どの山に対応関係は認められない。したがって、瀧沢遺跡では日の出方向に意味をもっていたものと考えられる（図14）。

ちなみに、長大な石棒の石材は、群馬地域で広く流通する緑泥片岩《りょくでいへんがん》製でも石英斑岩《せきえいはんがん》製でもなく、渋川周辺の遺跡で出土する在地の安山岩《あんざんがん》製である。産地はまだ判明していないが、赤城山中から運び出した石材の可能性が高い。

以上のように、群馬中部地域でも二至二分とヤマとの関係性をもった遺跡が存在していることがわかる（91ページ図13）。しかし、それは群馬西部地域ほど顕著ではなく、同じ群馬県内でも地域差が存在していたようである。

2　群馬南部地域の様相

次に、藤岡市を中心とする群馬南部地域について検討してみよう。この地域でも、配石遺構をもった縄文中期～後期の遺跡がいくつか発見されている。

東平《ひがしひら》井《い》寺西《てらにし》遺跡（藤岡市）からは、田篠中原遺跡とほぼ同時期の環状列石と敷石住居群が発見されている。環状列石は、田篠中原遺跡と同じく円形を呈している。完掘されていないのと、後世の古墳群の築造によって一部が破壊されていて、不明な部分も多い。そして、二至二分とヤマの関係性はまったく見いだせない。

谷地《やち》遺跡（藤岡市）を中心とした遺跡群（神明北《しんめいきた》遺跡、下栗《しもくり》須《す》滝川《たきがわ》Ⅱ遺跡などをふくむ）は、中期後葉から晩期末葉にいたるまで継続した大遺跡である。ここでは、田の字形に配列さ

墓の形、墓の配置方法、埋葬方法、副葬品の入れかた、墓地でおこなう葬儀や儀礼・祭祀の方法など、死者の弔いかた全般のこと。縄文時代では、時期・地域によって墓制が異なっているため、これを研究すれば当時の社会構造を推測できる。

押手遺跡
吾妻川左岸の河岸段丘上に立地し、縄文時代後期中葉～後葉の配石墓群が存在する。晩期には環状積石に改築されて使用され続けていたことが判明している。弥生時代前期末葉には遠賀川系の壺が出土している。遠賀川系土器とは、弥生時代前期に西日本に広く分布する土器の総称で、東日本で出土する際にこの名称で呼ばれる。

東平井寺西遺跡
鮎川右岸の藤岡扇状地の平坦面に立地する、古墳時代終末の古墳群を中心とする

れた後期中葉～後葉の配石遺構が発見されている。中心には石棒が立てられており、祭壇として用いられていたと考えられている。また、住居群が存在する段丘の裾部を縁どるように並べられた列石も発見されている。しかし、遺跡の中心部分は住宅地化されてしまっていて、全貌は判然としない。

この遺跡から山々を観測すると、南西方向に富士山形の御荷鉾山《みかぼやま》が存在するが、冬至より南に位置しており、太陽が沈むことはない（91ページ図13）。西方をながめると、はるか遠方に小さく妙義山や浅間山が見えるが、二分・夏至とも対応する位置にはない。また、東方は関東平野が広がっており、山からの日が昇ることはない。

3　群馬東部地域の様相

この地域では、**阿左美《あざみ》遺跡**（みどり市）、**大屋H遺跡**（桐生市）、**前畑《まえはた》F遺跡**（桐生市）などで後期前葉の敷石住居が発見されている。また、後・晩期の大規模な集落遺跡である**千網谷戸《ちあみがいと》遺跡**（桐生市）でも、敷石住居や配石墓群、敷石遺構が発見されている。しかし、環状列石の発見例はないし、二至二分とヤマとの関係はもっていない。

このように、群馬南部地域同様、東部地域でも二至二分と特定のヤマとの関係性はなく、同じ群馬県内でも、遺跡の選地にあたって地域差があったことがわかる。

遺跡であるが、縄文時代中期末葉の大規模な環状列石と敷石住居群も存在する。環状列石は調査区外へ延びており、全貌はわかっていない。

谷地遺跡
藤岡扇状地の先端部に立地する。縄文時代後・晩期では群馬県内最大規模の遺跡であり、遠隔地の多彩な土器群も出土している。後期中葉～後葉の田の字形配石遺構や、台地の縁辺部に構築された大規模な弧状列石などが検出されている。

阿左美遺跡
阿左美沼南方の荒神山《こうじんやま》山裾に立地する、縄文時代中期末葉～後期前葉の集落遺跡。

大屋H遺跡
大間々《おおまま》扇状地の桐原面※に立地する、縄文時代前期～後期前葉の集落遺跡。後期前葉の弧状列石をともなう敷石住居が検出されている。

4　環状集落の崩壊と環状列石の出現

ところで、縄文中期末葉のころ（加曽利E3式段階）、縄文社会ではどのような現象が生じていたのだろうか。

関東・中部地域では、数百年にわたって盛行した環状集落がこのころに崩壊をはじめたと、石坂茂は指摘する。[18] それまで安定していた縄文社会・縄文経済になんらかの矛盾が生じ、環状集落に集住することができなくなったと考えられている。

中期に人口が多かった中部高地では、あきらかに人口の減少が認められる。大きな社会変動が生じていた証拠である。

しかし、群馬地域ではこの時期、小規模な遺跡の数は増加しており、顕著な人口減少は認められない。おそらく、この地域では、環状集落に居住していた縄文人が複数の小規模なグループにわかれ、べつべつの場所に分散居住するようになったのだろう。つまり、居住方法が変化したのである。

このような状況のなかで、突如として環状列石が出現する。群馬で環状列石が出現したのとほぼ同じころ、同一歩調をとるように、山梨・神奈川地域でも環状列石と敷石住居が出現した。中部高地に比べて社会変動がすくなかった周辺地域でなんらかの機運が盛りあがり、こうした配石モニュメントを構築するようになったと考えられる（次ページ図15）。それは、どのような機運だったのだろうか。

もともと同じ環状集落に居住していた同族集団がべつべつに居住するようになったとき、集団の結束を維持するため、一年の節目にあたる二至二分に集合するための場所が環状列

※扇状地の時代・場所の区分

前畑F遺跡
大間々扇状地の桐原面の鏑《かぶら》木《ぎ》川《がわ》左岸に立地する、縄文時代後期前葉～晩期の集落遺跡。

千網谷戸遺跡
渡良瀬川と支流の山田川にはさまれた河岸段丘上に立地する、縄文時代後・晩期の群馬県を代表する大規模な集落遺跡で、晩期後葉の「千網式土器」の標式遺跡である。住居群のほか、配石墓群も検出されている。晩期前葉には土製耳飾りの製作遺跡でもあり、ここで製作された耳飾りは南関東まで流通している。

加曽利E式（土器）
縄文時代中期後葉の関東地方の土器型式。千葉県加曽利貝塚E地点出土の土器を標式とする。E1～E4式（あるいはEⅠ～EⅣ式）に細分される。

石だったのではあるまいか。環状列石で囲まれた空間は、環状集落の内側の「中央広場」の代わりだったのだろう。

しかし、こうした同族意識はすぐに解消されてしまったと思われる。わざわざ大規模な環状列石をつくり、それを維持する必要性が薄れてしまったのである。

後期初頭（称名寺式《しょうみょうじしき》期）になると、有力な集落では敷石住居に小規模な「弧状列石」と呼ばれる配石遺構がつくられるようになる。こうした遺構を有する遺跡の数は、環状列石のある遺跡よりも相当多い。そして、これらの遺跡の多くは、二至二分との関係性をもたなくなってしまった。

野村遺跡、田篠中原遺跡などは、存在すら忘れ去られ、現代になってわれわれに調査されるまで、地中に埋もれてしまっていた。天神原遺跡や瀧沢遺跡のように後・晩期まで継続する遺跡は、それ以上の特別な意味をもっていたのであろう。

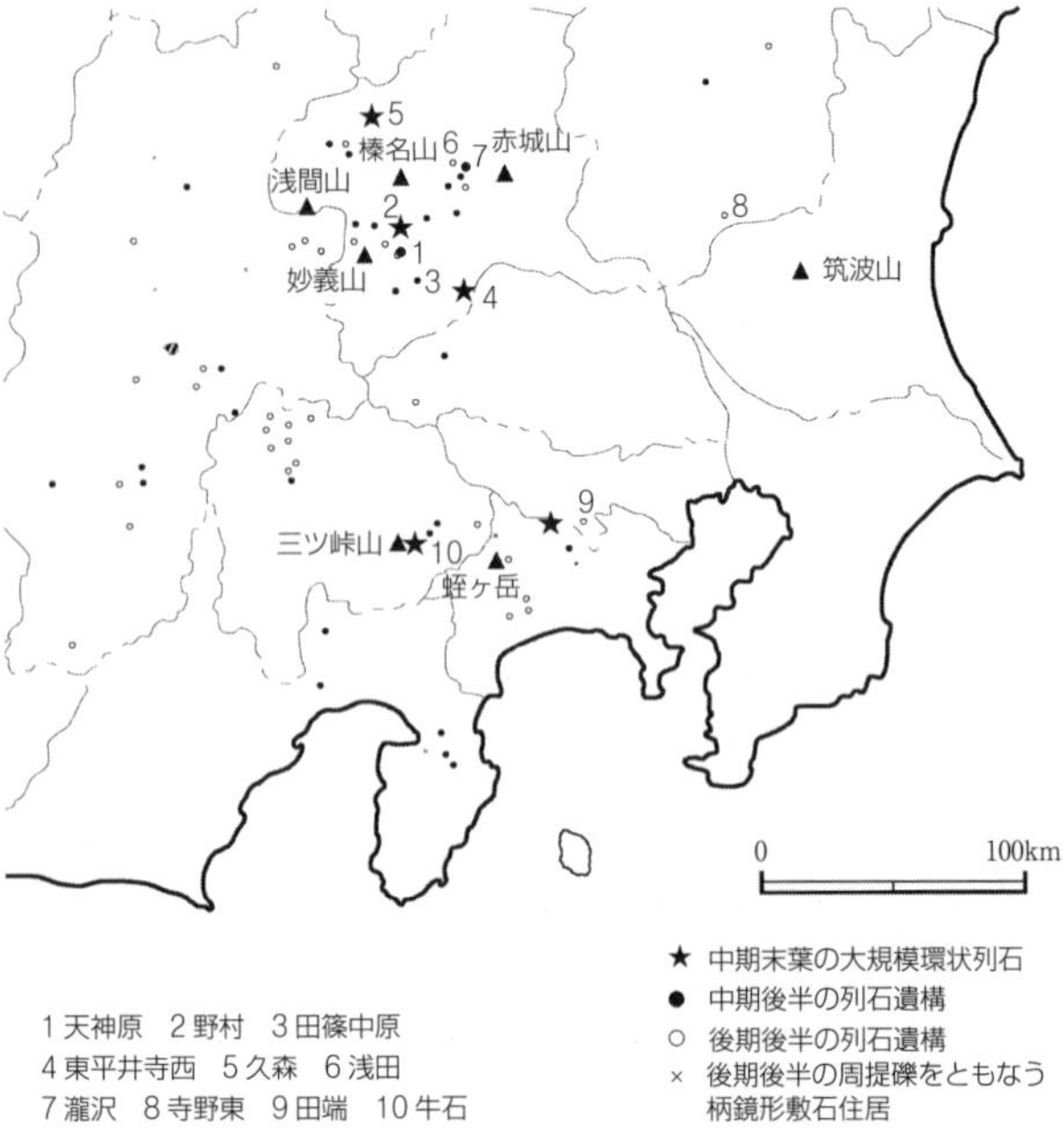

図15　環状列石・配石遺構の分布（19）

称名寺式（土器）
縄文時代後期初頭の土器型式。西日本の影響を受けて成立したと考えられている。神奈川県称名寺貝塚出土土

Ⅷ　関東・中部地方の縄文ランドスケープ

二至二分の日の出・日没とヤマとの関係を有し、かつモニュメントをもった遺跡は、群馬地域のローカルな現象なのだろうか。群馬県をはなれて、周辺地域の様相について調べてみよう。

栃木県には、環状盛土《かんじょうもりど》遺構が発見された**寺野東遺跡**（小山市）がある。ここには、「石敷台状遺構」と呼ばれる配石を中心に、直径一六五メートルの大規模な盛土《もりど》が存在する（次ページ図16）。遺跡は中期から晩期まで継続しているが、盛土は後期後葉または晩期前葉におこなわれたと推定されている。ここからは、ちょうど冬至に筑波山から日が昇ることが確認されている（101ページ写真21）。

東京都には、後期中葉の配石墓群の上部にその後環状積石遺構が構築された、**田端遺跡**（町田市）がある。天神原遺跡と類似した配石モニュメントである。ここでは、丹沢山系の最高峰・蛭ヶ岳《ひるがたけ》に、冬至に日が沈む[21]（101ページ写真22）。

山梨県には、中期末葉の環状列石が発見された**牛石《うしいし》遺跡**（都留《つる》市）がある。直径約五〇メートルの大規模な環状列石である。ここでは、二分に眼前にそびえる三ツ《みつ》峠山《とうげやま》に日が沈む。山の端がギザギザしているため、日没時には放射状に光り輝くリムフラッシュ現象が観測される（101ページ写真23）。

寺野東遺跡をのぞき、関東山地の東縁部に沿って点々と、縄文ランドスケープ的な立地をする遺跡が存在する（図15）。一方、敷石住居や環状列石がつくられない東関東地方

器を標式とし、1・2式に細分される。

寺野東遺跡　鬼怒川支流の田川右岸、宝木台地に立地する、旧石器時代〜平安時代にかけての大規模な複合遺跡。縄文時代後期後葉〜晩期前葉には大規模な環状盛土遺構が造成された。一九九〇年〜九四年にかけて工業団地造成にともなう調査で全貌があきらかになり、その重要性から環状盛土遺構は保存されて、現在は遺跡公園になっている。

田端遺跡　境川に面する多摩丘陵の南西部に立地する。後期中葉〜後葉に配石墓群が形成され、晩期になると環状積石遺構に改築されている。

牛石遺跡　桂川と支流の大幡川の合流点の河岸段丘上に立地し、中期末葉の環状列石が検出

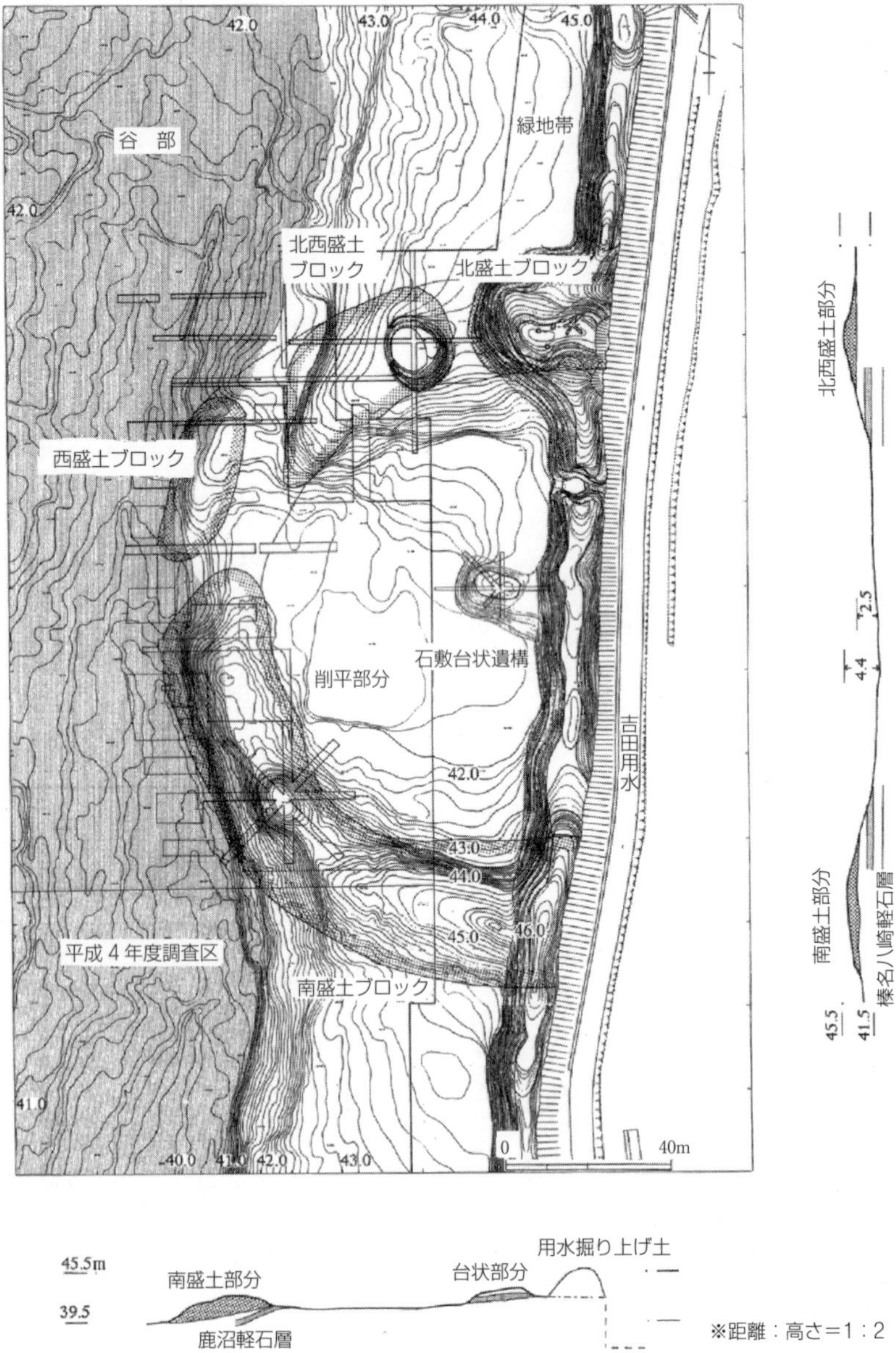

環状盛土遺構の調査区および概念図

図16　寺野東遺跡[20]

（千葉・茨城地域）では、こうした遺跡は確認されていない。また、環状列石がつくられた地域でも、ひとつのテリトリー内に複数の遺跡が並存する状態は認められない。おそらく、環状列石の出現地である群馬西部地域では、すべての条件がそろっていたので典型的な状態が認められるのであろう（91ページ図13）。

環状列石をつくる文化では、二至二分とヤマとの関係性を考慮することも重要なファクターであったと思われる。しかし、この文化が伝わった地域でも、選地コンセプトは完全には伝わらなかったか、たとえ伝わったとしても都合のいい位置にヤマが存在しないなど、さまざまな理由があったのだろう。

されている。一九八〇年に調査されたが、正式報告書が刊行されていないため詳細は不明。

写真21　寺野東遺跡から観た冬至日の出（写真提供：小倉勝男氏）

写真22　田端遺跡から観た冬至日没（写真提供：安孫子昭二氏）

写真23　牛石遺跡から観た春分日没（写真提供：今福利恵氏）

Ⅸ　東北地方の縄文ランドスケープ

1　三内丸山遺跡の縄文ランドスケープ

青森県の三内丸山遺跡《さんないまるやま》（青森市）は、前期から中期の大規模な集落遺跡として有名である。この遺跡のシンボルは、六本柱の木柱列である。現在は、柱に三層の床が貼られ、屋根のない建築途中の建物のような変な形に復元されている。これは、復元時に建物説と木柱列説で論争が勃発した結果である。その折衷案として、どちらの考古学者も不満足な形になってしまった。

三内丸山遺跡
縄文前期～中期にかけて営まれた大規模な集落遺跡。膨大な量の土器・石器が出土しており、遠隔地の遺物も多いことから、交易の拠点集落であったことも判明している。江戸時代から存在が知られており、現在は遺跡公園となっている。

六本柱説に立つ太田原（川口）潤が、研究成果をあきらかにしている。(22)

①六本柱の長軸方向は、夏至の日の出と冬至の日没方向を示す（写真24）。

②対角線方向は、二分の日の出と日没方向を示す。

③夏至の正中時（一二時）の柱の影は、長軸の柱間の中間点を示す。

④柱間は四・二メートルで、縄文尺の倍数を示す。

つまり、①②は季節の基準、③は時間の基準、④は尺度の基準というように、さまざまな基準の集合体としての意味をもっていたと推定している（図17）。

太田原はまた、周囲を陸地で囲まれた陸奥湾では、魚の集まる漁

写真24　三内丸山遺跡の6本柱の冬至ごろの日没（1999年12月30日、撮影：太田原潤氏）

場の位置を複数の山の位置と角度から割り出す「山アテ」によって決定する民俗事例を紹介している。三内丸山遺跡をはじめとする青森県内の遺跡からは大量の魚骨が出土しており、縄文時代でもこうした方法で漁場を確認していた可能性が高いと考える。ヤマを見る習慣や太陽の運行から季節を知ることは、縄文人の漁撈生活と密接に関係していたというのである。

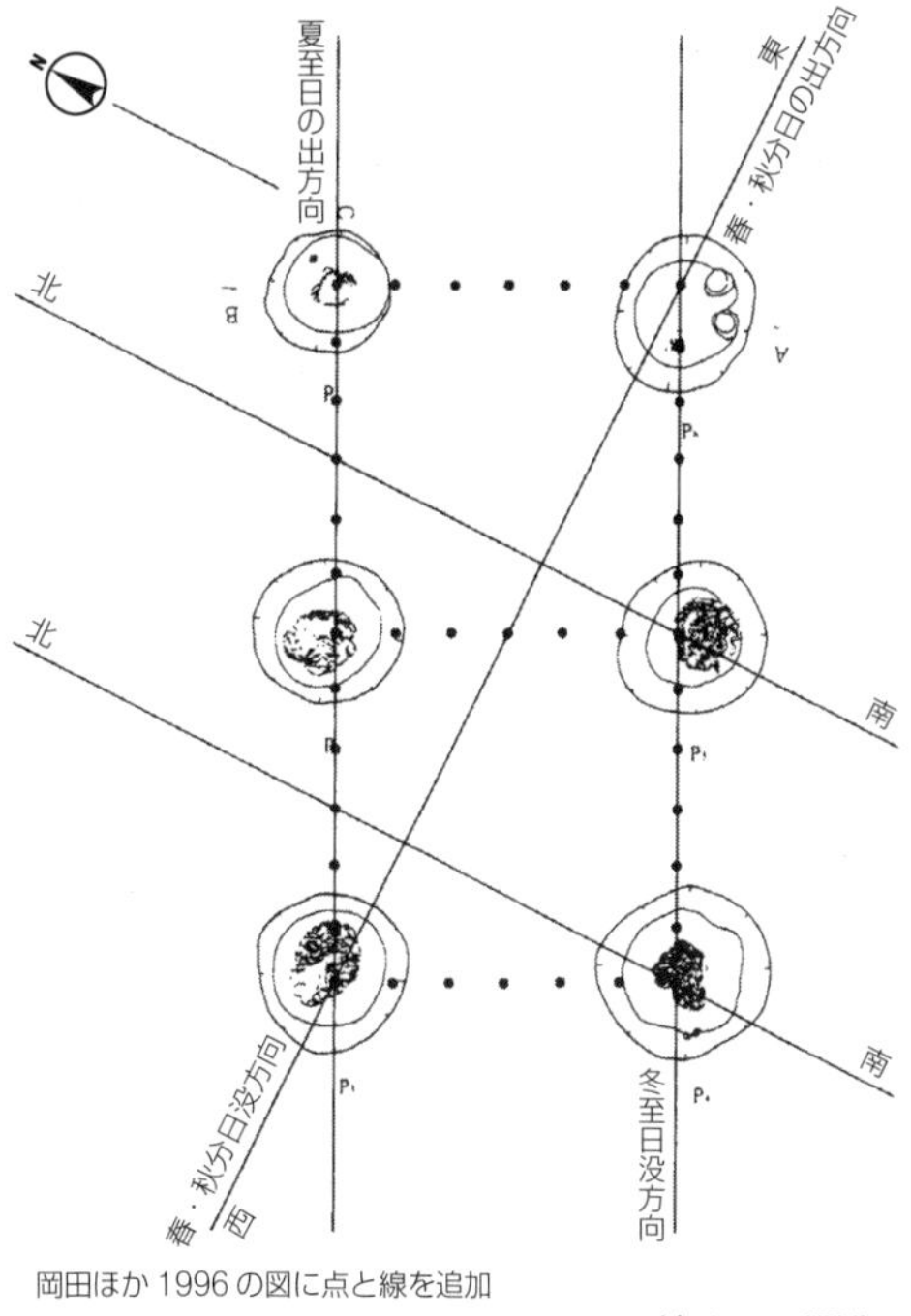

岡田ほか 1996 の図に点と線を追加

（点は 70cm 間隔）

図17　三内丸山遺跡の木柱列と二至二分の関係[22]

2　大湯環状列石の縄文ランドスケープ

大湯《おおゆ》遺跡（鹿角《かづの》市）は、日本でもっとも有名な環状列石である。ここでは、万座、野中堂というふたつの直径五〇メートルの大きな環状列石を中心として、これを掘立柱建物《ほったてばしらたてもの》群などがとり囲んでいる。さらに、周囲には複数の環状列石が存在していることも確認されている。

環状列石は、多数の集石墓が二重の円形に存在しており、長期間にわたって墓地として利用されていたことが判明している。

縄文尺

縄文時代には身体の部位をもとにした尺度が存在していた可能性が高い。腕の橈《とう》骨《こつ》の長さをもとにした三五センチ、あるいは歩幅をもとにした七〇センチの尺度が基準になっていたと推定される。

集石墓とはべつに、規則正しく石を並べた日時計型配石遺構（通称「日時計」）が、各環状列石に一基ずつ存在していた。このふたつの石組を結んだラインが夏至の日没方向とほぼ一致することが、川口重一によって指摘されている。[23] この説は冨樫泰時によって再評価され、[24] 東北地方の縄文ランドスケープの典型例とされている（図18）。

また、この遺跡付近には神奈備型の黒又山《くろまたやま》（クロマンタ）が存在しており、遺跡との関係が指摘されている。しかし、この山と遺跡とのあいだには二至二分の太陽との関係は認められない。

3　東北・北海道の様相

大湯とならんで環状列石で有名な遺跡として、後期前葉の伊勢堂岱《いせどうたい》遺跡（北秋田市）と小牧野遺跡（青森市）がある。いずれも、隅円長方形という規模・規格がほぼ同一であり、関東地方からの影響によってつくられたと推測されている。環状列石の下部に墓が構築されていない点も同じである。

小牧野遺跡は、細長い石を縦・横交互に配列させる「小牧野式石組」が特徴的である。

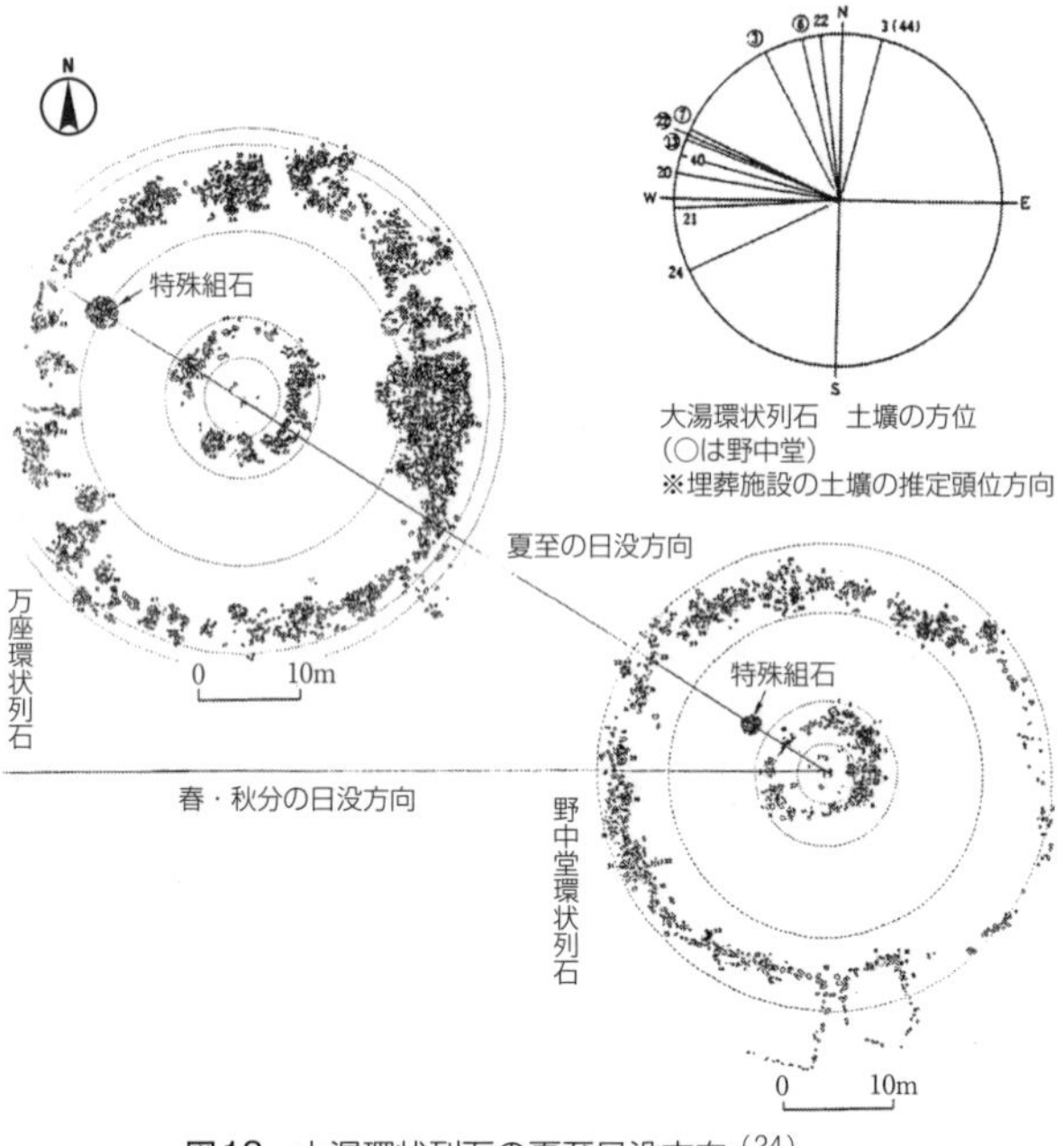

図18　大湯環状列石の夏至日没方向[24]

大湯遺跡
大湯川と豊真木沢《とよまきざわ》川にはさまれた舌状台地（風張《かざはり》台地）に立地する。縄文時代後期前葉に大規模な環状列石が構築されており、日本前述した浅田遺跡（92ページ参照）や、神奈川県下の敷石住居奥壁などに同様の方式が採用されており、こんどは北東北地方の影響が関東地方にまで伝わったと考えられている。つまり、関東と北東北は双方向的に情報が行き来していたのである。

このような密接な関係があるにもかかわらず、これらの環状列石では、二至二分の太陽とヤマとの関係性は認められない。必ずしもすべての情報を共有しているわけではなかったのだろう。

唯一、こうした関係性が認められる遺跡として、**大森勝山遺跡**（弘前市）がある。ここでは環状列石が発見されており、冬至には岩木山《いわきさん》（津軽富士）に日が沈む。大形住居の出土遺物から縄文晩期のものとされているが、形態からみて後期前葉の可能性がある。今後、詳細に検討をおこなう必要があろう。

北海道でも大規模な環状列石がいくつか発見されている。たとえば、近年発見された渡島《おしま》半島の**鷲ノ木《わしのき》遺跡**（茅部《かやべ》郡森《もり》町《まち》）は、墓をともなわない円形の規格を呈する。この遺跡の近くには駒ヶ岳が存在するが、二至二分の太陽とヤマの関係性は認められない。

このように見ていくと、縄文人が何がなんでも二至二分とヤマを意識してモニ

図19　北日本の関連遺跡

でもっとも著名な環状列石である。一九三一年に発見され、その後、くり返し数次にわたって調査が実施されている。現在は遺跡公園として整備されている。

集石墓
墓の上部に石を集積した墓。

伊勢堂岱遺跡
米代川《よねしろがわ》中流の左岸の河岸段丘上に立地する。縄文時代後期前葉に四か所の環状列石が構築されていることが判明している。一九九五年に道路建設にともなう調査で発見され、現在は遺跡公園として整備中。

小牧野遺跡
北方につき出た眺望のいい台地に立地する。縄文時代後期前葉に大規模な土地造成がおこなわれ、コロシアム状に配石された環状列石が構築された。横・縦の規則性を有する配列が大きな特徴である。

ュメントを構築していたわけではないことがわかる（前ページ図19）。東北南部では、そもそも環状列石を受け入れていないのである。関東と東北北部が連動して石のモニュメントをつくった時代、東北南部ではモニュメントが構築されることはなかった。

そして、長い縄文時代のなかでも中期末葉から後期前葉という時代に、なんらかの精神的機運の高まりが突出して、こうしたモニュメントをつくることにつながったのであろう。

X 縄文ランドスケープの応用　古墳ランドスケープの可能性

わたしの住んでいる群馬県は、全国有数の大形古墳密集地域である。大形前方後円墳を築造するには、測量・土木工事に関する専門的知識と、多くの労働者を統率する強大な権力が必要である。また、そこでおこなわれた儀式は大豪族の政権交代をともなうものであり、それは地域の一大イベントであった。ゆえに、こうした大形前方後円墳は、単なる墓という側面だけでなく、ある種のモニュメントとしての側面を備えていたといえよう。どこに古墳をつくるかは、単に実利的な理由だけでなく、宗教的理由にも大きく左右されたことだろう。古代の政治は「まつりごと」と呼ばれるように、祭祀と表裏一体の関係にあったからである。

そこで、縄文ランドスケープと同じ方法で、古墳ランドスケープについて、若干検討してみたい。大形古墳は通常、数世代にわたって同じ場所につくられ、古墳群を形成する。こうした場所が選定されたのには、なんらかの理由があったはずである。

浅間山古墳（高崎市）は、五世紀初頭に「浅間山型企画」という形でつくられた当時最

大森勝山遺跡
岩木山の山裾に位置する大石川左岸の舌状台地に立地する。晩期初頭の大形住居と環状列石が検出されている。環状列石にともなう遺物がほとんどないことから、大形住居と同時期とされるが、形態的特徴と類例からみて、後期前葉に構築された可能性が高いと考えている。

鷲ノ木遺跡
縄文時代後期前葉～中葉の環状列石が検出された。二〇〇一年に高速道路の建設にともなう調査で発見された。その後、工事計画が変更され、現地保存されている。

浅間山古墳
五世紀初頭に築造された大形前方後円墳。墳丘長一七四メートル。大鶴巻古墳・小鶴巻古墳などの大形前方後円墳とともに倉賀野古墳群を形成する。

大級の前方後円墳である[25]（図20）。そこには、新しい思想・理念が存在していたはずである。日没位置について調べると、二分は妙義山（次ページ写真25）、夏至は浅間隠山《あさまかくしやま》であった。次に、五世紀中葉に「天神山型企画」でつくられた太田天神山《おおたてんじんやま》古墳（太田市）について調べてみた。すると、二分に妙義山に日が沈むことが確認された。ただし、すこし遠すぎるように思える。こんどは五世紀後葉の保渡田《ほとだ》古墳群の井出二子山《いでふたごやま》古墳（高崎市）について調べてみた。ここでは、冬至には荒船山《あらふねやま》、立春には妙義山に日が沈んだ（次ページ

太田天神山古墳
五世紀なかごろに築造された東日本最大の前方後円墳。墳丘長二一〇メートル。

保渡田古墳群・井出二子山古墳
保渡田古墳群は、井野川上流域に形成された古墳群で、井出二子山古墳、八幡塚《はちまんづか》古墳、薬師塚古墳などの大形前方後円墳を中心とする古墳群。
井出二子山古墳は、五世紀なかごろに築造された前方後円墳で、墳丘長は一〇五メートル。

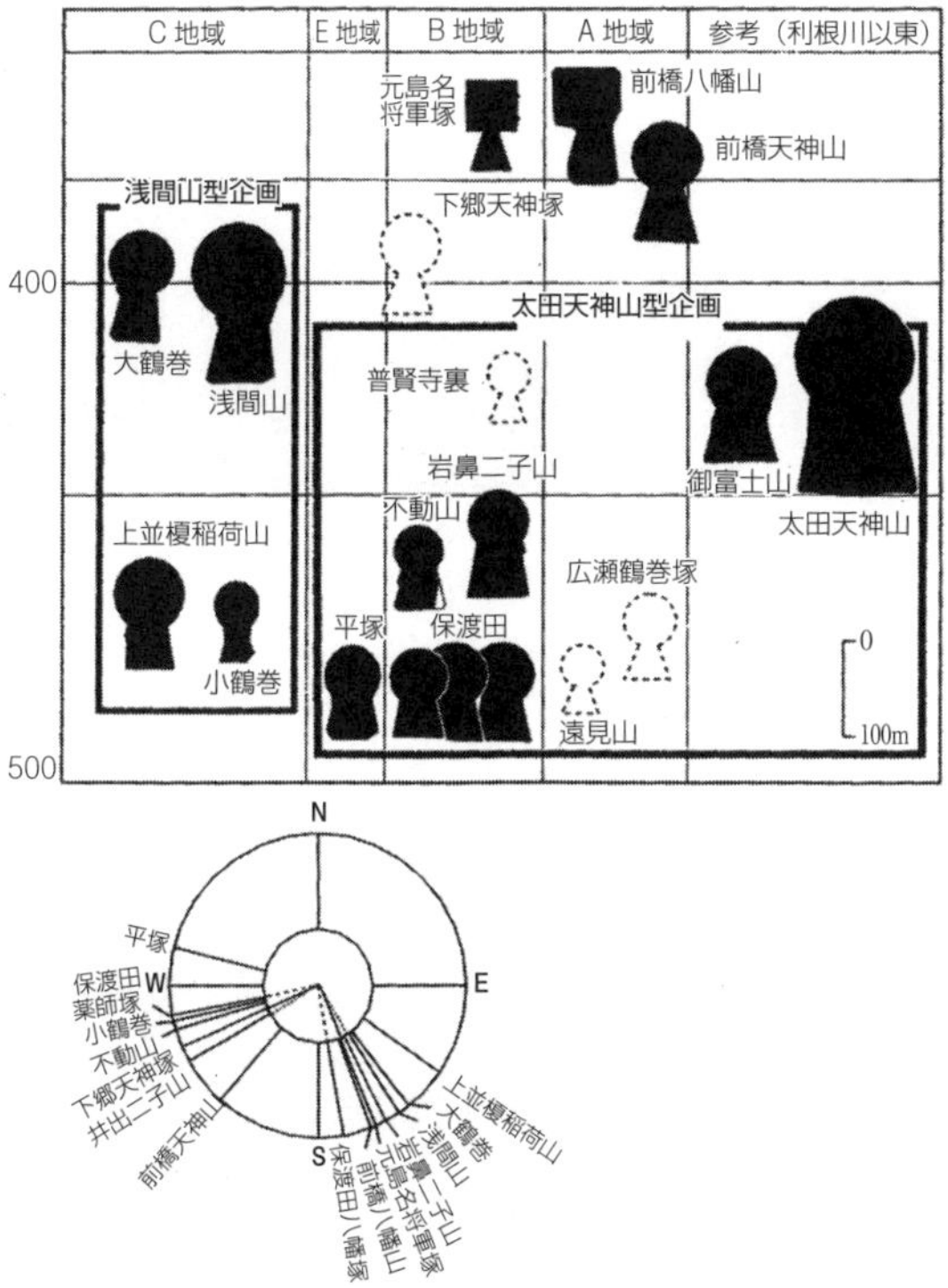

図20　榛名山麓の古墳の墳丘企画と主軸[25]
主軸とは、後円部・後方部の向いている方向。

写真26　井出二子山古墳から観た立春ごろの日没（2012年2月3日）

写真25　浅間山古墳から観た春分ごろの日没（2012年3月19日）

写真27　観音山古墳から観た春分日没（2012年3月20日　写真提供：吉川裕司氏）

図21　群馬県内の関連する古墳と山の位置

写真26）。さらに、六世紀中葉の綿貫観音山《わたぬきかんのんやま》古墳（高崎市）はどうであろうか。ここでは二分に妙義山に日が沈む（写真27）。このように、多くの大形前方後円墳で二至二分に特定のヤマへの日没が観測されることが判明した（図21）。その後も研究仲間が、いくつかの古墳がこのような関係にあることを確認しており、まだまだ類例は増える勢いである。

古墳からどのような日没光景が観測されるかについては、古墳研究者はだれも検討していなかった。わたしも古墳時代については専門外であるが、縄文ランドスケープと同じようにヤマと季節を関連づけるなんらかの思想が、古墳の選地の際にはたらいていたのかもしれないと考える。今後、フィールドワークを重ねていくべき研究ジャンルである。

綿貫観音山古墳
井野川下流域に立地する、六世紀末葉に築造された大形前方後円墳で、墳丘長九七メートル。

XI　ランドスケープ計測ツール今昔

最後に、太陽がどこから昇り、どこへ沈むのかを調べる方法について述べておこう。

もっとも単純な方法は、地図を用意して遺跡から冬至・夏至・春分・秋分の日の出線、日没線を引いて確認する方法である。「サンガイドＲＶ」（ケンコー・トキナー製）は、写真撮影用のグッズで、透明なアクリル板に二至二分の日の出・日没線が引かれており、方位磁石がついている。これを撮影地点に置いて、日の出・日没の方向を確認する。しかし、この方法は、平坦な場所ではある程度有効なものの、近くに対象となる山がある場合、地平線より高い位置で山に太陽が沈んでしまうため、大きく方向がずれてしまう。研究活動の初期には使用していたが、現在ではほとんど使用していない。

現在は、パソコンでかんたんにシミュレートする方法を用いている。

フリーソフトの『カシミール』（杉本智彦氏作製）は、ランドスケープ研究を飛躍的に進歩させた地図作成ソフトである（写真28）。このソフトには、国土地理院の数値地図を用いて鳥瞰図を作成する機能があり、どの方角にどんな形の山が見えるかを調べることができる。わざわざ遺跡へ出向かなくとも、ランドスケープ研究と関係する遺跡の候補をリストアップすることができるようになった。これだけでも、当時は大いに喜んだものである。しかし、最初のころは太陽や月の運行がシミュレートされていなかったので、やはり現地で観測する必要があった。

このソフトがすばらしかったのは、ユーザーの要望を作者にメールで伝えたら、その要望にこたえてバージョンアップしてくれたことであった。おかげさまで現在は、全国どの場所でも、いつどこから日が昇り、沈むかを、だれでもかんたんにシミュレートすることができるようになった。杉本氏にはとても感謝している。『カシミール３Ｄ』は、現在も常にバージョンアップをくり返し、より充実したソフトへと進化し続けており、ランドスケープ研究の必需品である。

写真28　『カシミール3D』の画面

〈引用・参考文献〉

（1）小林達雄『縄文人の世界』朝日選書　一九九六年
（2）小林達雄編著『縄文ランドスケープ』ジョーモネスクジャパン機構　二〇〇二年
（3）大場磐雄『祭祀遺蹟』角川書店　一九七〇年
（4）樋口忠彦『景観の構造　ランドスケープとしての日本の空間』技報堂　一九七五年
（5）樋口忠彦『日本の景観』春秋社　一九八一年（ちくま学芸文庫として一九九三年に再版）
（6）斎藤忠「古墳方位考」『考古学雑誌』39―2　一九五三年
（7）都出比呂志『竪穴式石室の地域性の研究』大阪大学文学部国史研究室　一九八六年
（8）白石太一郎「古墳と方位」『方位と風土』古今書院　一九九四年

（9）大工原豊「縄文ランドスケープと古墳ランドスケープ」『第1期群馬学リサーチフェロー研究報告集』群馬県立女子大学群馬学センター　二〇一一年
（10）中村大「ヨーロッパの新石器時代記念物と二至二分」『磯部蛋気楼の謎』安中市ふるさと学習館　二〇〇五年（原図：Cleal, M. J. Rosamund, et al., 1995, Stonehenge in it's landscape. *English Heritage*.）
（11）沼澤茂美「縄文時代における太陽の運行と配石記念物」『考古学ジャーナル』№５１３　二〇〇四年
（12）四十万智博・大工原豊・中島啓治「磯部蛋気楼の再現現象について」『群馬地学』42　群馬県高等学校教育研究会地学部会　二〇〇七年
（13）大工原豊「第2章　縄文時代」『安中市史　第2巻』安中市　二〇〇三年
（14）大工原豊『縄文石器研究序論』六一書房　二〇〇八年
（15）大工原豊編『中野谷松原遺跡　縄文時代遺物本文編』安中市教育委員会　一九九八年
（16）大工原豊「配石記念物の生み出す景観と二至二分」『考古学ジャーナル』№５１３　二〇〇四年
（17）大工原豊編『ストーンサークル出現』安中市ふるさと学習館　二〇〇六年
（18）石坂茂「縄文時代中期末葉の環状集落の崩壊と環状列石の出現」『研究紀要』20　群馬県埋蔵文化財調査事業団　二〇〇二年
（19）石坂茂「関東・中部地方の環状列石」『研究紀要』22　群馬県埋蔵文化財調査事業団　二〇〇四年
（20）初山孝行「栃木県寺野東遺跡」『縄文時代における自然の社会化』雄山閣出版　一九九五年
（21）安孫子昭二「東京都田端環状積石遺構」『縄文ランドスケープ』アム・プロモーション　二〇〇五年
（22）太田原（川口）潤「三内丸山遺跡の大形木柱列と二至二分」『縄文時代』11　縄文時代文化研究会　二〇〇〇年
（23）川口重一「大湯町環状列石の配置」『郷土文化』11―1　名古屋郷土文化会　一九五六年
（24）冨樫泰時「秋田県大湯環状列石」『縄文時代における自然の社会化』雄山閣出版　一九九五年
（25）若狭徹『古墳時代の水利社会研究』学生社　二〇〇七年

＊引用をともなわない参考文献
小林達雄編『縄文時代における自然の社会化』雄山閣出版　一九九五年
小林達雄編著『縄文ランドスケープ』アム・プロモーション　二〇〇五年
大工原豊「天神原遺跡と妙義山」『磯部蛋気楼の謎』安中市ふるさと学習館　二〇〇五年
大工原豊「縄文ランドスケープ　ヤマと二至二分の関係を中心として」『季刊東北学』20　柏書房　二〇〇九年

大工原　豊（だいくはら・ゆたか）

一九六一年群馬県生まれ。國學院大學大学院単位修得退学。博士（歴史学）。安中市教育委員会の学芸員を経て、現在は國學院大學兼任講師、明治大学黒耀石研究センター客員研究員。専門は縄文石器と社会の研究。著書は『縄文石器研究序論』など多数。第一四回尖石縄文文化賞受賞。最初のフィールドワークは、中学一年生のとき、友人たちと縄文時代の遺跡へ行き、石鏃の表面採集をおこなったこと。同じころ、古墳の発掘調査に参加した。典型的な考古少年だった。

＊　＊　＊

■わたしの研究に衝撃をあたえた一冊『考古学の変革者　ゴードン・チャイルドの生涯』

英国で活躍した二〇世紀最大の考古学者、ゴードン・チャイルド（一八九二―一九五七）の伝記。彼は政治活動家から考古学者へ転身し、大学退職後、故郷オーストラリアへ帰郷し、断崖から投身自殺するという劇的な人生を歩んだ。「自分で命を断つことは、儀礼をもって死者を葬ること以上に人類を他の動物から分けるものである」という彼の言葉が印象的である。

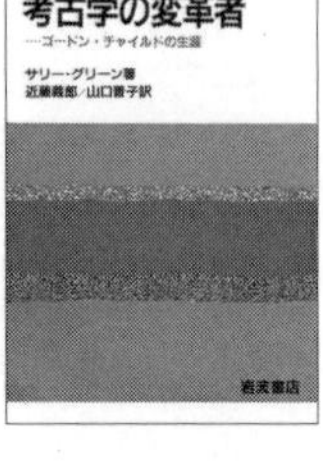

サリー・グリーン著
近藤義郎・山口晋子訳
岩波書店
一九八七年

釣手土器を追う

——中村耕作

Ⅰ　釣手土器の魅力

1　釣手土器との出会い

縄文土器や土偶にまとわりつく蛇神《かがち》。それは、縄文時代の精神文化に興味をもちはじめた中学生のわたしに、不思議な世界を印象づけた（写真1・2）。土器の口縁《こうえん》部にくねくねと蛇がはう尖石《とがりいし》遺跡（長野県茅野《ちの》市）の深鉢。後頭部にターバンのように蛇を巻いた藤内《とうない》遺跡（長野県諏《す》訪《わ》郡富士見《ふじみ》町《まち》）の土偶。魅力の決定打は、穴場《あなば》遺跡（長野県諏訪市）の火事に遭った一八号住居跡で発見されたものたちだった。蛇とおぼしき動物をいただいた奇妙な形の土器が、男性のシンボルとみられる石棒《せきぼう》に食いつき、石棒の先には石皿が立てられている。石皿は木の実をすりつぶすための臼だが、この場合は女性の象徴として置かれていたと考えられている。住居を放棄する際に、そうした器物を配置したうえで火を放つ

写真1　尖石遺跡の蛇体装飾付深鉢
（写真提供：茅野市尖石縄文考古館）

写真2　藤内遺跡の土偶後頭部の蛇
（写真提供：井戸尻考古館）

という儀礼がおこなわれたのだ（写真3・4）。

蛇と石、男と女——縄文時代中期につくられたこの土器のまがまがしさは、大きなインパクトであった。このほかにも、長野県諏訪地方には、蛙やサンショウウオなどの生きものをモチーフにした土器文様や、顔面装飾をもった土器、尖石遺跡の名の由来となった「尖石」や竪穴《たてあな》住居の炉辺や炉の奥の石を立てた祭壇などの石に関わる信仰があり、蛇神とともに中期中部高地の奥深い縄文世界がさらに印象づけられた（写真5〜7）。

大学の考古学分野に進学したわたしは、さまざまな精神文化のなかからまずは葬送儀礼を素材に選び、そこでどのような土器が用いられたのかを検討した。

縄文土器は、その多くが煮炊き用の鍋だが、少数に注ぎ口がついたものや浅い鉢がある。さらに、数はすくなくなるが、用途不明の形がある。つくりはていねいで、何かのために〝特別につくられた〟ものだと考えられる。

この少数の特別な土器が副葬品として墓に納められるのだが、同じ時期の西関東と長野県では、土器の種類や納められかたの流儀が異なっていることに気づいた。儀礼のやりかたを、わざと変えている。背景には、当時の縄文人集団の社会的関係の強弱が見え隠れしているようだった。

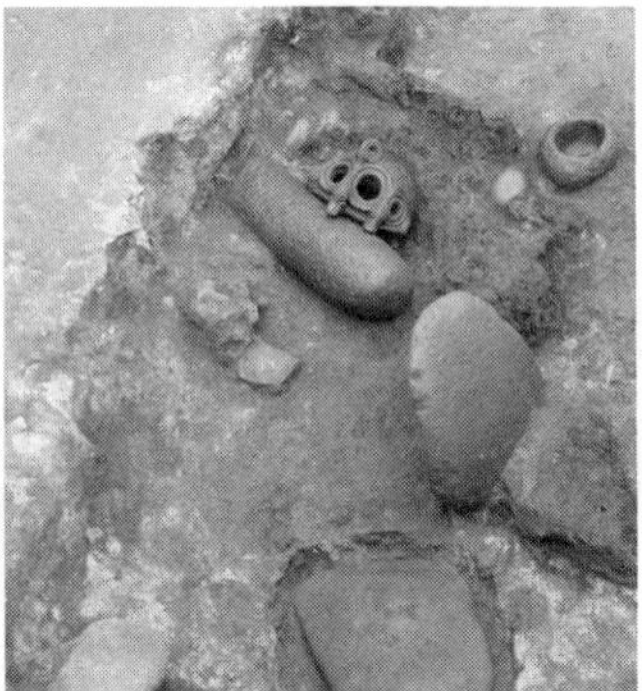
写真3　釣手土器出土状況（諏訪市博物館）

写真4　穴場遺跡の釣手土器（左：右前方から見たところ、右：背面　諏訪市博物館）

二〇〇六年、博士論文の準備をはじめるにあたって小林達雄教授から指導されたのは、「このような儀礼に使われた縄文土器を全部あつめて研究しなさい」ということだった。「ひとつのテーマで縄文文化全体を鳥瞰《ちょうかん》しろ」という意味である。そこで、検討対象のひとつに、かねてより気になっていた釣手《つりて》土器を選んだ。

写真5　尖石遺跡の名の由来となった「尖石」（写真提供：茅野市尖石縄文考古館）

写真6　与助尾根遺跡住居内の炉と奥の祭壇（写真提供：茅野市尖石縄文考古館）

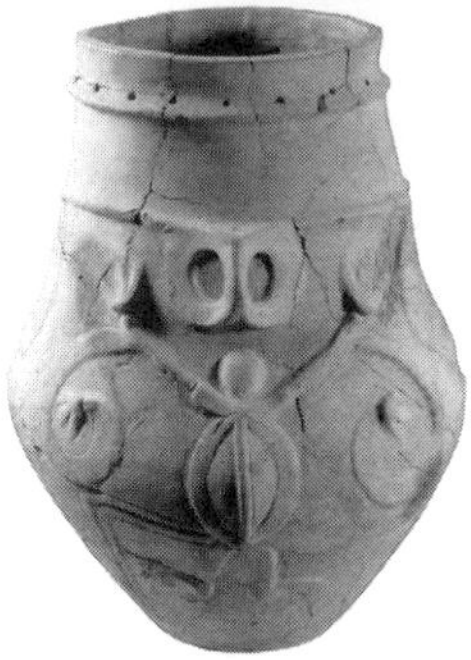

写真7　井戸尻遺跡の半人半蛙《はんじんはんあ》文付有孔鍔付《もんつきゆうこうつばつき》土器《どき》（写真提供：井戸尻考古館）

中期中部高地の奥深い縄文世界

縄文時代は、土器の特徴から草創期、早期、前期、中期、後期、晩期の六期に区分されている。中期の土器は厚手で、新潟の火焔《かえん》型土器のような粘土紐を使った立体的な装飾が各地で特徴的に使われる。なかでも中部高地には豪奢な装飾をもった土器が多く、釣手土器、有孔鍔付土器などの新たな器種も生みだすなど縄文文化の展開において重要である。

縄文人集団の社会的関係の強弱

ある時期には、西関東の土器副葬習俗と長野周辺の遺体に土器を被せる習俗の分布範囲が重なりあうが、別の時期には両者の分布ははっきり二分される。後者の場合、それぞれのアイデンティティを意識したライバルのような関係性に変化した可能性がある。

2 釣手土器とは

釣手土器とは、鉢形の本体部分の上に粘土の板や紐でおおいやアーチをかけわたした、独特の形態をもった土器のことをいう。縄文時代中期中葉に長野県と山梨県の境にあたる八ヶ岳南麓で出現し、中期後葉のうちに（北陸では後期初頭に）終焉《しゅうえん》を迎える。これまでの総出土数は四六八個にとどまり、長野県と山梨県をのぞけば、多くの場合、一遺跡一個以下。大半は住居跡から出土する。先に述べた住居廃絶儀礼とのかかわりを示唆するがごとくである。その器の形態は、二窓《にそう》式、三窓《さんそう》式、把手《とって》式の三つに大別され（図1）、顔面（写真8）・蛇・猪の装飾、顔面打ち欠きなど、装飾バリエーションは豊富である。

典型的な短命・稀少器種だが、調べてみると、分布範囲の拡大、複数の基本形態の並立、個体数の増加、バリエーションの固定・類型化、出土状況の多様化などの動きが見られた。ススが付着している事例があることから、灯火具（ランプ）あるいは香炉としての用途が推定されているものの、定かではない。

本格的研究は縄文農耕論を推進した藤森栄一氏(1)を皮切りとし、宮城孝之氏(2)、綿田弘実氏(3)、新津《にいつ》健《たけし》氏(4)、蜂屋孝之氏(5)によって資料が蓄積され、時期・地域の分布や形態の特徴があきらかにされた。性格については田中基《もとい》氏(6)や吉田敦彦氏(7)、小林公明氏(8)や渡辺誠氏(9)らによって女神像として位置づけられた。文様や形態の意味については小野正文氏(10)や浅川利一《りいち》氏(11)の研究がある。これらをもとに、さらに最新の報告例を加えて四六八個のデータベースを作成し、分析の基礎資料とした。

藤森栄一
中期中部高地の繁栄の基盤を農耕によるものとする説を推進し、地母神《じぼしん》信仰の例として釣手土器や顔面把手の研究をおこなった。一九六五年、釣手土器三三例をもとに、形態の大別、希少性と出土状況の分析による儀礼用ランプ（「神の灯」）としての位置づけなど、今日の理解の大枠を示した。

宮城（蜂屋）孝之
一九八二年、新たに実測した資料をふくめて関東から北陸・東海におよぶ広範囲の釣手土器一三二例を分析し、釣手土器の変遷過程をあきらかにした。二〇〇六年には事例が増加してきた関東の釣手土器を再び集成した。

綿田弘実
最古級の釣手土器である札沢遺跡例の実測図を公表するとともに、中心地である長野県の最新の事例を集成

御殿場遺跡（長野県伊那市）の釣手土器（伊那市教育委員会　重要文化財）

箱川原遺跡（長野県飯田市）の釣手土器（飯田市教育委員会）

宮平《みやだいら》遺跡（長野県北佐久郡御代田町）の釣手土器（御代田町教育委員会）

写真8　釣手土器のさまざまな顔

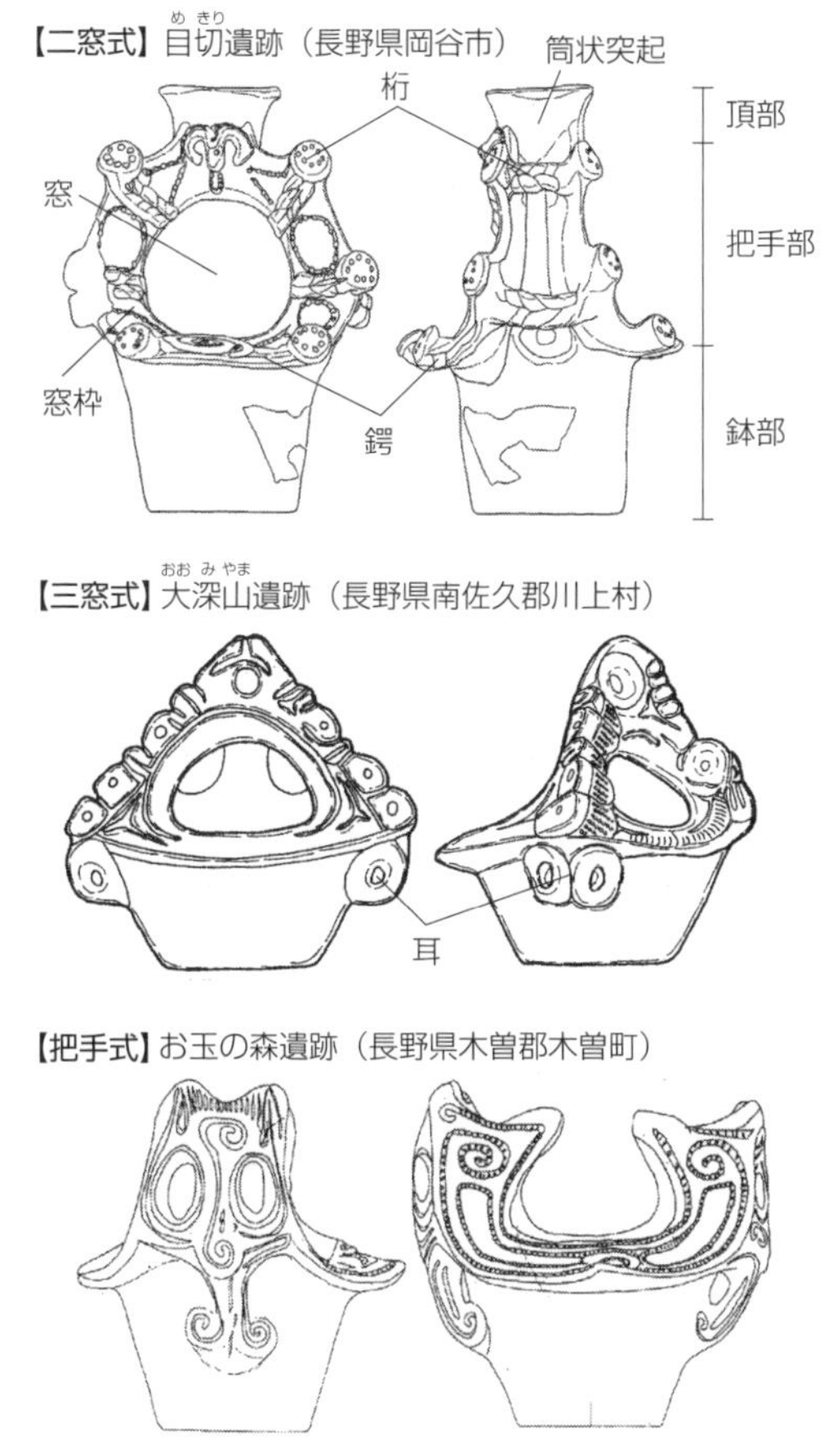

形態名称は藤森栄一、部位名称は宮城孝之による

図1　釣手土器の形態と部位名称

し、地域の特徴を整理した。

新津健

釣手土器のもうひとつの中心地である山梨県の最新事例を集成した。また、山梨県内資料の使用痕を体系的に観察し、使用方法の研究を進めた。猪をはじめとする動物装飾の研究でも釣手土器に言及している。

田中基

顔面付釣手土器を内部に火を宿す女神像と理解し、火の神を生んで死んだ日本神話のイザナミのような性格

3　研究課題と解決方法

釣手土器を分析するにあたって、わたしが設定した課題は大きくふたつある。

ひとつは、釣手土器という独特の形態がどのように生まれたのかという問題である。起源を探れば、用途不明の釣手土器を理解するうえでのヒントを得られるはずだ。単に形が徐々に変化して成立したものではない。変化プロセスは、釣手土器を理解する鍵となる。初期の釣手土器の形は、顔面装飾や動物装飾、「玉抱き三叉文」と呼ばれるモチーフが重要となる。

もうひとつは、八ケ岳南麓で出現した釣手土器がどのように拡散していったのか、とり扱いは共通していたのか、それとも変容していったのか——という問題である。ひとくちに釣手土器といっても、前述のように形、文様、出土状況にはバリエーションがある。おそらく、具体的な使いかたは一様ではなかっただろう。

國學院大學の谷口康浩教授は、縄文人の祭祀・儀礼に迫るための研究手法について、しばしば葬送の場面で石棒と石皿がセット関係で見つかることや、石棒には火を受けた痕跡が顕著であることを例にあげ、用具のセット関係や使用痕跡の観察にもとづいて縄文人の儀礼行為の「パターン」を抽出することの重要性を主張している(12)。

釣手土器についても、パターンの共通性とちがいを具体的に見極めることによって、地域社会関係の動向と儀礼との関係が見えてくるはずだ。

このふたつの課題を解決するには、つくりかたの特徴や、二次的な打ち欠き、スス付着の有無など、使いかたの情報が必要である。通常、発掘調査報告書にはそうした記述はな

を想定した。

吉田敦彦
顔面付釣手土器について、比較神話学の立場より、世界各地に伝わる死体から作物を生み出す女神の神話に関わるものと推定した。

小林公明
日本や中国の神話をもとに、土器・土偶などに表現された蛙や月などをシンボルとする神話世界を読みとる研究を続けている。顔面把手や土偶との比較から女神像としての釣手土器の性格を強調した。

渡辺誠
縄文人の精神文化を解明する手がかりとして、各種の土器に付された顔面装飾を体系的に研究している。顔面把手や釣手土器についても「食物を生み出す女神像」という性格を想定する。

されていないので、実物を観察するフィールドワークが必要になってくる。

Ⅱ　考古学におけるフィールドワーク

1　考古学的フィールドワークの種類

考古学におけるフィールドワークとは、遺跡・遺構・遺物の情報を得るための現地調査である。その基礎であり、考古学の代名詞となっているのが、発掘調査である。調査では、長い年月をかけて埋まった土の堆積状況を確認しながら、その土をとりのぞき、遺構の形態や、遺構・遺物・土層の位置関係などの情報を記録していく。学術研究を目的とした発掘調査のほか、開発によって破壊されてしまう遺跡をやむをえず発掘して記録にとどめる調査もあり、現在では後者が多い。しかし、遺跡の発掘調査は、一〇〇年・一〇〇〇年単位で残されてきた遺跡の情報、とくに遺構・遺物・土層の相互関係を破壊してしまう。どの遺物がどの遺構のどこから、どんな遺物といっしょに見つかったのか。あるいは、その遺構を埋め立てているのはどのような種類の土層なのか。その関係性が重要な意味をもつ。しかし、発掘は一度限りであり、慎重に実施する必要がある。

発掘調査以外に、遺跡の情報を得るための現地調査はいくつかある。たとえば、畑などの地表に浮きあがってきた小さな遺物をひろ

小野正文　釣手土器の単位文であるS字文・W字文・円文などが、かつての蛇体装飾や顔面装飾の変形であることを示した。また、動物装飾の研究のなかで、猪と蛇の合体した「イノヘビ」の存在を指摘している。

浅川利一　暗がりで釣手土器に光を当てたときに特徴的なシルエ

写真9　ボーリング調査風景
ボーリングステッキを地中に差しこみ、石にあたった箇所に赤い杭を打ち、その場所を記録していく（秋田県北秋田市・石倉岱遺跡における國學院大學の調査にて）

い集めて遺跡の範囲や時期を推定する表面採集調査。古墳や堀など埋まりきっていない遺構の痕跡を記録する測量調査。金属探知機やレーダーを使った地上探査。土中に細長い棒をつき刺し、炉や配石などに使われた石の分布を把握するボーリング調査などがある（前ページ写真9）。発掘調査でも、これらを併用することが多い。金属探知機やレーダーを使った地上探査をおこなう場合もある。

2　考古学における現地資料調査

すでに発掘された資料が保管されている現地におもむいて調査することも、重要なフィールドワークである。

発掘調査は、考古学の基礎的な資料収集手段である。一九六〇年代の高度経済成長期以降、大・小の開発に先立って開発側や行政の費用負担で発掘調査がおこなわれ、報告書が発行される体制が整えられてきた。日本の考古学は、これらの膨大な資料なくして研究をすすめることはできない。しかし、高度経済成長期以前、昭和一桁以前生まれの先輩たちの時代には、発掘資料や多くの出土品を紹介した報告書はほとんど存在しなかった。それゆえ、研究においては現地の研究者が集めた資料を訪ねて拝見し、図化し、拓本をとり、写真を撮影して、みずから基礎資料を作成したのである。

現在では、発掘調査の記録はていねいに整理されて学界に報告されており、通常はこれをもとに研究がすすめられる。とくに遺構や土層については、ほとんどの場合、発掘調査で得られた報告書の記載だけが頼りとなる（写真10）。

ットが出現することを指摘。土器そのものの観察以外の面からの研究の方向性を示した。

一方、遺物については必ずしもそうとは限らない。通常、報告書には図面と写真が掲載されており、そこから形や大きさ、文様の情報を読みとるのだが、たとえば土器の場合、そこに示されているのは多くが平面の一方向からの情報であり、概要をつかむことはできても、全体の構成を知ることはできない。仮に表・裏・左・右・上・下の六方向からの図が掲載されていたとしても、つくりかた、使用の痕跡、色調、重さなどの情報が統一的に記載されているわけではない。

遺物の場合は、報告書をインデックスにしつつ実物を観察することによって、新たなデータを得ることができる。

Ⅲ　釣手土器の実測と観察

資料観察においては、実測図の作成がもっとも有効である。ひとつの資料に長い時間をかけて、形や文様の前後関係を確認しながら正確に図化し、さらに土器に残されたさまざまなつくりかたや使いかたに由来する痕跡を掘りだして記入していく。この作業は、単に資料の特徴を把握するためだけではない。特徴の位置づけや課題に考えをめぐらせる場でもある。

二〇〇六年、南山大学の非常勤講師をしていた長田《おさだ》友也《ともなり》氏から、岐阜県の郡上大和《ぐじょうやまと》

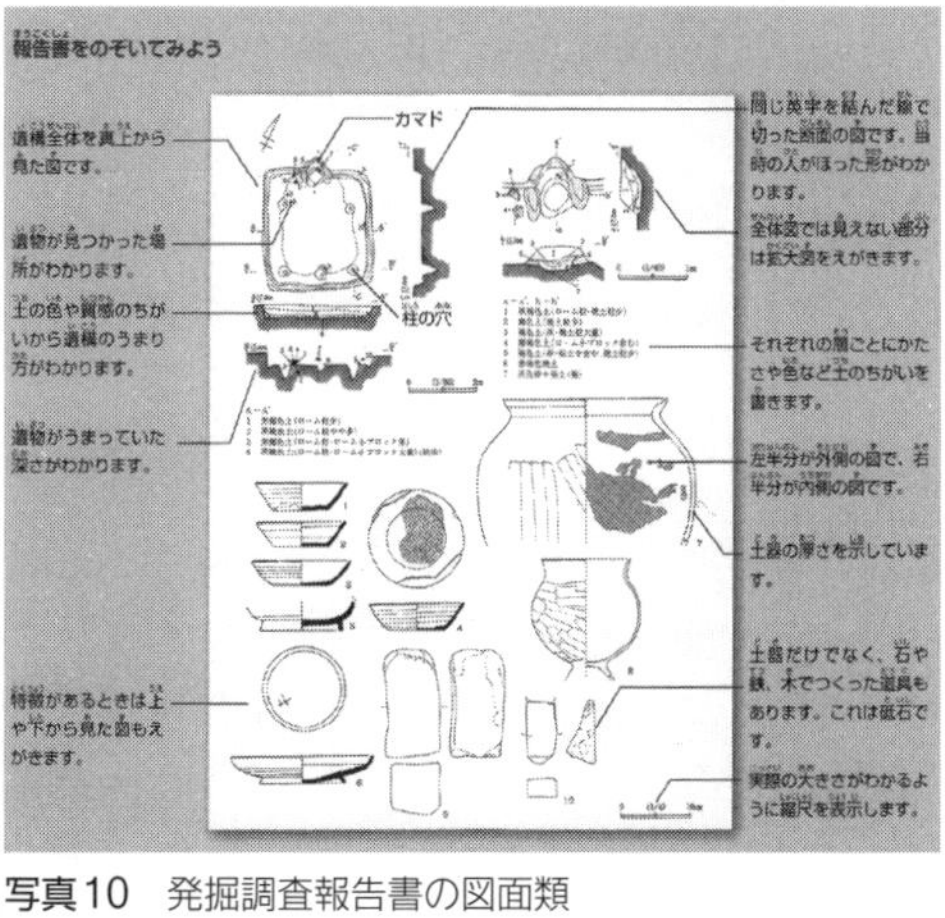

写真10　発掘調査報告書の図面類
（國學院大學考古学研究室編『考古学がよくわかる事典』より　構成：加藤夏姫　図面提供：船橋市教育委員会）

（郡上市大和町《やまとちょう》）における資料調査への誘いをいただいた。長田さんは、磨製石斧《せきふ》のような石器、石棒・岩版をはじめとした各種の石製儀礼具の研究を精力的におこなっており、わたしとは、石棒への関心を通じて知りあった。長田さんは、その三年前から、有志に声をかけ、資料館に収蔵されたままで学界に報告されていない資料の調査・公表をする作業に取り組んでいた。

　郡上大和に所在する「古今伝授の里フィールドミュージアム」に併設の「大和文化財収蔵・展示館」に、郡上市の古道陰地《ふるみちおんじ》遺跡から出土した一点の釣手土器がふくまれていた。『大和村史』に写真が紹介されていたのだが、その大きさは数値や写真では実感できない。

「小さいなあ」

　わたしは、実物の釣手土器をひとめ見ておどろいた。ところどころが欠損している。残っている高さは八・四センチで、正面の幅は一〇センチしかない（124ページ写真12上）。中部・関東地方で発見されたものは、幅二〇センチ程度のものが一般的である。

　釣手土器は、正面に大きな窓、両側面に小さな窓をもつ三窓式であった。窓枠は、いずれも粘土紐を輪にして貼りつけている。上面には穴が開いている。たぶん筒状突起がついていたのであろう。文様は沈線《ちんせん》のみで、鉢部まで連続して描かれている。こうした鉢に文様をもつ三窓式の釣手土器は、近隣には見られない。ほかのものより小さいという特徴もふくめて、分布の端まで「釣手土器」のつくりかたについての情報がよく伝わらなかったのかもしれない。

　研究用に形態・文様を記録するには、実測図が必要だ。三角定規と短い定規を用意して、高さと幅を測って方眼紙に点を打ち、線をつなげていく。外形は、竹ヒゴを並べてつくっ

儀礼具
縄文時代の儀礼には、土器や斧・鏃《やじり》など日常でも使用できる器物が用いられる場合と、儀礼専用品が用いられる場合がある。専用品の代表例は、人を模《かたど》った土偶、男性器を模った石棒であるが、土版・岩版、石刀・石剣、そのほかに用途や由来が不明の各種の品々があり、小林達雄は「第二の道具」と総称する。第二の道具の種類の多さは、縄文文化の特徴である。

古今伝授の里フィールドミュージアム
中世の郡上大和に居住した、古今和歌集の解釈の秘伝を伝える「古今伝授《こきんでんじゅ》」を担った東《とう》氏の館跡に建設された和歌をテーマとした博物館。

た実測専用道具「マコ」が威力を発揮する（写真11右）。だが、細かい文様はひとつひとつ手で測っていくしかない。また、写真では表現できない断面の形は、「キャリパー」という道具ではさんで、厚さを測って作図していく（写真11左）。

研究室でおこなうのとはとちがって、現地で実測する場合は時間との勝負である。いかに手際よく正確に測れるか、さまざまな手法を覚えながら、すこしずつ腕を磨くほかに道はない。

理想は表裏左右上下の六面展開図だが、時間の都合で表・上・右の三面のみの図化にとどまった。

実測は、単に形と文様を写しとるだけの作業ではない。どこを正面とするかを決めなければならない。釣手土器は正面が決まっていることが多いが、ほかの土器は、文様構成と遺存状況を勘案して、図面の中心軸を決める。文様の場合は、どのような手段で描かれているかを観察し、左上から光があたったと仮定して線の太さを変えながら図化する。粘土紐の貼りつけであれば右下に、工具による沈線であれば左上に陰ができるので、そこを太くする（次ページ写真12）。

一方、図では表現できない情報もひろっておく必要がある。まず、色である。土器や土層の色は、『標準土色帳』という土の色専門の色見本を見ながら確認する（次ページ写真13）。この土器は、浅黄橙色で部分的に黒褐色。次に、文様のつけかた。粘土紐を貼りつけてあれば、縁をどのように処理しているのか、工具で沈線を引いていれば、どのような

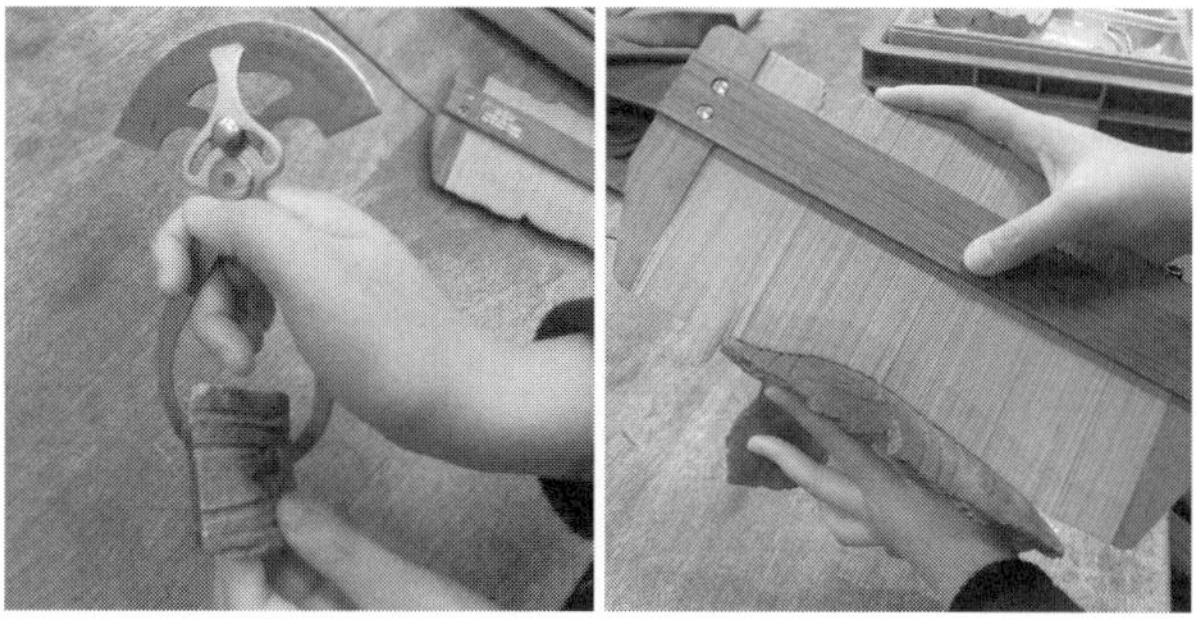

写真11　マコ（右）とキャリパー（左）

形の工具を使用したのか、深さはどれくらいか。こうした点は、土器づくりの流儀や、ていねいさをみる指標となる。

釣手土器の現地調査においては、スス・コゲの付着状況の観察がもっとも大事である。釣手土器の用途としてランプ説があると述べた（116ページ参照）が、その根拠は、内部にススが付着しているという観察結果にもとづくものであった。しかし、なかには、土器を焼くときに火がよくあたらなかった部分が暗くなる黒斑をススと誤認したものがあると、すでに指摘されていた。[13] 慎重にまわりの色と比較しながら、ほんとうにススか否かを見極

土器づくりの流儀
古道陰地遺跡の釣手土器の場合、沈線は細く、揺れている。粘土があまり乾かないうちに、先のとがった工具で刻んだものであろう。長野県や岐阜県の事例では太くしっかりとした線が多いのとは対照的である。

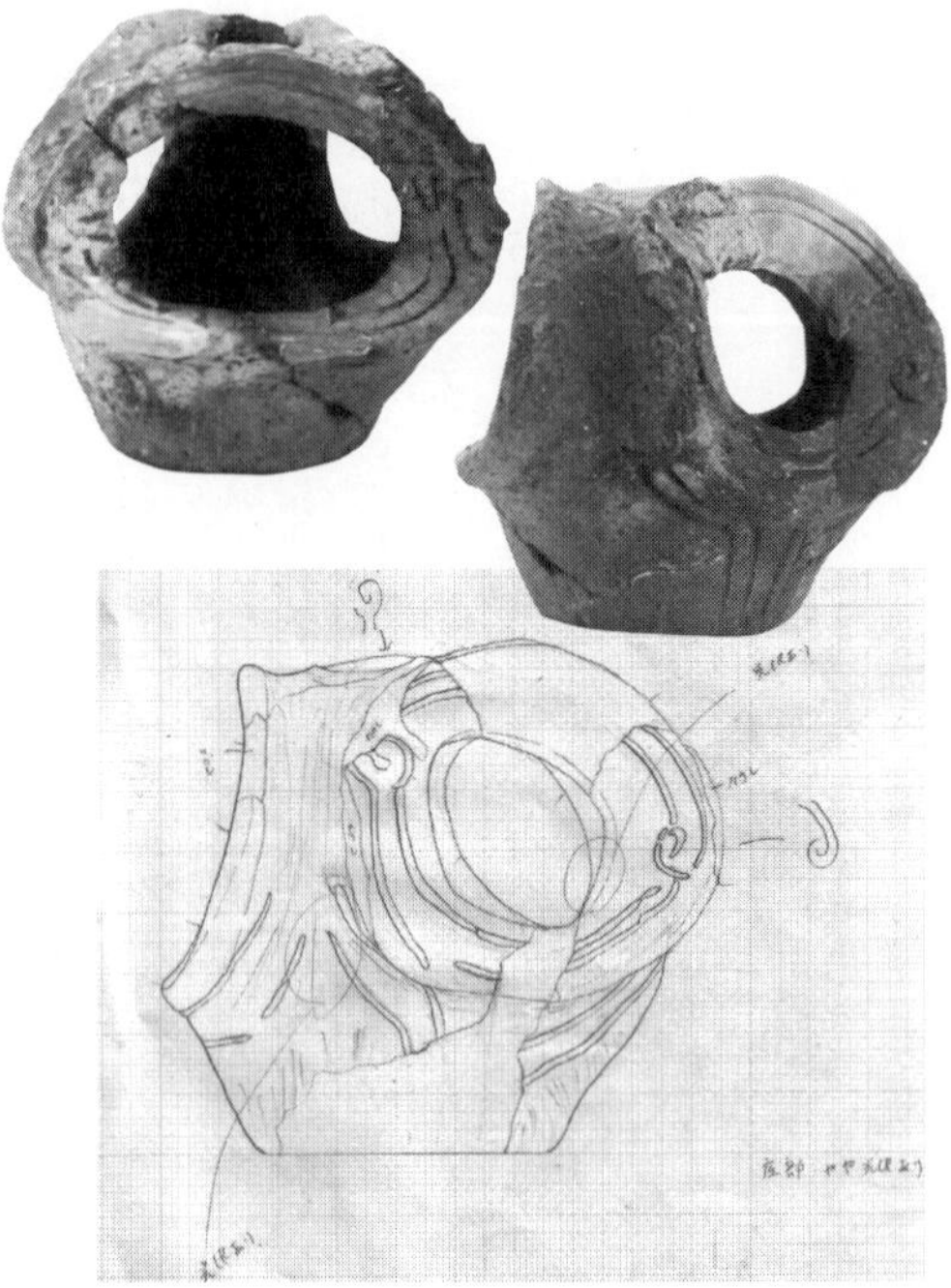

写真12　古道陰地遺跡の釣手土器。左上は正面からの、右上は側面からの写真（郡上市教育委員会）。下は、側面の実測図。

写真13　土色帳

めることが重要になる。近年、鍋として使われた土器の黒斑とススの観察方法が飛躍的にすすみ、見分けかたも定着してきた(14)。本例の場合も、二次的なススは認められなかった。

Ⅳ 釣手土器はどのように生まれたか

1 考古資料展での発見

釣手土器の成立時期に関する問題解決のヒントは、本場諏訪地方ではなく、意外にもわたしの地元、神奈川県伊勢原市で見つけた。

大学院生時代、わたしは伊勢原市の教育委員会でアルバイトをしていて、仕事のひとつに考古資料展の準備があった。考古資料展二〇〇七年度のテーマは「縄文時代の祈り」で、わたしの研究テーマと合致し、展示シナリオの原案を担当させてもらうことができた。土偶や石棒、卒業論文でもとり扱った副葬土器に加えて、三之宮比々多《ひびた》神社所蔵の顔面把手《がんめんとって》、産業能率大学所蔵の釣手土器を展示する企画で快諾を得た。

顔面把手というのは、深鉢の口の部分についた土偶のような顔の装飾である(131ページ図3のA・Bを参照)。慣例的に「把手」と呼ばれているが、実際には手で持つ部位ではない。顔面装飾突起と呼ぶほうが正確である。

三之宮比々多神社は、平安時代の神社名鑑『延喜式神名帳《えんぎしきじんみょうちょう》』にも名のある、由緒ある神社である。周囲には遺跡や古墳が存在しており、出土品は同社の宮司であった永井健之

把手
縄文土器にはさまざまな突起が付される。口の部分が波打つものもすくなくない。こうした装飾が多用されることは、明治時代から縄文土器の特徴として知られていた。突起は、慣例で「把手」と呼ばれているが、実用的なものではない。晩期の儀礼の場から後期の土器の突起破片が見つかっている例などから、象徴的な性格をもっていたことが想定されている。

助氏、永井参治氏によって集められ、境内に設けられた博物館に展示されてきた。

　借用してきた顔面把手は、本来深鉢の口の部分に内向きに付されていたものである。後頭部から土器の器体部分にかけて大きな蛇の装飾がほどこされていて、わたしはおどろいた。ふだんの展示では、前面の顔の部分しか見えていなかったからだ。これまでに、いくつかの写真集に紹介されていたが、背面といっしょに紹介されたものはなかった。土偶の後頭部に蛇をいただくものの存在は知られていたが、頭部を越えて土器の器体まで使った装飾を見たのははじめてである（写真14）。蛇体装飾全体をふくめるように、土器の器体から切り離された可能性が高い。

　頭の部分は「トンボ眼鏡」とあだなされる突起の上についており、胴体は、下部のトンボ眼鏡状突起と合体している。トンボ眼鏡に直交して、蛇の胴体と同じ綾杉状の文様をもった粘土紐が横走りしている。なかなかおもしろい造形である。

　産業能率大学には敷地内に縄文時代の遺跡があり、出土した資料を保管している。こちらの釣手土器には、正面に三つの円文と、それを囲う三叉文があった。これらはセットでいわゆる「玉抱き三叉文」と呼ばれる、縄文時代の定番文様のひとつである。背面には、上下にトンボ眼鏡状突起がある。現状は欠損しているが、トンボ眼鏡状突起の上下ふたつを結ぶように棒状の粘土紐が伸びていた痕跡があった（写真15）。

「おや。上下のトンボ眼鏡とそれを結ぶ粘土紐といえば、この顔面把手

写真14　三之宮比々多神社所蔵の顔面把手（左：正面、右：背面　伊勢原市三ノ宮・宮ノ上遺跡）

と同じ構成ではないか。もしかすると、これも蛇なのではないか」

そんな疑問が浮かんだが、肝心の顔の表現がないので、確信はもてない。

もう一度ふたつを見比べてみた。二点とも、正面に円文を共有している。釣手土器背面の波打った粘土紐は、顔面把手の頭髪部分のうねりに共通する可能性がある（波状装飾）。この複数の共通点（次ページ図2―1・2）は、器種を超えた同じ規則の存在を裏づける。すでに戦前の鳥《とり》居《い》龍蔵《りゅうぞう》氏をはじめ何人かの研究者によって器種を超える規則の指摘がなされていたが、今後、体系的な論を組み立てることが必要だろう。

顔面把手と釣手土器の装飾パターンの共通性は、これまでの報告にある写真や図面をくわしく比較することで検討することができる。

比々多神社の顔面把手や産業能率大学の釣手土器に特徴的なパターンは、神奈川県を中心に長野県の諏訪地域までのあいだに存在するいくつかのパターンのひとつである。初期の釣手土器の装飾は、先行あるいは同時期の顔面把手の装飾を受け継いでいる。ほかの土器とは異なった特徴的な装飾を共有する関係は、かなり強かったと考えられる（次ページ図2）。

写真15　産業能率大学所蔵の釣手土器（左：正面、右：背面　伊勢原市御伊勢森遺跡）

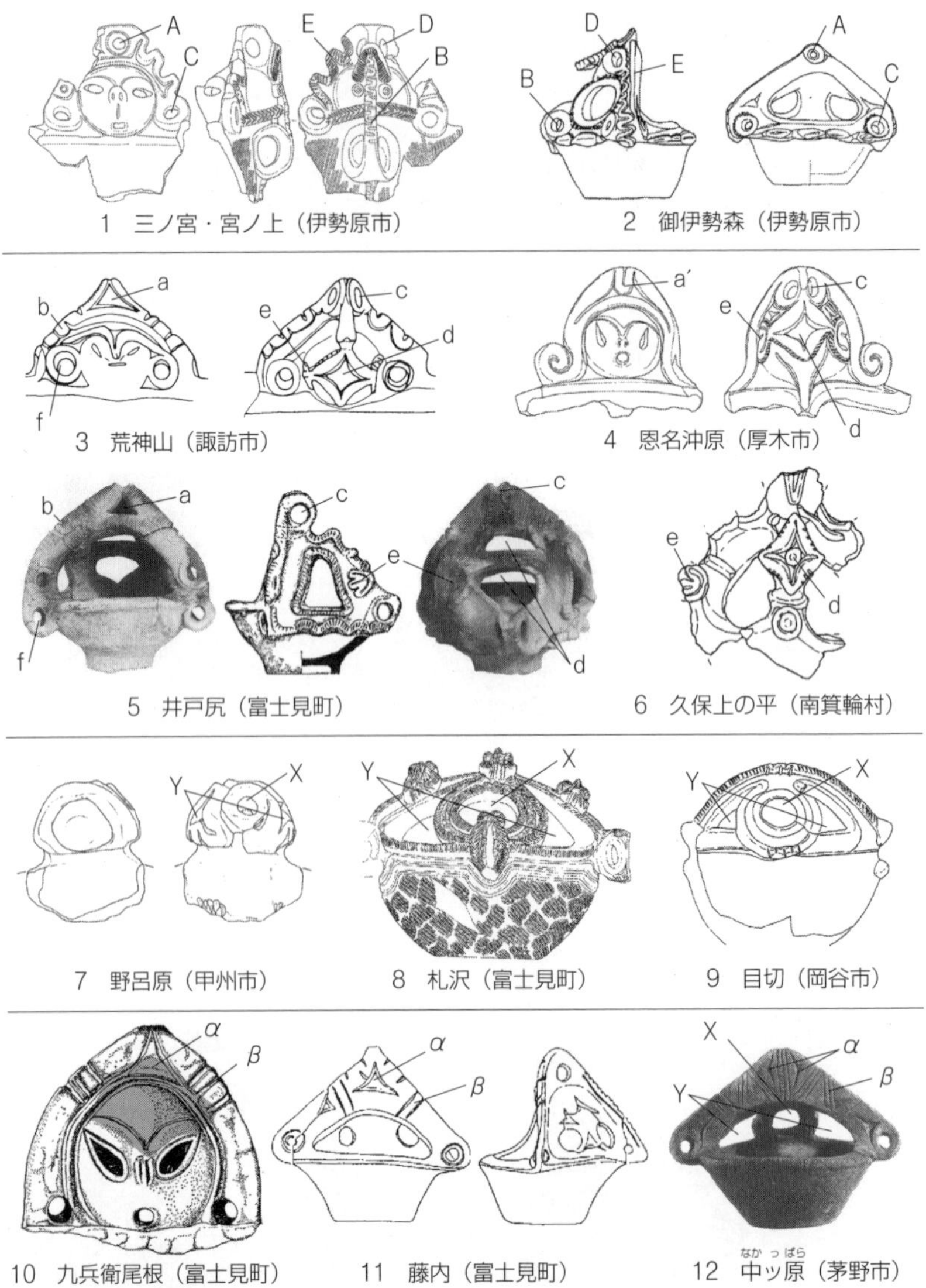

A：円文　B：蛇体装飾　C：耳　D：トンボ眼鏡状突起　E：波状装飾
a：三叉文　b：波状装飾　c：トンボ眼鏡状突起　d：四叉文　e：三本指文　f：耳
X・Y：玉抱き三叉文　α：三叉文　β：二重区切文
※1・3・4・7・10は顔面把手、他は釣手土器

図2　顔面把手と釣手土器の装飾パターンの類似（縮尺不同）

2 打ち欠かれた顔

顔面打ち欠きは、現物を確認し、手法をくわしく観察する必要がある。江坂輝彌《えさかてるや》教授(15)は片目を傷つけられた顔面把手に、吉本洋子氏と渡辺誠教授(16)は目鼻口のないのっぺらぼうの顔面把手（写真16）に、それぞれ注目した。いずれも、土器をつくるときにあらかじめ目に傷を入れたり、目鼻口を造形したりしていなかった。吉本氏はさらに、顔面が掻きとられたもの、額に孔をあけられたものを示し、すべて顔を破壊して死を表現したものだという考えを示した。小林達雄教授(17)は、片目や左右の目の不均衡なつくりに注目し、左右が別の意味を担っていたと解釈している。

長野県諏訪郡富士見町《ふじみまち》の井戸尻《いどじり》考古館では、町内にある九兵衛《きゅうべえ》尾根《おね》遺跡の顔面把手（現物）を確認した。藤森栄一氏(18)によって首の部分の割れ口が磨かれていると指摘された資料である。現物はきれいに復元されているが、よく見ると額の部分に補修の痕跡がある（図2―10の網点部分）。

また、神奈川県埋蔵文化財センター収蔵の鶴巻上《つるまきうえ》の窪《くぼ》遺跡（神奈川県秦野《はだの》市）の資料は、割れ口の凹凸具合から、意図的に割りとられたものと推察できた（写真17）。

顔面把手の多くはすでに器体から分離して首だけの状態であり、

写真17　顔面部分が打ち欠かれた顔面把手（秦野市鶴巻上の窪遺跡　神奈川県教育委員会）

写真16　当初から目鼻口を表現しない顔面把手（平塚市原口遺跡　神奈川県教育委員会）

首をもぎとったとすれば、顔面を打ち欠かれた資料は二重の破壊行為を受けたことになる。

釣手土器にも、同じように顔面が打ち欠かれている資料がある。井戸尻考古館で所蔵している曽利遺跡（長野県諏訪郡富士見町）の資料は顔が復元されているが、報告書の実測図は顔のない状態である。ほぼ完全な形で見つかり、発見当時から顔が失われていた。山梨県笛吹《ふえふき》市の金山《かなやま》遺跡から出土した釣手土器は頭部の右半分が失われており、左側も表面は打ち欠かれている（写真18）。

写真18　顔面部分が打ち欠かれた釣手土器（笛吹市金山遺跡　笛吹市教育委員会）

3　顔面把手から釣手土器への打ち欠き行為の継承

考古学は、資料を時系列順に並べて、その変化を説明する。顔面把手、釣手土器に関連する資料を加えて整合性をもたせて並べると図3になり、次のような仮説が導きだせる。「顔面把手の起源は土偶が張りついた土器であった（図3―a）が、時間とともに胴体と器体が融合し、手足の表現も失われて顔だけが残った（図3―A・B）。縄文人は顔の部分をもぎとり、さらに顔面部分を打ち欠いていく（図3―C）。釣手土器は、顔面を打ち欠いた頭部像としてつくられた（図3―1）のではなかろうか」

その後、顔面把手はつくられなくなり、それに替わるように、曽利遺跡や金山遺跡に見

井戸尻考古館
井戸尻遺跡、藤内遺跡など中部高地の中期縄文文化を代表する資料を収蔵する考古学博物館。縄文農耕論や神話学的解釈という特色ある研究をすすめている。

復元
通常、割れて出土したものは接着剤で接合し、足りない部分は、ほかの類似する資料を参考にして製作時の形を推定して復元される。ただし、今回のような意図的な破壊行為を研究するうえでは、そうした部分を注意深く観察する必要がある。

られるような頭部をもった釣手土器が出現する（図3―2）。しかし、やはりその顔しだいには打ち欠かれるものが現れる（図3―3）。こうしたくり返しは、縄文人にとって顔面把手や釣手土器の顔面部が同様の性格をもつものであって、そこは場合によっては破壊すべき対象であったことがうかがえる。こうした土器の特殊性を考慮すると、顔の打ち欠きそのものが儀礼的な行為であっただろう。

初期の釣手土器のモデルが「顔を打ち欠かれた顔面把手」であることは、戦前の鳥居龍蔵氏[19]をはじめ、八幡《やわた》一郎氏[20]、小林公明氏、新津健氏など多くの研究者が認めるところである。わたしの考えもその延長にあるが、より古い段階からの「打ち欠き」行為のくり返しを指摘した点、従来は完成した姿（製作段階）の前後関係だけを議論してきた研究に対して、「打ち欠き」という使用段階行為をふくめて形態の変化を論じた点にポイントがある。故・藤本強教授は、精神文化を考える場合、当時の人びとによるとり扱いかたを、製作段階・使用段階・廃棄段階の各段階に区分して整理したうえで総合的に分析する必

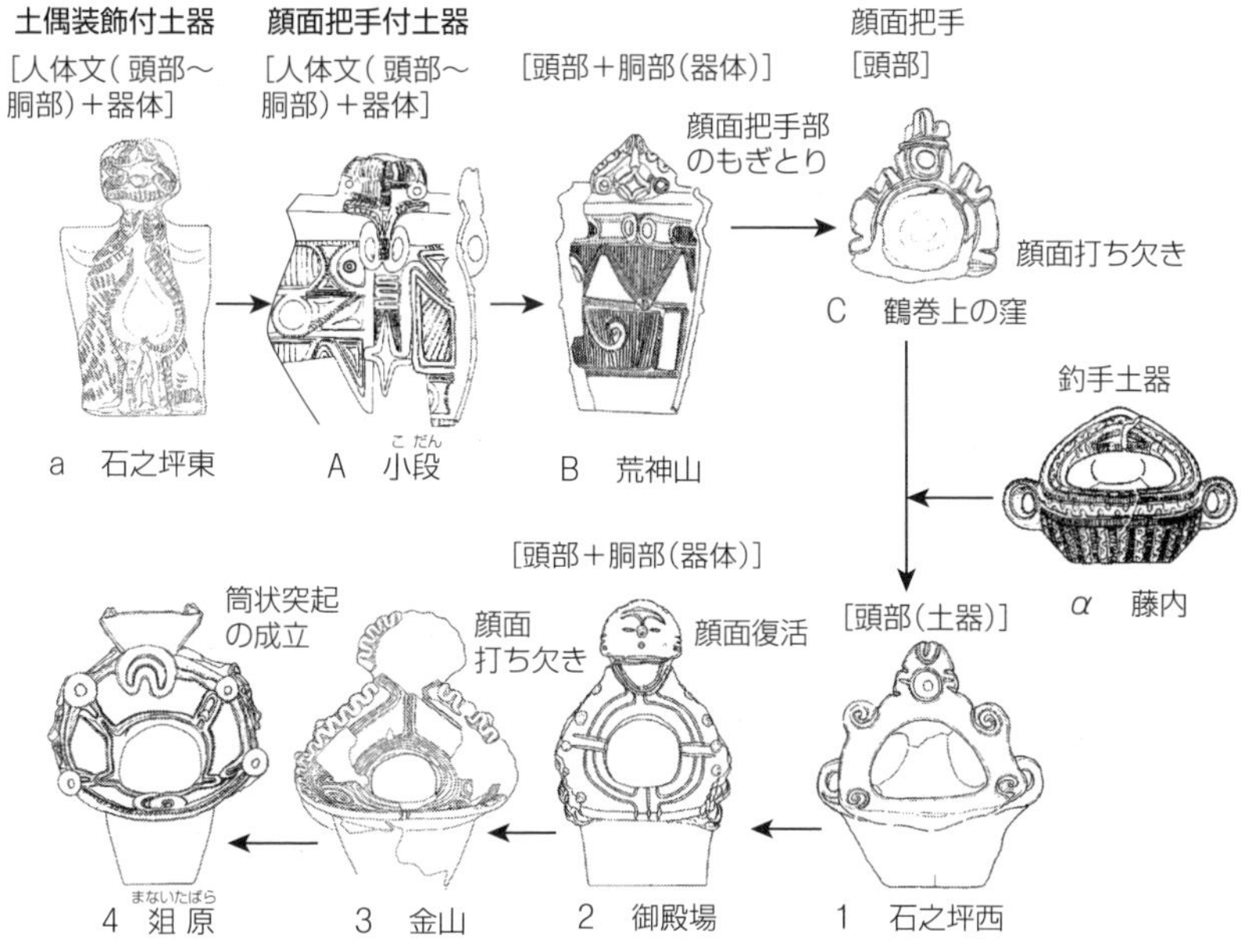

図3　土偶装飾付土器から釣手土器への転生過程（縮尺不同）

要性を指摘していた。(21)

V　象徴的な装飾と器形の変化

1　蛇と猪

釣手土器そのものが顔面把手をモデルにした「頭部像」であるという仮説をふまえれば、釣手土器にさまざまな象徴的な要素がつまっていることは容易に想像できる。そのひとつが、蛇と猪である。

釣手土器のモデルとなった顔面把手の後頭部に蛇の装飾をもつものがあることは、比々多神社所蔵例で見たとおりである。これが釣手土器に継承されたと考えられるが、必ずしも蛇と識別できるものだけではない。冒頭で「蛇とおぼしき動物」と紹介した穴場遺跡の釣手土器に付された動物にはふたつの鼻の穴があり、猪を連想させる（114ページ写真4）。富士見町の札沢《ふださわ》遺跡で出土したものには、頂部に三匹、背面に一匹の動物がついているが、蛇ともツチノコとも呼ばれている（写真19）。長野県東筑摩《ひがしちくま》郡朝日村《あさひむら》の熊久保遺跡例にもよく似た動物がつく（写真20）。山梨県北杜《ほくと》市の下平遺跡や古林《こべいし》第4遺跡の釣手土器背面にもそれらしい装飾があるが、顔は明瞭に表現されていない（写真21）。小野正文氏や渡辺誠氏は、顔が猪で体は蛇の動物装飾を「イノヘビ」と呼んで、象徴的に合体した動物と解釈している。長野県小県《ちいさがた》郡長和町《ながわまち》の中道《なかみち》遺跡のものは正面は人面に似た顔面だ

写真19　イノヘビと玉抱き三叉文をもつ釣手土器（左：背面、右：正面頭部　富士見町札沢遺跡　長野県立歴史館）

が、うしろは蛇のように見える（図4）。

2　玉抱き三叉文

出現して間もない時期の釣手土器の代表的なモチーフに、背面の「玉抱き三叉文」がある。玉抱き三叉文とは、丸の両脇を三叉文がはさむ文様で（図5）、土器のほか、土偶や石棒にもしばしば付される。通常は工具による沈線で表現されるが、釣手土器の場合は、背面にドーナツ状の粘土紐のリングをかけわたすことで生じる三角形と円形の空間で表現するのが特徴的である。

こうした釣手土器の背面に表現された玉抱き三叉文に注目したのは、青山学院大学の助手だった永瀬史人《ふみひと》氏である。永瀬さんは、蛇体装飾と玉抱き三叉文が組みあうものが多いことを指摘した論文のなかで、札沢遺跡の釣手土器背面の蛇体装飾のついた玉抱き三叉文を紹介した(22)。かねてより谷口康浩教授から玉

写真20　動物装飾をもつ釣手土器（正面　朝日村熊久保遺跡　朝日村教育委員会）

写真21　釣手土器背面の動物装飾（左上：北杜市古林第4遺跡、右下：下平遺跡　北杜市教育委員会）

図5　玉抱き三叉文模式図（山村貴輝「玉抱き三叉文」『総覧縄文土器』アム・プロモーション　2008年）

図4　人面と動物装飾が一体となった釣手土器（頂部の顔面は想定復元　長和町中道遺跡）

抱き三叉文の象徴的意味を教わっていたわたしは、釣手土器の玉抱き三叉文の重要性をあらためて認識させられた。

釣手土器の玉抱き三叉文には、背面の中央に大きなリングをつくる方法のほかにも、いくつかの表現方法がある。井戸尻考古館で観察した藤内遺跡の釣手土器は、背面に小さなリングをいくつか置き、複数の玉抱き三叉文を配置している（写真22）。山梨県立考古博物館で観察した酒呑場《さけのみば》遺跡（山梨県北杜市）の釣手土器では、背面の骨組みの左右につくられた粘土紐の窓枠が、円形と三角形につくりわけられている（写真23）。

3　二窓式の成立

初期の釣手土器の多くは三窓式であり、背面に一本の釣手部がかけわたされる。産業能率大学の釣手土器の例（127ページ写真15）で蛇体文がほどこされていたように、象徴的な、重要な部位である。背面に玉抱き三叉文をもったものも、釣手部分がリングに置き換わっているものであり、やはり重要な意味をもっていたと推定される。ところが、次の時期には、三窓式にかわって二窓式が成立し、盛行する。背面装飾の重要性は薄れたのであろうか。

二窓式は、釣手土器のなかでもっとも多い形態である。器形・装飾によっていくつかのタイプにわけることができるが、筒状突起などの頂部の装飾、肩部の桁と単位文などの存在は共通している。

写真22　背面の両側には三角形の切りこみとリングで多くの玉抱き三叉文を表現している（富士見町藤内遺跡　茅野市尖石縄文考古館）

写真23　背面の窓は三角と円につくりわけられている。もう一方の三角形が足りないが、玉抱き三叉文の変形であろう（北杜市酒呑場遺跡　山梨県立考古博物館）

この二窓式の成立の謎を解く手がかりが、静岡県三島市の観音洞《かんのんぼら》B遺跡の釣手土器である。ひとつ欠損しているものの、本来は頂部に三つの動物装飾がつく。背面には大きなリングがかけわたされており、ほかの例から玉抱き三叉文を表現したものと考えられるが、リング部分が大きすぎて、背面からは左右の三叉部分が下に小さく見えているにすぎない（写真24）。玉抱き三叉文と蛇体装飾の関係に注目していた永瀬さんとの共同研究として調査した**井草八幡宮**（東京都杉並区）所蔵の釣手土器にも、大きなリングによる玉抱き三叉文がある。ここでも左右の三叉文部分の窓は小さい（次ページ写真25）。

玉抱き三叉文を構成する背面のリングは、背面を粘土の骨組みで二分割する三窓式のバリエーションと考えられる。このリングが強調され、肥大化すると、形態のうえで二窓式背面の窓枠に近づいていく。井草八幡例などのリングは無文だが、観音洞B例には装飾がほどこされており、リングの肥大・装飾化が二窓式成立に関わっているものと推定される。この部分の象徴的な重要性を物語っている。

三窓式とは異なり、二窓式の前後の区別は一見するとわかりづらい。しかし、二窓式のなかには、横から見ると前後の窓枠の張り出しかたが異なったり窓枠にほどこされる文様構成が異なったりする場合があり、縄文人に表・裏が意識されていたことを示す（次ページ図6）。

筒状突起や単位文様も二窓式の特徴であるが、すでに小野正文氏が顔

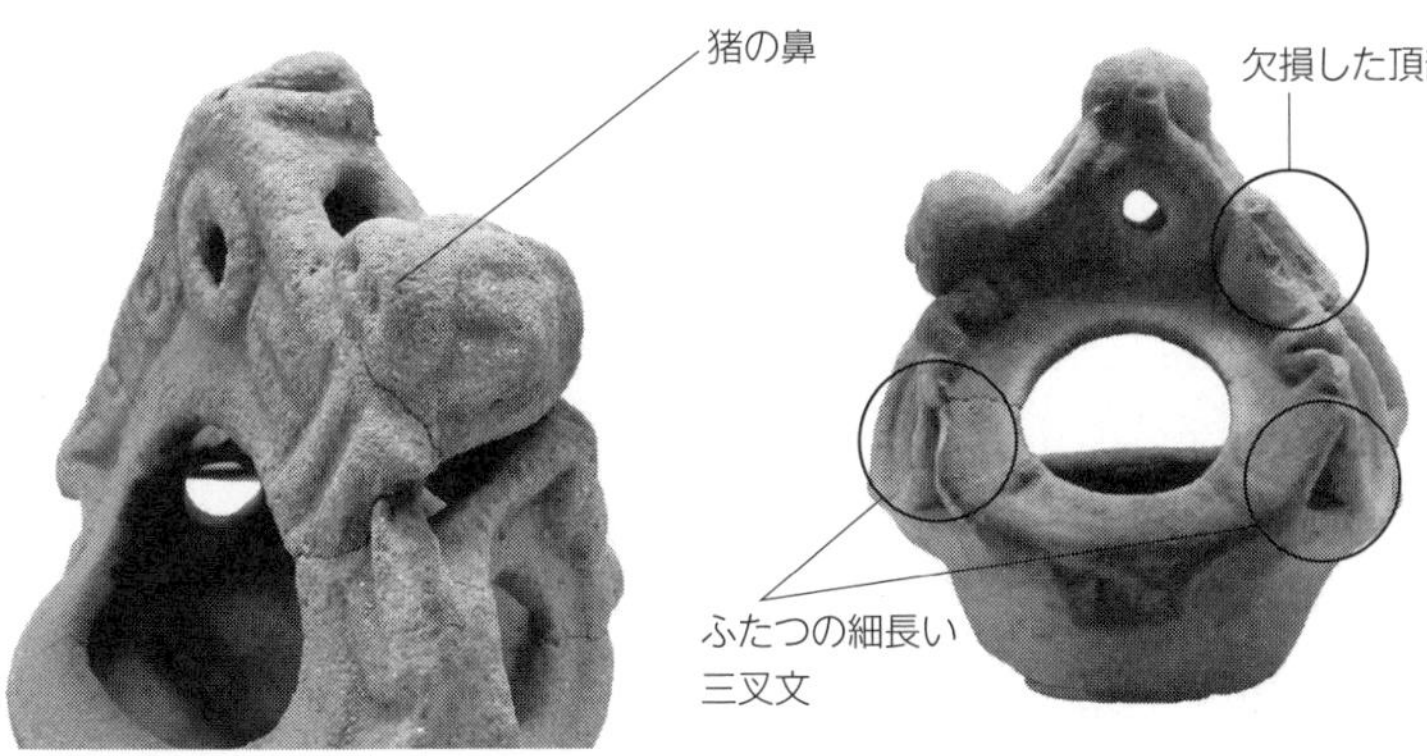

写真24　玉抱き三叉文と動物装飾をもった釣手土器（左：右前方から見たところ、右：背面　三島市観音洞B遺跡　三島市教育委員会）

面・動物装飾に由来するものであることを指摘している。つまり、筒状突起の原型は井草八幡宮所蔵例のような頂部に付された天にむかって口を開く蛇体装飾であり、円、うずまき、S字、W字などの特徴的な単位文も、頂部や肩の部分などもともと顔面・動物装飾のあった位置にあることから、それらが変形したものであるという。

二窓式の側面に付される「桁」は、釣手土器を「吊るす」ための機能的な部位と考えられてきた。しかし、二窓式成立期の茅野市聖石遺跡の例は、観音洞B遺跡例の動物装飾を思わせる形態をしている。単位文と一体化した「桁」もすくなくない。綿田氏が指摘するように、動物装飾が変化したものであろう（写真26）。

二窓式という新たな形態は、背面の玉抱き三叉文の肥大化と、頂部・肩部に付された顔面・動物装飾が筒状突起・単位文・桁などに変化していくことによって成立したのではないだろうか。

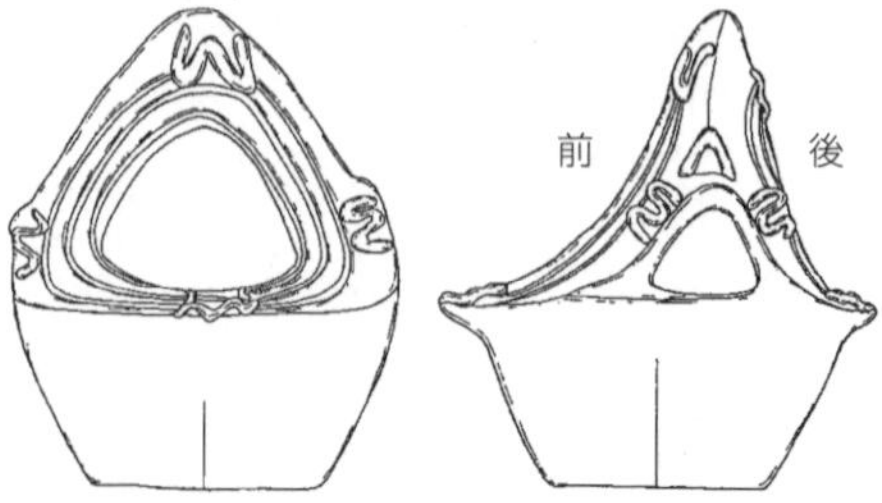

図6　前後で窓枠の傾きが異なる二窓式の釣手土器（左：正面、右：側面　川上村大深山遺跡　川上村教育委員会）

写真25　玉抱き三叉文と蛇体装飾をもった釣手土器（背面　井草八幡宮　重要文化財）

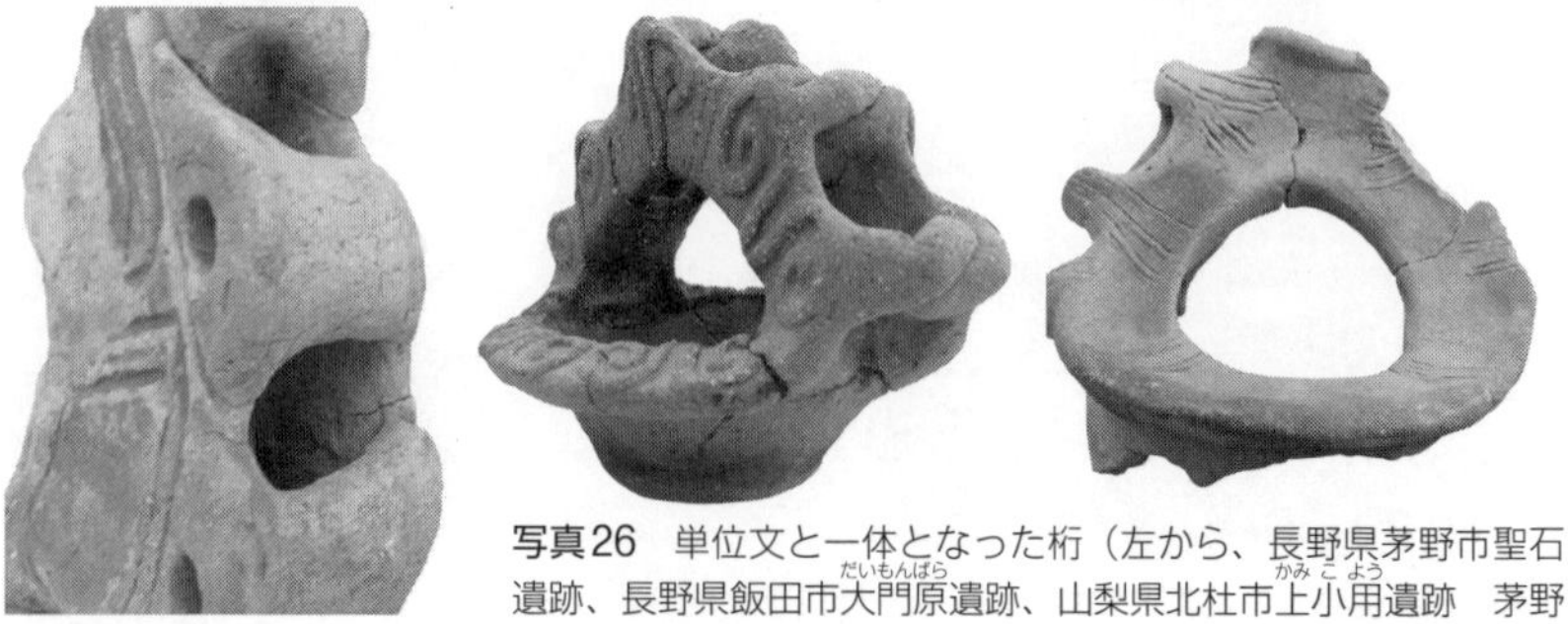

写真26　単位文と一体となった桁（左から、長野県茅野市聖石遺跡、長野県飯田市大門原《だいもんばら》遺跡、山梨県北杜市上小用《かみこよう》遺跡　茅野市尖石縄文考古館、飯田市教育委員会、北杜市教育委員会）

Ⅵ　釣手土器の展開過程をフィールドワークでたどる

以上の例は、少数の釣手土器を実測、観察した結果と関連する資料をふまえて考察してきたものである。ほかにも、各地に足を運んで釣手土器を見てまわった。時間のかかる実測はおこなわず、スケッチと写真撮影にとどめたが、観察した釣手土器は二六三個である。はじめに述べたように、釣手土器はこれまでに四六八個の存在を確認しており、半数程度を実際に観察したことになる（写真27）。

1　つくりかたの三手法

観察結果は、当初のテーマであるつくりかた・使いかた・捨てかたの各段階の共通性と変異にわけて分類した。

土器の観察視点は、胎土《たいど》、形、器面調整、文様装飾、焼き具合、使用痕跡、遺存状況などである。

釣手土器のつくりかたは、綿田氏による「紐作りの骨組み構造から板作りの壁構造」への変化という指摘をふまえ、大きく三つの手法にわけておきたい。鉢の部分は、ほかの土器と同じである。鉢の上に釣手部をかけわたす方法には、以下の三つがある。

①円柱状の粘土紐ないし粘土板の骨組みのみで構成されるもの（骨組型、132ページ写真19）

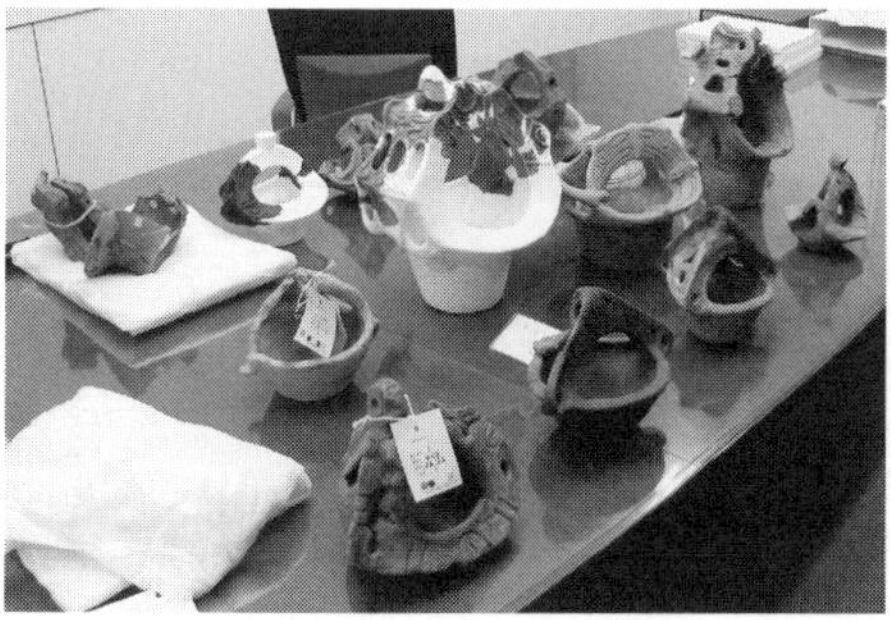

写真27　茅野市尖石縄文考古館所蔵の釣手土器
釣手土器の中心地のひとつである茅野市では20個以上が出土しており、それらを所蔵する尖石縄文考古館ではバリエーション豊富な資料を一度に観察できる

井草八幡宮所蔵の釣手土器
重要文化財に指定された際の名称は「顔面把手付釣手形土器」であり、従来、玉抱き三叉文の上に付された突出部が「顔」だと認識されてきたが、調査をおこなった永瀬史人氏は「顔ではない」と結論づけた。付け根部にふたつの三叉文をもつが、この表現は観音洞B

②骨組みに、窓枠のようにリング状の粘土板を張りあわせるもの（骨組＋窓枠型、写真28）

③骨組みがなく、リング状の粘土板のみを張りあわせるもの（窓枠型、写真29）

これらのちがいは、釣手部のなかをのぞきこむとわかる。外側は比較的きれいに成形の痕跡が消されているが、内面には粘土をつなぎあわせた跡がはっきり残っていることが多いからである。展示ケース越しでなく手にとっての観察が必要な理由のひとつである。

分類してみると、見た目のちがう土器でも同じようなつくりかたが継承されていたり、一方で成形手法や装飾のつけかたのルールが断絶しているものがあることがわかる。

初期の釣手土器は、釣手部に玉抱き三叉文をほどこすような骨組型が多い。数が多くなる最盛期には、骨組＋窓枠型で凝った文様・立体装飾がほどこされ、小形の釣手土器には窓枠型のものも見られた。その後、中部や関東では、釣手土器の数量自体が激減するなか初期のものと同様ふたたび骨組型となる。ただし、初期のもののような目立った装飾はほどこされていない。

北陸では引き続き釣手土器がつくられるが、その形態は一見大きく異なっている。古いものは粘土板の骨組みの前後に粘土紐で窓枠をつくっているのにたいして、新しいものは釣手部側面の幅が広がり、装飾がほどこされている。北陸で見つかった土器を見比べてい

遺跡例の動物装飾の背面と瓜ふたつである。「顔」とされてきた部分は動物装飾の背中・尻尾の部分だったのだ[23]。

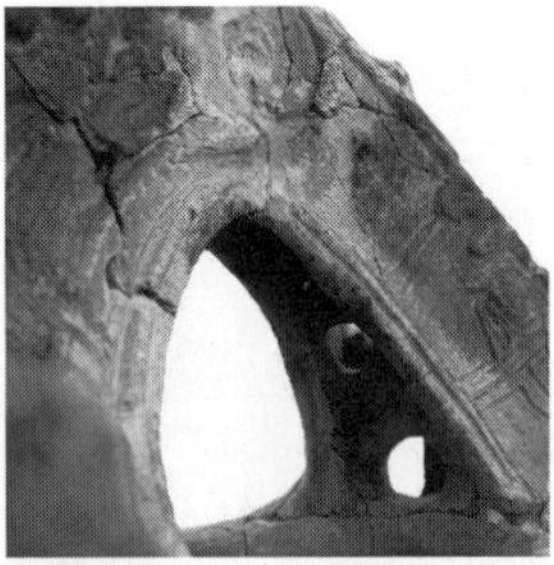

写真28　釣手土器の内面
内面のヒビを観察すると、釣手部に骨組みとなる粘土板をわたし、表裏から窓枠となる粘土板を貼りつけていることがわかる（塩尻市上木戸《うえきど》遺跡　長野県立歴史館）

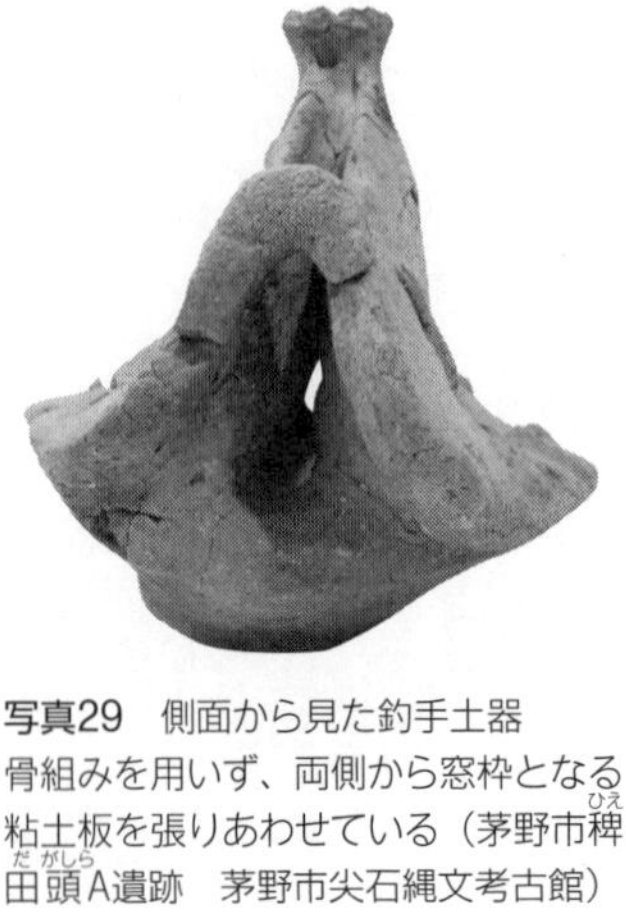

写真29　側面から見た釣手土器
骨組みを用いず、両側から窓枠となる粘土板を張りあわせている（茅野市稗《ひえ》田頭《だがしら》A遺跡　茅野市尖石縄文考古館）

くと、骨組＋窓枠型が変形していく様子がよくわかる。

このように形・技術の変化を見定めながら新旧を推定し、順番に並べていく方法を、「型式学的方法《けいしきがく》」という。

2 釣手土器の諸タイプ

型式学的方法によってくわしく各地の釣手土器を分析するために、郡上大和での調査のあと、東海・北陸地域の釣手土器を集中的に訪ね歩いた。発掘された遺物は、県または市町村の博物館・資料館、文化財の収蔵施設に保管されている。担当者に電話して調査意図を伝え、日程を確認し、各館の都合をふまえてコースを決める。

二〇〇七年三月に、桜町《さくらまち》遺跡（富山県小矢部《おやべ》市）の出土品を観察した。この遺跡からは、完形品と破片をふくめて一一個もの釣手土器が出土しており、富山の事例を考えるうえで核になると思われた。実測図をとらない場合でも、各方向からスケッチしながら観察し、つくりかたや文様の構成、使用痕跡などの情報を確認していく。

同年七月に岐阜県埋蔵文化財保護センターで美濃地域の釣手土器を観察し、九月には石川・富山・飛騨へ一二日間の調査旅行をおこなった。富山では各地のものが一か所にまとめられており、二〇点以上を観察することができた。一〇月には三日間、愛知県・岐阜県美濃地方の調査をおこない、これで福井県をのぞく東海・北陸エリアの釣手土器の大半を観察したことになる。おぼろげながら、北陸、飛騨、美濃の釣手土器の特徴が見えてきた。

胎土
土器の本体を形づくっている粘土。縄文土器は、粘土に砂利を混ぜてつくられる。その石の入れかたによって仕上がりの雰囲気が左右される。礫や鉱物の岩石学的・物理的研究もおこなわれている。

型式学的方法
考古学における遺構・遺物の新旧を推定する方法のひとつ。形態・装飾が連続的に変化するように対象資料を順序づけていく。ほかに、出土時のセット関係や出土する層位の上下（新旧）によって新旧を推定する「層位学的方法」がある。

飛騨のものは、形や装飾が各地と類似する部分が多く、堂之上遺跡《どうのそら》（岐阜県高山市《たかやま》）から「堂之上型」という名称をあたえることができる（写真30）。その後の検討で、峠を越えて隣接する長野県の松本平《まつもとだいら》に分布するタイプの系統を引いていると推定した。住居内での出土例があり、この点でも中心地である長野・山梨の状況と似ている。

美濃地域の釣手土器は、郡上大和の小形の三窓式（124ページ写真12）をはじめ、個々に特徴をもつ形のものが多い。一遺跡あたりの出土量はすくなく、中心地からの情報が部分的に伝わったと考えられる。

北陸では、堂之上型に似た釣手土器のほか、北陸独自の「桜町型」がかなりの数見つかっている。「かなりの数」というのは、ひとつの遺跡で住居以外の場所から複数個体が出土しているからだ。使われかたがほかの地域と異なる可能性が高い。桜町型は釣手部分が扁平な特徴をもつ。つくりかたと装飾は岐阜の堂之上型に近く、同系統に属すると考えられる（写真31）。

富山でも、堂之上型の釣手土器が見つかっている。一遺跡一例で住居から見つかる点で、初期の中心地域に近いが、あとから現れる桜町型釣手土器は、形の継承はしていても、数や出土状況の点で独自の展開を見せている。さらに、「境A型」「北塚型」と仮称する新たなタイプを生みだしている。

観察結果と図面・写真をくわしく検討し、先行研究をふまえて二六のタイプを設定した（142ページ図7）。

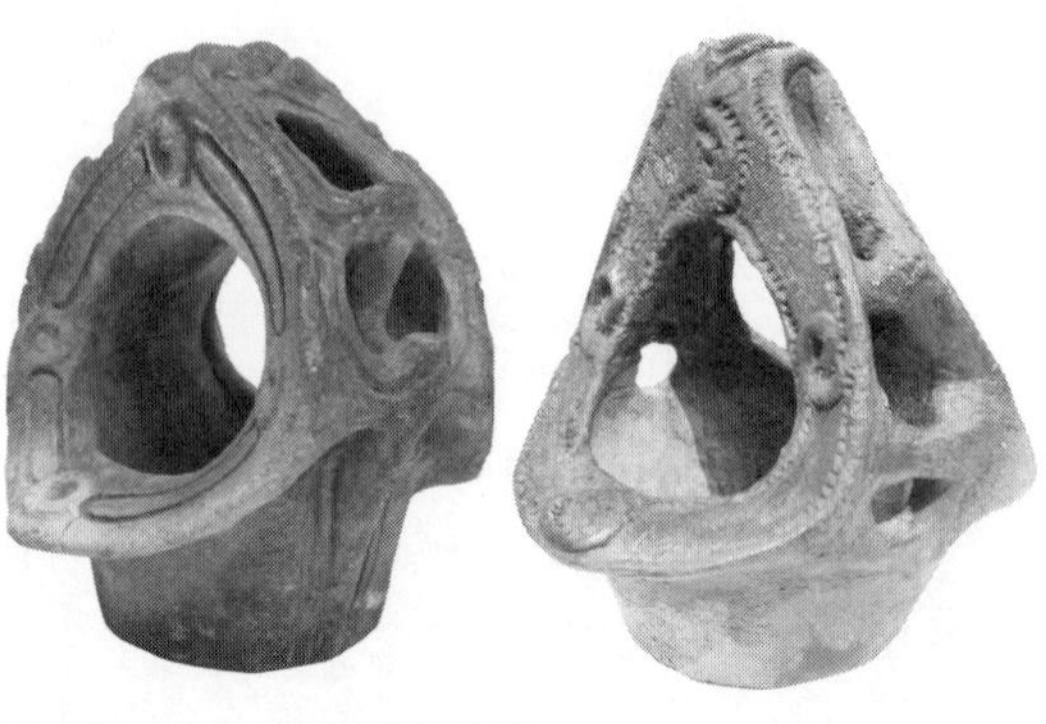

写真30　「堂之上型」の釣手土器
窓枠の上下左右に4つの盛りあがった単位文とそれを結ぶ沈線文の存在、桁をもち幅広の釣手部側面、装飾をもつ頂部などの要素を共有している（左：高山市堂之上遺跡　高山市教育委員会、右：飛騨市堂ノ前遺跡　飛騨市教育委員会）

それぞれのタイプの時間的・空間的分布を見ると、長野県諏訪地方から山梨県一帯では、この地域をふくめた広範囲に分布するタイプが継続して使われていることがわかった。対して長野県東部の松本や伊那地域では、地域独自のタイプを次々に生みだしていた。ここからは、従来の形をふまえた普遍的な形態を好む地域と、自分の地域で独自に新たな形態を生みだすことを好む地域というちがいが読みとれる。そして、両中心地の外延である関東や東海北陸には、これらが変容したタイプがそれぞれ分布している（143ページ図8）。

3　釣手土器は吊ったのか？

釣手土器の釣手部の幅は太く、ヤカンのように手で持っていたとは考えがたい。釣手部には紐通し穴のような造作があり、その穴に紐をとおし、窓枠の下に紐をかけ渡して吊るしたものと考えられている。中部高地の最終段階のものをのぞくと、ほぼすべての釣手土器にそうした特徴的な造作が認められ、釣手土器の本質的な部分だと考えられる。

わたしが実物を観察した際には、穴の部分に紐ずれの痕跡が見えるかどうかに気をつけた。しかし、復元案の写真（写真32）を見てもわかるように、しっかりと巻いてあれば紐ずれは起こらないだろ

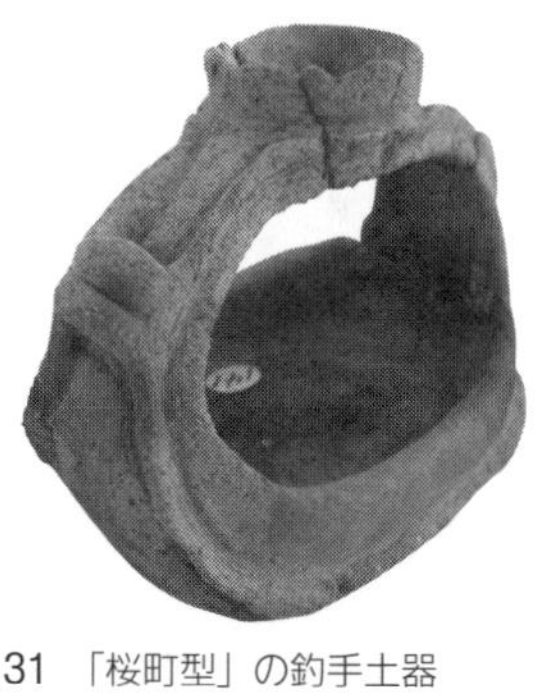

写真31　「桜町型」の釣手土器
窓枠正面よりも側面の幅が広くなった「桜町型」。窓枠を囲う沈線、装飾的な釣手部側面、頂部装飾の発達（筒状突起）などは「堂之上型」を継承したものと考えられる（小矢部市桜町遺跡　小矢部市教育委員会）

写真32　懸垂復元案（笛吹市釈迦堂遺跡
写真提供：釈迦堂遺跡博物館）

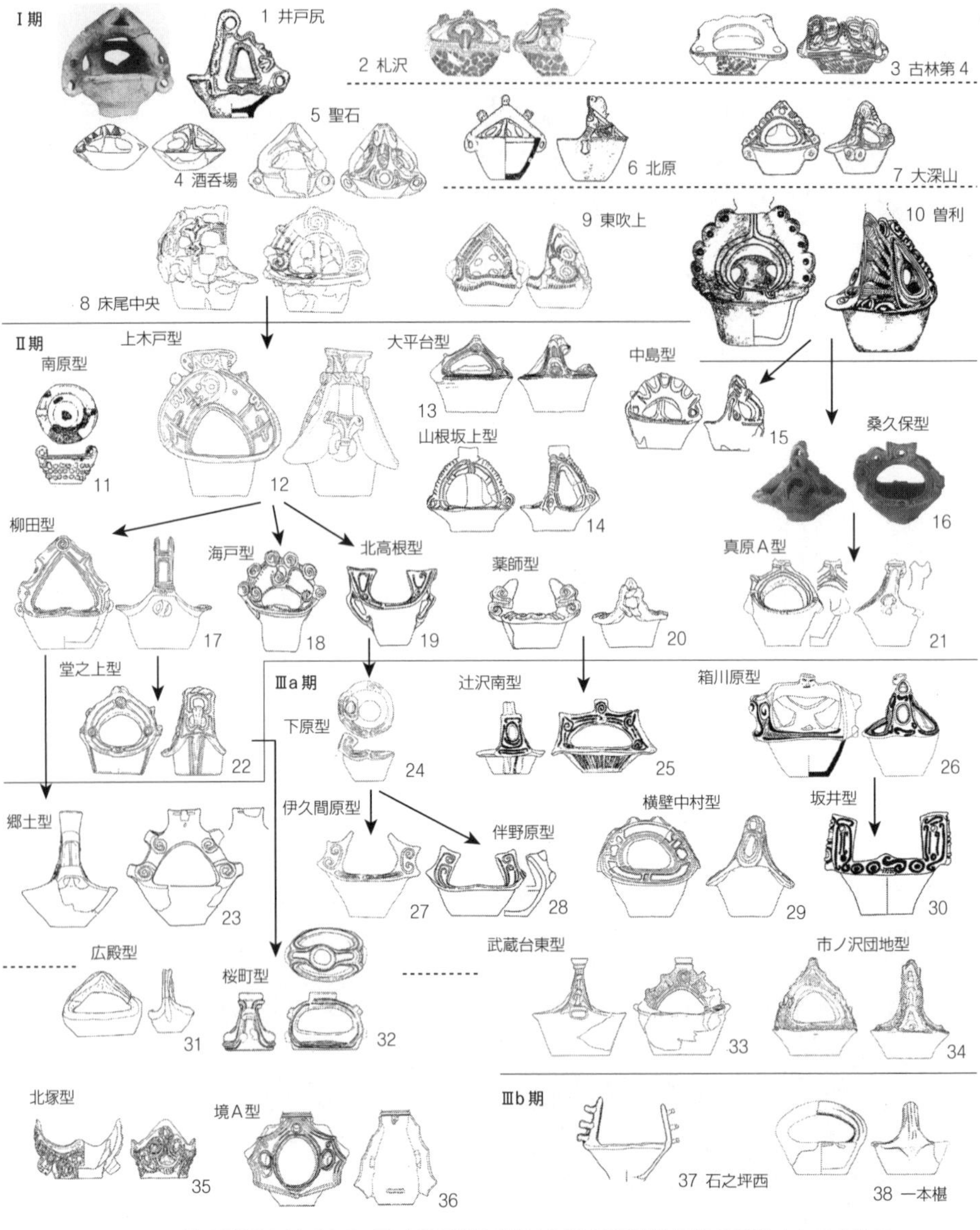

→は系統関係が想定されるもの。それ以外の時期区分線内の上下は時間差を考慮して配置したものではない。
各型式の出土地は型式名と同じ。

図7　釣手土器の変遷と諸形式（縮尺不同）

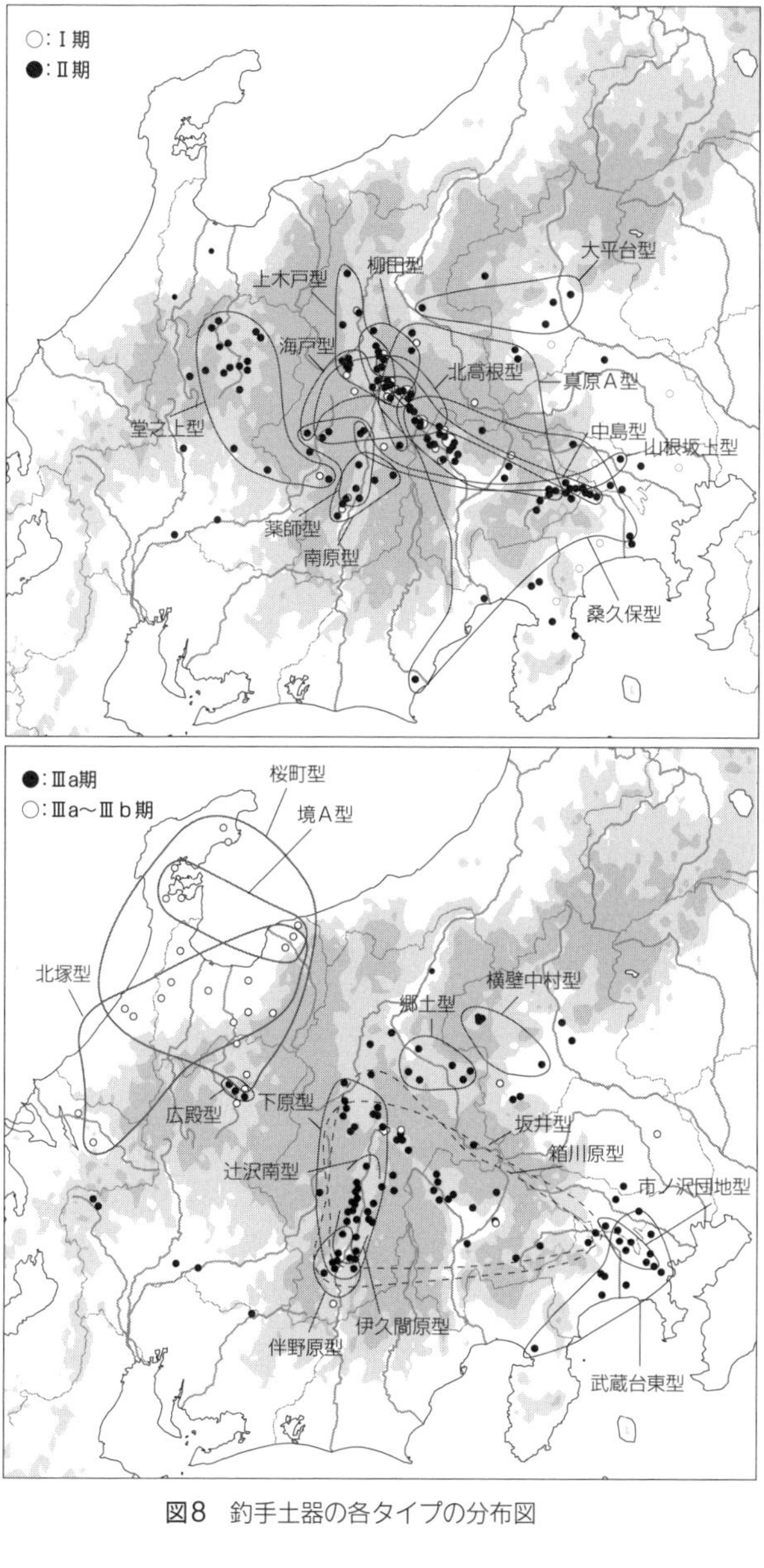

図8　釣手土器の各タイプの分布図

う。これでは、いくら観察しても吊るしたかどうかはわからない。宮城孝之氏や新津健氏の観察でも、紐ずれは認められていない。

実際に持ちあげてみると、古い段階の釣手土器は、見た目の印象よりもずっと重い。また、通常の土器の底部の厚さは一・五センチ前後だが、釣手土器は底の部分はかなり厚く、二センチ程度のものがある。

山梨県の釣手土器の多くを観察研究していた新津健氏は、土器を安定させるために底を厚く・重くつくったのではないかとの説を示していた。そうなると、宙に吊るという推論は不適当である。わたしも、いまのところ床に安置するものと考えている。

4 ススのつきかた

釣手土器の用途は、ススの付着を根拠にしたランプ説が有力であった。懸垂の検証はできなくとも、スス付着の有無ならば観察可能であろう。新津健氏が山梨県内の釣手土器のスス付着部位のパターンを指摘しており、これを参考にしてススの付着を検討した。

実際に観察してみると、判断がつかないものも多かった。土器を焼きあげた際の焼き斑との区別が重要である。土器を焼いた際に土や薪に接して熱が十分とおらないと、その部分は黒く残ってしまう(黒斑)。ススと黒斑のちがいは、前者は輪郭が明瞭であり、後者は中心が濃く周縁が薄いグラデーションを呈する点にある。黒斑のほうが、テカテカと黒光りしている。

あらためて観察してみると、かつてはススの付着例として報告されていたなかにも黒斑を見誤ったものがいくつかあった。釣手土器は鉢の上部を釣手部でおおうので、火が内側にまわりにくく、内面までしっかりと焼けていないものもすくなくない。さらに、最終的に意図的に焼失させたと思われる住居から出土することがあるという特殊事情もある。穴場遺跡のものは、そのひとつである。手にとって中をのぞいてみると、焼失住居から出土したためか、もともとの焼きが甘いのか、内側は全面的に真っ黒で、器面もあやうかった。このように判別のむずかしいものもあるが、ススとおぼしき黒味がかった部分がどのように付着しているのか、できる限り記録をとった。

二〇一二年二月までに観察した二二四個体のうち、小破片をのぞいて分析可能な資料は一九五個体であった。このうち二九個以外のすべてに、ススらしいなんらかの痕跡が認められた。地域やタイプごとに一定数が分析可能なものを集計してみると、鍔《つぼ》の内側にもっともよくススが残っていた。後半期になるにつれて、ススの付着率は減少していく。系統的に近いタイプ同士では、付着率のパターンが似ていることもわかった。形や装飾だけでなく、使いかたも継承していたことを示している（写真33、次ページ図9）。なお、このススが何を燃したものなのかについては、東京大学の吉田邦夫教授、國木田大助教の協力を得て、炭素・窒素同位体比分析による解明を計画中である。

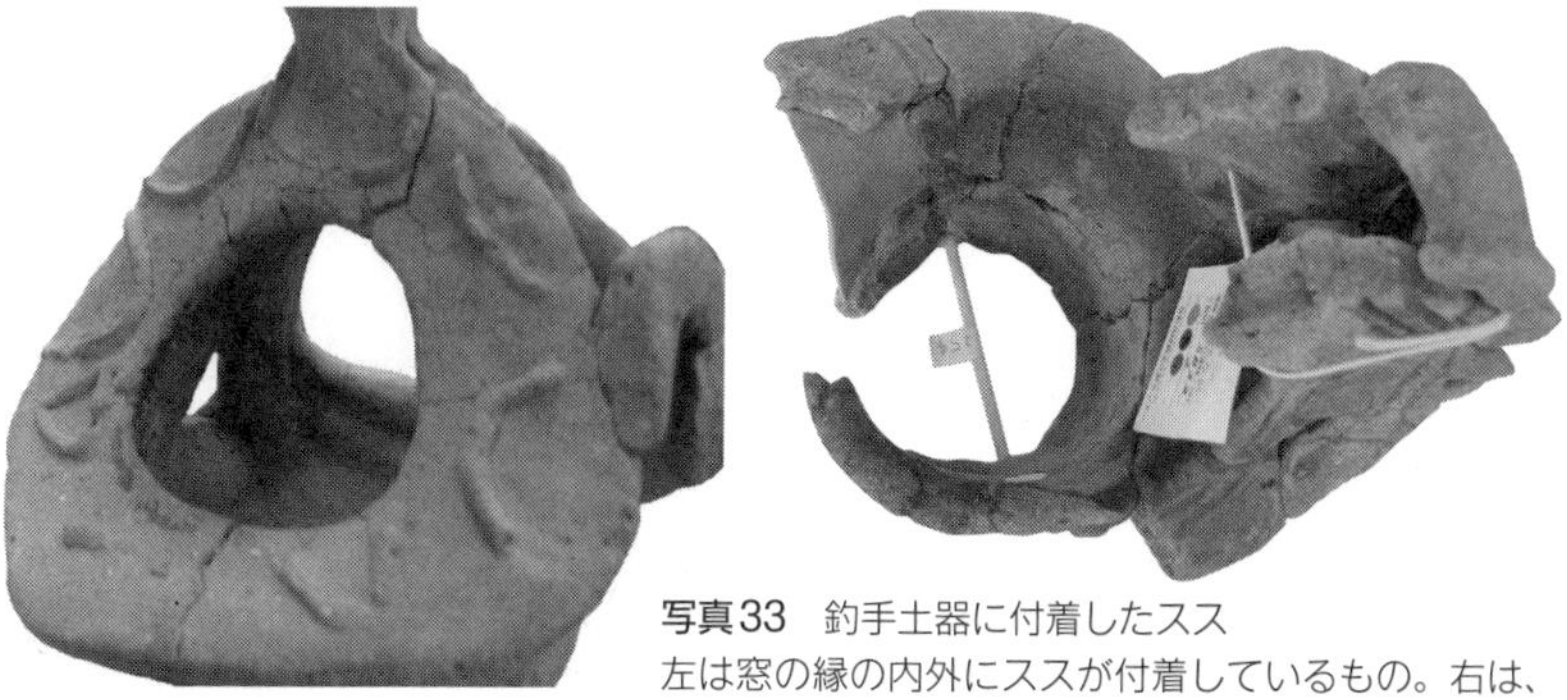

写真33　釣手土器に付着したスス
左は窓の縁の内外にススが付着しているもの。右は、鉢の上部に同心円状にススが付着している（左：稗田頭A遺跡、右：聖石遺跡　茅野市尖石縄文考古館）

5　釣手土器の出土状況

どんな土器も最終的には捨てられるのだが、釣手土器には最後に使った状態で置き去りにされているものがすくなくない。これを「遺棄《いき》」と呼ぶ。遺棄の状況は発掘現場でしか見ることができない（博物館では観察できない）。そこで報告書をもとに出土状況を整理した結果、いくつかの特徴が見られた。

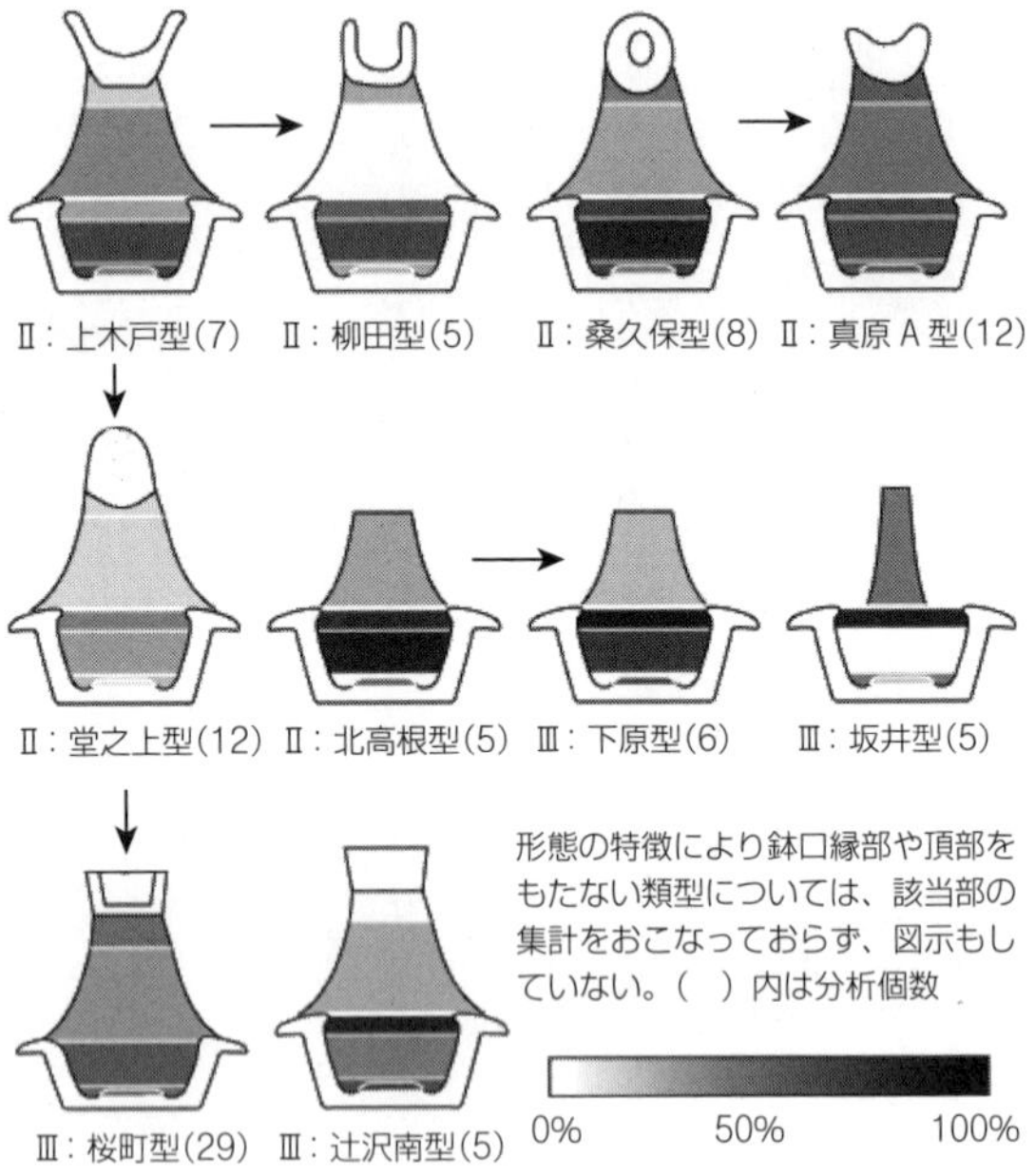

形態の特徴により鉢口縁部や頂部をもたない類型については、該当部の集計をおこなっておらず、図示もしていない。(　) 内は分析個数

図9　タイプ別のスス付着状況

炭素・窒素同位体比分析　穀物、その他の植物、草食動物、肉食動物、魚類、海獣類などの食性グループによって体内の炭素・窒素の比率が異なることを利用して、分析試料がどのグループに近いかを推定する方法。

釣手土器は、竪穴住居内から多く出土する。これは、ほかの土器に見られない大きな特徴である（ただし北陸では、竪穴住居以外から出土するものも多い）。住居内では、床面から出る場合と、竪穴が埋まりかけたところから出る場合があり、地域差が見られた。釣手土器がもっとも多くつくられた時期のものを調べてみると、長野県の松本や伊那方面では床面からが多く、諏訪や山梨方面では埋土内からが多かった。また、住居の入口か、中央部か、奥側かという点のちがいもあった。

このほか、穴場遺跡の例のように、いっしょに見つかる遺物の種類や配置から、儀礼やその背景となる思考を復元する手がかりを得ることもできる。山梨県上野原市南大浜遺跡では、ふたつの釣手土器が並んで出土している。両者はよく似た形態だが、左側は隆帯《りゅうたい》による装飾、右側は沈線による装飾をもつ（写真34）。意図的に装飾方法の異なった個体を並べた背景には、石棒と石皿を対置した穴場遺跡例同様の、縄文人の二項対立的思考が見え隠れする。また、長野県豊丘村の伴野原《とものはら》遺跡三三号住居は火を受けて焼失した住居で、奥には石壇と呼ばれる儀礼空間をもち、入口部の左右には釣手土器と立石が置かれていた。炉のなかからは直径一七センチの大形のパン状炭化物が見つかっている。この「パン」は従来、炉の中で温めていたものが突然の火事で焦げて残ったと解釈されてきたものである。しかし、釣手土器と立石が並んで置かれ、焼失している状態は、穴場遺跡に類似しており、やはり住

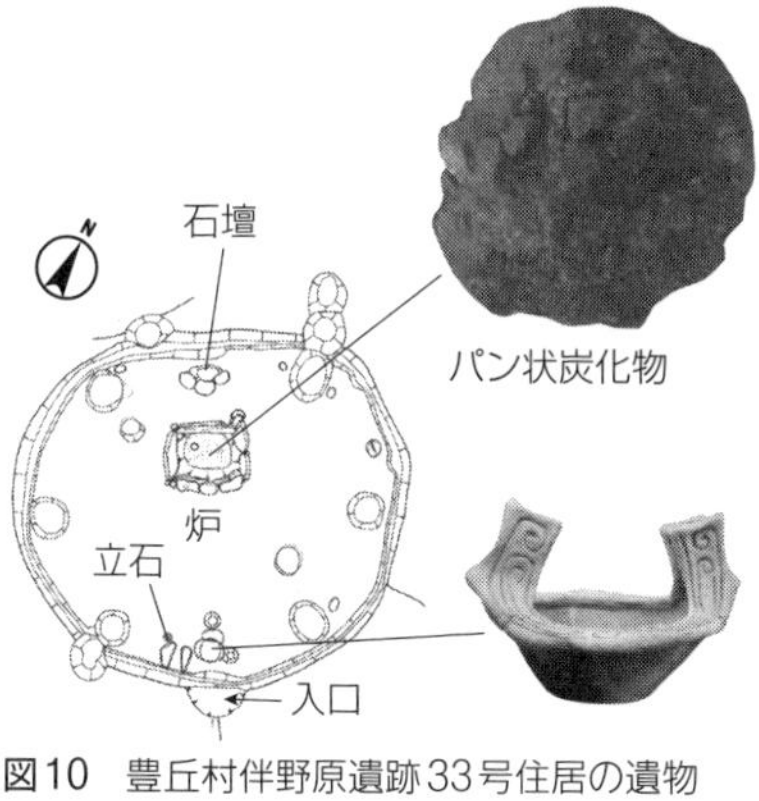

図10　豊丘村伴野原遺跡33号住居の遺物出土状況（豊丘村教育委員会）

写真34　上野原市南大浜遺跡住居跡から出土した2個体の釣手土器（山梨文化財研究所）

居を廃絶する際の儀礼行為の存在を示していると考えられる。「パン」は供えものであろう（前ページ図10）。

Ⅶ　おわりに──釣手土器はどのように拡散したか

これまで観察してきた、つくりかたの特徴と形態・文様の特徴、分布、出土状況などを総合的に考えると、釣手土器の出現から衰退、あるいは中心地から周辺地域への拡散の過程は、大きく四つの段階にわけられる。

Ⅰ期　多様性をもった成立期であり、顔面が打ち欠かれた顔面把手をモデルとして釣手土器が成立する。顔面の打ち欠きや、竪穴住居跡からの出土例の多さなどの点からみて、使用法も顔面把手から継承された要素が多いと考えられる。分布範囲は狭く、形態の統一性は乏しい。

Ⅱ期　新しい形態が出現するとともに、各種のタイプがつくられる定着期である。西関東から岐阜県まで分布を広げる時期で、飛騨地域の堂之上型、群馬地域の大平台型など、周辺地域に独自の形態・装飾をもったタイプがある。床面からの出土例が多いことは継承された要素だが、平面位置などには地域差が生まれる。

Ⅲ期　各地域でローカルタイプが林立するようになる。床面か埋土か、入口部か奥側かといった出土位置の特徴は地域ごとに異なり、地域色が目立つ時期と位置づけられる。とくに長野県東部では多くのタイプが生み出される。分布範囲は美濃、北陸まで広が

隆帯
粘土紐を貼りつけて、突出させた文様を形づくる装飾手法。

二項対立的思考
小林達雄は、集落における住居の二大群、二個セットの土器、埋葬における二方位などをあげて、縄文人に世界を二大別する思考があったことを推定している[24]。

パン状炭化物
植物澱粉を固めた食品が炭化して残ったもの。中期の中部高地には大形品が焼失住居から見つかる例や、伏せた石皿といっしょに出土する例があることから、筆者は儀礼の供えものと解釈している。

り、タイプの数はさらに増加する。

Ⅳ期　中部・関東・東海の釣手土器は激減し、やがて終焉を迎えるが、北陸では土器の側面への装飾、一遺跡で十数個の保有、住居外からの出土など、大幅なとり扱い方法の変容が見られる。ただし、顔面装飾を起源とする頂部の筒状突起など、一部のシンボリックな部分は継承されている。

四期の変化は、煮炊き用土器の装飾の変化に対応している。Ⅰ期は西関東から中部までひとつの分布圏であったが、Ⅱ期になると大きく東西に分裂し、Ⅲ期では細かい独自性が見られるようになる。社会的なまとまりが細分化されていった時期である。しかし、釣手土器を用いること自体は共通しており、シンボリックな部分は比較的よく継承されている。

他方で、ススのつきかたや出土位置などは地域差・時期差が発生している。具体的な使いかたは、それぞれ独自のものになっていったのであろう。各地域は、高原、谷、盆地、平野などと大きく異なる環境であり、日常的な生活スタイルは異なっていた可能性が高い。広い範囲で情報を共有した時期と、共有しなくなった時期が存在した。続くⅣ期の東海・中部一帯では、関東起源の別系統の土器が流入し、同時に釣手土器を用いた儀礼が終焉を迎える。一方、北陸では大幅にとり扱いを変えつつ、継続して用いられた。

じつは、こうした動きは土器全体や土偶の動向とも密接に関わっている。谷口康浩教授は、Ⅰ期には西関東から長野県の広い範囲で土器も土偶も共有していたのにたいし、Ⅱ期以降は関東、山梨周辺、長野県西部周辺の三つの地域にわかれていったことをあきらかにしている。興味ぶかいのは、山梨の土偶はⅠ期の土偶を継承しているのにたいし、長野県

四期の変化
土器に付着したスス・コゲによる放射性炭素年代測定値を分析した小林謙一氏の研究にしたがうと、Ⅰ期からⅣ期まで八〇〇〜一〇〇〇年を経過している。ただし、そのうちⅠ期・Ⅳ期の時間幅が長い。

東部では、新たなタイプの土偶をつくりだしていることである。[25]この動きは、釣手土器の各タイプの特徴とも重なる。

釣手土器の数はすくない。数がすくないがゆえに、当時において社会的・宗教的に重要な儀礼の道具であったにちがいないということが考えられる。釣手土器をひとつひとつ観察し、結果を分析することによって、縄文時代における地域間関係性の多様なありかたがくっきりと浮かびあがってきた。

大学院博士課程を中心とした五年間、ほんとうに多くのかたがたのお世話になりながら、時間の許す限り釣手土器を追ってきた。東京から特急とローカル線を乗り継ぎ、あるいはレンタカーを運転して釣手土器が保管されている資料館をめざす。それぞれの地域の独自性と地域・時期を超えた共通性をあきらかにするうえでは、発見された遺跡そのものに立てなくとも、その地域の雰囲気を感じ、土地勘を得ることは重要だ。目的の釣手土器はひとつの館で数点程度だが、いっしょに見つかったそれぞれに個性的な各種の土器や石器が迎えてくれるのもうれしい。そうしたなかで、新たに気になる資料も見つかってくる。たとえば、同時期の壺、脚台のついた土器。やはり釣手土器と同じように数がすくない資料である。今後は、まだ見ぬ釣手土器を追うとともに、いっしょに見つかる道具の関係性も分析することで、より多角的に縄文世界を考えていきたいと思っている。

〈参考文献〉

(1) 藤森栄一「釣手土器論」『月刊文化財』第39号　一九六六年（『縄文農耕』学生社　一九七〇年に再録）
(2) 宮城孝之「縄文時代中期の釣手土器」『中部高地の考古学Ⅱ』長野県考古学会　一九八二年

（3）綿田弘実「長野県富士見町札沢遺跡出土の釣手土器」『長野県立歴史館研究紀要』第5号　一九九九年
（4）新津健「縄文中期釣手土器考　山梨県内出土例からみた分類と使用痕」『山梨県史研究』第7号　一九九九年、「縄文中期釣手土器考②」『山梨県立考古博物館・山梨県埋蔵文化財センター研究紀要』18　二〇〇二年
（5）蜂屋孝之「関東地方における縄文中期の釣手土器について」『長野県考古学会誌』第118号　二〇〇六年
（6）田中基「メデューサ型ランプと世界変換　曽利29号の家に集まった人びとの世界像について」『山麓考古』第15号　一九八二年（『縄文のメドゥーサ』現代書館　二〇〇六年に再録）
（7）吉田敦彦「火を宿す女神」『週刊朝日百科日本の歴史』第36号　一九八六年（『縄文の神話』青土社　一九九七年も参照）
（8）小林公明「火の神」『富士見町史　上』富士見町　一九九一年
（9）渡辺誠「底を抜かれた人面装飾付土器」『梅原猛古稀記念論文集　人類の創造へ』中央公論社　一九九五年、「人面装飾付釣手土器の再検討」『山梨県立考古博物館・山梨県埋蔵文化財センター研究紀要』21　二〇〇五年（『よみがえる縄文の女神』学研パブリッシング　二〇一三年も参照）
（10）小野正文「土器文様解読の一研究方法」『甲斐の成立と地方的展開』角川書店　一九八九年、「イノヘビ」『月刊考古学ジャーナル』346号　一九九二年
（11）浅川利一「縄文のカミが出現する土器　土器のシルエット効果について」『多摩考古』第21号　一九九一年
（12）谷口康浩「総論：コードとしての祭祀・儀礼　行為の再現性と反復性」『月刊考古学ジャーナル』No.578　二〇〇八年
（13）諏訪市博物館『縄文土器のふしぎな世界　第二章　中部高地の釣手土器展　展示図録』諏訪市博物館　一九九九年
（14）小林正史「黒斑からみた縄文土器の野焼き方法」・「スス・コゲからみた縄文深鍋による調理方法」『総覧縄文土器』アム・プロモーション　二〇〇八年
（15）江坂輝彌「顔面把手新例紹介」『月刊考古学ジャーナル』第44号　一九七〇年
（16）吉本洋子・渡辺誠「目鼻口を欠く人面装飾付深鉢形土器」『山梨考古学論集Ⅴ』山梨県考古学協会　二〇〇四年
（17）小林達雄『縄文の思考』ちくま新書　二〇〇八年
（18）藤森栄一「顔面把手付土器論」『月刊文化財』第61号　一九六八年（『縄文農耕』学生社　一九七〇年に再録）
（19）鳥居龍蔵『諏訪史　第1巻』信濃教育会諏訪部会　一九二四年
（20）八幡一郎『信濃大深山遺跡』川上村教育委員会　一九七六年

(21) 藤本強「縄文文化の精神的側面の手がかりを求めて」『信濃』第37巻第4号　一九八五年
(22) 永瀬史人「山梨県上野原遺跡出土の人面付土器と蛇体装飾　青山学院大学所蔵の縄紋時代未報告資料」『青山考古』第23号　二〇〇六年
(23) 永瀬史人・中村耕作・中島将太・高野和弘「東京都井草八幡宮所蔵釣手土器の再検討」『日本考古学協会第78回総会研究発表要旨』日本考古学協会　二〇一二年
(24) 小林達雄『縄文人の世界』朝日新聞社　一九九六年
(25) 谷口康浩「土偶型式の系統と土器様式　勝坂系土偶伝統と中期土器様式との関係」『土偶研究の地平2』勉成社　一九九八年

中村耕作（なかむら・こうさく）

一九八一年神奈川県伊勢原市生まれ。現在國學院大學助手。小学三年生の春に地元の歴史に興味をもって以来、さまざまなテーマを調べ、市内外の史跡を歩いたが、関東一円の信仰を集めた大山の歴史を調べるなかで山頂から縄文土器が見つかっていたことを知った。折しも青森県の三内丸山遺跡が大きく報道されており、中学三年生の夏、縄文時代の信仰の痕跡を求めて青春一八切符を駆使して青森、金沢・富山・新潟、長野などの縄文遺跡を訪ね歩いた。

＊　＊　＊

■わたしの研究に衝撃をあたえた一冊『史蹟と文化財のこのまちを語る』

市名「伊勢原」は街を拓いた伊勢の商人に、地区名「洗手《あろうず》」は源頼朝が手を洗ったという伝説に由来する。こうした話をきっかけに伊勢原の史跡に関心をもったわたしに中学の社会科教員だった父が書棚からとり出したもの。伊勢原には古代の寺院、中世城館や武士たちの墓、近世の石仏などさまざまな伝承・史跡が残されており、地区ごとにそれらを紹介したのが本書である。これをバイブルに、自転車を駆って市内各地をめぐった。

安達久雄著
伊勢原市教育委員会
一九七一年

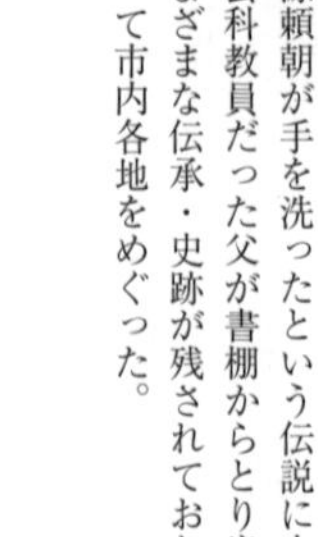

Ⅲ部

遺跡を探して守り、研究する

――佐藤雅一

1　遺跡とは

遺跡とは、「過去において人々がさまざまな活動を展開し、その痕跡《こんせき》が残されている場所」[1]である。痕跡というのは、遺物であり、また大地に構築された遺構である。これら遺跡は、文化財保護法のもとでは「土地に埋蔵された文化財」であり、「埋蔵文化財」と呼ばれる。集落跡や貝塚、古墳、遺物散布地などがそれにあたり、そこから出土した土器や石器、そして木器や金属器などの遺物をふくめた総称として、「埋蔵文化財」という用語があるという[2]。

2　山野に散在する遺跡群

山野は、深山《みやま》、山、里山、里に区分され、その地形を縫うようにして河川が流れる。そのうち里山は、眺望のいい平坦な台地や自然堤防をふくむ河川氾濫原、そこから延びる谷地沢、そして伏流水が湧き出る湧水地点などで構成されている。

遺物と遺構
遺物　太古の人びとが使用した道具やそのかけら、またはその道具を製作する際に生まれる屑片《くずへん》、そして道具の材料や母材など。
遺構　太古の人びとが大地に穴を掘り、あるいは土を盛りあげて構築した構造物。たとえば住居や貯蔵穴、炉、墓、陥穴《おとしあな》などの跡がある。ひとつだけで構成するものや、組みあわさって構成するものがある。

遺物散布地
発掘してみても住居や炉などの遺構は確認されないが、遺物だけが包含されている土地。

このような複雑多様な地形環境に、遺跡が一定の地理的範囲に広がる。それらは、太古に生きた人びとが生態環境などにはたらきかけた活動の痕跡である。そして、その活動痕跡は多様である。

かつて**柴田常恵**《しばたじょうけい》は、「漁労等の為め出遊の際に遺失せしもあれば住居付近以外の地より単独に遺物を発見する如きは此種のものと思われ、以て先住民の足跡が到りしことを知る」として、縄文人の広範な活動と遺跡との関係を説いた(3)。

本来、太古の人びとが残した活動痕跡は、ひとつの地点で完結する〝点〟ではなく、それが線でつながって面となり、面と面とがさらに有機的に結びついて構造的な形態となる。しかし、現実的に遺跡として把握される地理的範囲は、面積の大小はあるものの完結したひとつの〝面〟として認識される。これら多様な遺跡は、立地環境と一定の関係を保ち、個性的であり、そこに特殊性が見られる。

その遺跡要素からA～Fの六パターンに分類する、「遺跡タイポロジー」がある(4)。

A　広い平坦面に、一〇〇棟を超える住居跡や貯蔵穴群、墓坑《ほこう》群が、公共用の広場をかこんで分布する。豊富な遺物群のなかには、土偶や石棒などの〝**第二の道具**〟が認められる。遠隔地の遺物が搬入され、**土器型式**にして二～三型式またはそれ以上にわたる、継続的な定住地である。

B　馬の背状の**舌状台地**の先端部などに、数軒から十数軒の住居跡が構築される。貯蔵穴や墓坑などはすくないという特徴がある。公共的な広場をもたないか、あったとしても狭い。遺物群に第二の道具はほとんどふくまれない。継続期間は、土器型式で一

柴田常恵
一八七一―一九五四。考古学者。東京帝国大学人類学教室助手を経て慶應義塾大学講師。文化財専門審議会委員。

第二の道具
道具の形を見るとおよその機能が推察できる遺物を第一の道具と総称する。たとえば、土器・石槍《いしやり》や石斧《せきふ》などの生産・加工道具である。第二の道具とは、その形から機能を推測することがむずかしく、精神活動にともなう道具と考えられているものをさす。たとえば、土偶・石棒《せきぼう》・石冠《せっかん》など。

土器型式
多様な形式によって構成され、そこに施文《せもん》される文様構成と文様が共通し、ある一定の地理的範囲と時間幅に分布する土器群をさす。すなわち、型式は時間の単

型式程度と短く、その前後型式があったとしても断続的である。

C　斜面裾部や丘陵頂上部付近の狭い平坦地に、一〜二軒程度の住居跡がある。遺物量はそれほど多くない。

D　かなり急勾配の斜面地などに見られ、住居跡や貯蔵穴などの遺構は検出されない。しかし、配列が明確でないピット（柱穴のような筒状の穴の総称）群と稀薄な土器（土器分布が著しく散在的な様子をこう表現する）などが出土する。

E　A〜Dのセトルメントから離れて独立的に存在する。記念物、墓地、デポ、土器製作用粘土の採掘跡、石器原料の採掘跡、石器製造跡などがある。

F　その他。遺物・遺構などの実体の検出はむずかしいが、キャンプ地や狩猟場、採集場、道などが想定される。

小林達雄によれば、「縄文人の生活は、一定の範囲を生活舞台＝生活領域として、さまざまな目的が必要とする複数の場所をもつ」ものであり、「複数の場所のそれぞれが分担した機能の差異が、結果としてA〜Fのパターン」のちがいになったのだという。そして、これら六パターンは「相互に関係を有し、決して独立、孤立した存在ではない」と解釈した。さらに、地理的範囲におけるこれらの組みあわせや割合は、「地域や時期によって多様である」という。

ここで示されたAあるいはBに分類される遺跡は、これまでの考古学的調査でその多くが認識されているが、C〜Fに分類される遺跡は、いまだ認識されず大地深くに眠っている可能性が高い。そのため、これらを「負の遺跡」と称する場合がある。(5)

位でもある。またここでいう「形式」とは、通時的に存在する土器の形のカテゴリー。深鉢・鉢・浅鉢に大別されるが、口縁の傾きや頸部の長さ、胴部の膨らみやその位置などで形式は細分される。

舌状台地
左右に深い浸食谷が形成されることで、形が舌のように尖頭状になった台地。その多くは中央部が高く左右の谷に向かってゆるやかな傾斜面を形成することから、馬の背状とも呼ぶ。

セトルメント
資源の獲得と貯蔵、集落や墓など大小多様な活動痕跡とその痕跡が立地する地形環境などを総合的に検討し、空間領域における類型組成や通時的な類型組成の変遷を探ることで地域社会活動を考察する研究法。

3　行政として埋蔵文化財を保護する

最初に述べたように、文化財保護法においては、「遺跡」は「埋蔵文化財」と同義語である。地下に眠るその埋蔵文化財を発見し、**遺跡地図**に掲載して周知化することが、文化財保護行政上、不可欠な作業である。

なかでも遺跡地図の作成と整備は、埋蔵文化財保護行政にとっていちばんたいせつな、基礎的作業である。すべての保護措置が、ここから始動するからだ。その流れをかんたんに説明すると、次のようになる。

新しい遺跡が発見された場合、その発見の契機となった遺物の観察と撮影などをおこない、遺失物法にのっとって所轄の警察署に届け出を提出する。その後、文化財認定を受け、譲渡手続きをおこない、発見された遺跡所在地自治体の所有文化財に認定される。また、遺物が確認された地点におもむき、その広がりを検討して遺跡の推定範囲を決め、遺跡カードを作成する。遺跡カードは都道府県教育委員会に提出し、そこで遺跡地図に登録されることになる。

これら一連の作業は、基礎自治体（市町村）の教育委員会文化財担当係がおこなうことが多い。担当者は、遺跡を埋蔵文化財として周知化することの必要性を、あらためて痛感するべきである。

埋蔵文化財の周知化作業の基本には、「表面採集調査」と「試掘調査」がある。

デポ
互酬性対象物（受けた贈りものや、それにたいする「おかえし」）や通常使用の資源や素材、製品などを特定地点に隠匿あるいは貯蔵保管したと思われる遺物出土状況。

遺跡地図
地形図に遺跡の名前や形状などを記入したもの。一般に公開されており、教育委員会や図書館で閲覧することができる。

表面採集調査

遺跡（埋蔵文化財）は、遺物の出土や畠などの集石状況から経験則的に、歴史時代において先祖が住んだ場所あるいは神聖なる場所であったと考えられる。「長者屋敷」「岩野原」などといった地名がつけられている場合があるが、こうした地名や俗称地名を調べることは、その土地の履歴を探る第一歩であり、遺跡地を探す早道でもある。

地図を読みこんで対象となる地域の地勢環境を理解し、耕地を歩き、地表面に散布している遺物を探すことを、「表面採集調査」と呼ぶ。

土器片や石器類などの採集遺物は、ビニール袋に入れて荷札に地名を書きこみ、保管する。同時に、地図（国土地理院発行：二万五〇〇〇分の一）に採集地点を書きこんでおく。その後、管轄する市町村の教育委員会が発行している遺跡地図と照合して、遺跡名を確認する。

採集地点が遺跡として登録されていない場合は、新発見の遺跡である。その場合には、教育委員会の担当者に伝え、すみやかに行政的な遺跡周知の手続きをおこなうことが望まれる。よって、公的な遺跡地図は、日常的に改定整備され、すみやかに公開されるべきものである。

遺跡地図に記載されることによって遺跡の周知がはかられ、開発行為から保護されることになる。そして、遺跡地に開発行為がおよぼうとする場合は、行政的に事前協議がおこなわれる。

開発地に「埋蔵文化財はない」と判断する場合は、その基準を明らかにすることが重要である。一度開発してしまうと、遺跡は永遠に失われてしまう。その判断の〝重さ〟を忘

地名や俗称地名を調べる
たとえば「長者屋敷」という地名の多くには、畑から焼きものの欠片がたくさん出土していることから「むかし、そこに長者が住んでいた屋敷があった」という伝承が残されている。「岩野原」は、畑から数多くの円礫が出土する事例が多く、縄文人が配石遺構をつくるのに搬入したものと考えられている。

保管する
一般の愛好家たちは、採集遺物や出土遺物を遺跡ごとの箱に入れ、遺物に遺跡名を注記して保管している場合が多い。一方、行政の場合は、遺失物法の関係から、最寄りの警察署に落としものの届け出をしたあと都道府県教育委員会に譲渡手続きをすませてようやく、法律上、所轄教育委員会の所

れてはならない。

遺跡地図に付加される遺跡範囲（三次元認識）と内容の理解は、適切な保護行政をすすめるにあたって不可欠な事項である。日常的作業として周知遺跡以外の土地に埋蔵されている未周知遺跡の発見に努力をさくとともに、**周知遺跡の確認調査**をすすめて情報を深化させる必要が求められる。

試掘調査

開発地における埋蔵文化財の有無は重要な問題である。その場所にすでに周知遺跡が登録されている場合は、現状保存するために開発範囲から除外するよう、積極的な協議が求められる。やむをえない場合は、適切な記録保存が講じられるよう、開発の当事者にたいしてていねいに協力を求めることが必要である。

対象となる開発地に未周知遺跡が存在する可能性が高い場合、可能な限り試掘調査[6]の実施が求められ、これが埋蔵文化財の保護につながっていく。

広大な開発地の場合は、機械的に試掘するのではなく、まず現地形をくまなく踏査することが基本である。開発用地図を用意して、現状の地形や耕地の造成方法までも読み解く必要がある。さらに、**微地形的観察**によって土地の高低や**埋められている沢地形**の可能性をさぐったり、聞きこみ調査によって遺物散布状況や、地名、伝承のたぐいまでを開発用地図に書きこむことが第一歩となる。これらの情報をもとにして必要な場所を割り出し、試掘をほどこす。

試掘は、機械的な**グリッド方眼試掘**もたいせつだが、情報をたよりに、任意の場所に幅

蔵品になり、その責任で定められた収蔵施設で恒久的に保管する。

周知遺跡の確認調査
周知登録されている遺跡の範囲や遺物包含層の枚数、深度などの情報を整備すること。開発行為が頻繁に起こりうる地域や、開発が予想される地区にある周知遺跡から順次確認調査を実施して、遺跡カードの情報を豊かなものにしていくことが求められている。

微地形的観察
一〇センチコンター（等高線）で表現されるような微細な起伏を観察すること。

埋められている沢地形
地形が形成されたときには深い沢だった場所が、長い時間かかって雨水による土砂供給や生活残滓《ざんし》・道具などの廃棄行為、あるいはミ

二メートルのトレンチを設定することが望まれる。基本は二×二メートルを単位とし、必要があれば長さを延長する。

耕地の大半は、近世あるいは近代において造成されているために、本来の微地形観察ができない。この場合は、長いトレンチ壁を利用して微地形の高低観察をすすめ、沢地形を復元し、その縁辺部をねらって試掘トレンチを設定すれば、未周知の遺跡が確認される場合が多い。

遺跡全体のうち、谷側に限って短冊状に遺跡が残存している事例がある。

たとえば新潟県中魚沼《なかうおぬま》郡津南町《つなんまち》の場合、昭和三〇年代に圃場《ほじょう》整備事業がおこなわれ、ゆるい傾斜をもつ河岸段丘面が切り盛り工法で水田化された（図1）。したがって、谷地形に向かって山側を試掘しても遺物包含層《いぶつほうがんそう》（土器や石器などが存在している層）は存在しない。しかし、谷側は盛土の下に旧地形が保存されていることから、遺物包含層が残されている事例が多いと考えられる。津南町での試掘トレンチは、谷側に設定することが基本となる。

このように現地形踏査と聞きこみ調査な

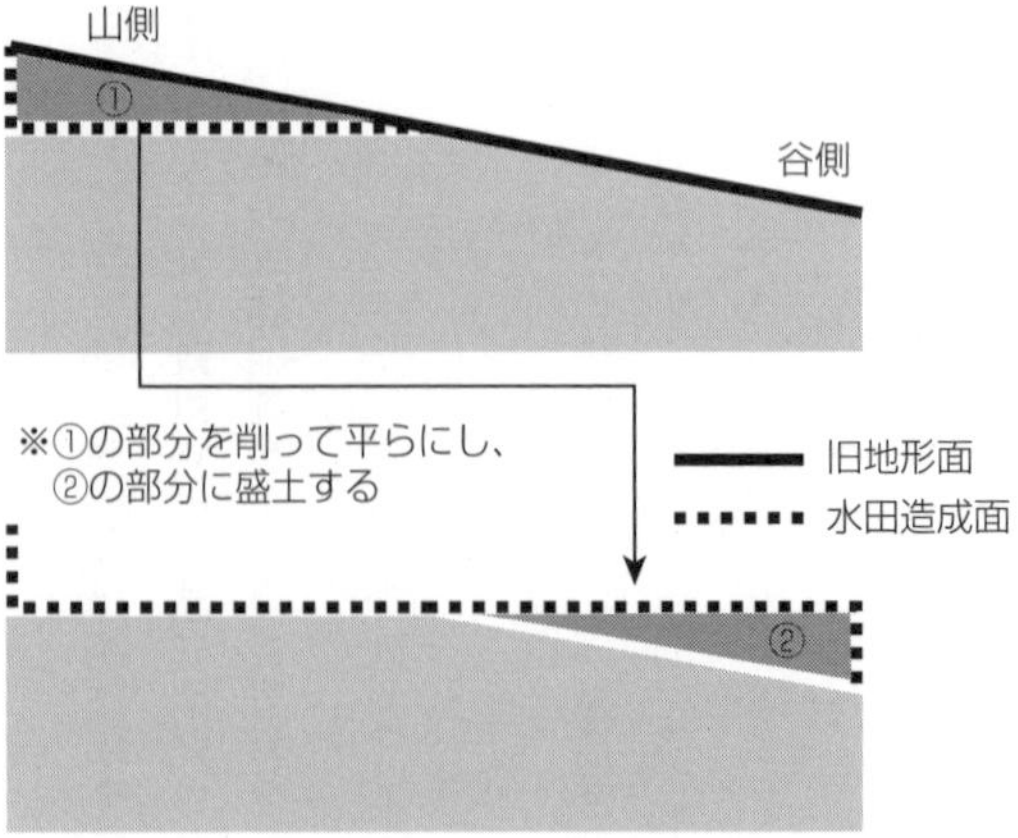

図1　水田造成の切り盛り工法模式図

ミズによる土壌形成などで埋まり、平坦になる場合がある。

グリッド方眼試掘
国家座標※値付あるいは任意のX・Y軸を東西南北にあわせて遺跡全体に配置し、そのグリッド方眼を利用して交点などを機械的に試掘する。

※球に近い地球の表面を平面に投影する場合、ひずみが生じることから、日本の国土を一九の座標系にわけ、それぞれに原点をもうけて投影をおこなう。この平面直角座標系を、国家座標という。

トレンチ
トレンチとは、調査用の細長い試掘溝のこと。グリッド方眼上で設定する場合もあるが、ここで示したトレンチ法は地形にあわせて任意の軸で試掘溝を設定して調査する方法をさしている。

どをふまえた試掘調査によって、大小を問わず遺跡の存在が確認される。そのなかには、自然堆積層内に残されたすくない遺物散布が認められる事例がある。「遺跡タイポロジー」のFパターンに分類されるものである。(7)

これらは無機質遺物の散布であり、ほかに存在していた可能性がある有機質遺物は非可視化されていることが、容易に想定される。いくら見つかる遺物がすくないといっても、それは遺跡であり、埋蔵文化財として行政措置をとることが必要である。

また、水田や畑などの試掘調査で、ときおり「客土《きゃくど》」から遺物が出土する場合がある。その場合は遺跡としての周知化はおこなわず、考古資料の収集作業として、土地地番記録を残しつつ、情報とともに収納管理することが望まれる。

これら周知化された埋蔵文化財の保護には、その内容にあわせた措置が選択されるべきである。試掘調査によって周知化されたのちにそのまま開発によって隠滅される場合や、周知化したあとさらに確認調査して、より多くの記録を残してから開発される場合もある。ある一定以上の情報(遺構密度や遺物包含率、内容的希少性)をもつ埋蔵文化財の発掘調査は、記録保存を目的として、協力の範囲で実施される。

4 考古学研究としての遺跡

遺跡は、過去の人びとが活動した証を示す不動産である。ある目的のためにおこなわれた活動の痕跡の累積であり、その活動で構築された遺構や、使用された土器、石器などが残されている。日本の土壌は通常酸性土壌であることから、有機質資料は腐乱して残らず、

谷地形
内陸盆地の場合、ゆるい傾斜地の低い傾斜側は谷側を向くことから、低い土地をさして谷地形あるいは沢地形と呼ぶ。

無機質遺物と有機質遺物
道具などの遺物は多様な材質でつくられている。たとえば木や骨、貝、植物繊維などは有機質の材料であり、酸性の強い土壌では腐食が進行して残らない。石や土などの鉱物からなる石器や土器などは、無機質であることから腐ることなく残る。

客土
土壌改善や耐震力強化などのためにほかの場所から土をもってくること。あるいは、もってきた土のこと。

協力の範囲
開発によって埋蔵文化財が

無機質資料だけが残される事例が大半であるが、貝塚遺跡のように**特別な環境下**で形成された遺跡では、食料残滓《ざんし》などの有機質資料が豊富に残されている場合がある。その遺跡のありようは、ある目的による活動の反映であり、その形成時間と累積規模はほぼ比例する特徴が見られる。

縄文時代には、自然界を相手に知恵と技術を巧みに使い、資源を資材化あるいは食材化して、道具や食事を用意した。その資源を採取した地点やしとめた動物を解体した場所などの活動痕跡も遺跡となり、人びとが集う集落は、拠点的な場所であったことが予想される。

このように、彼らの生活行動圏に残されるあらゆる痕跡が遺跡となる。そして、それらが有機的に結びつくことでようやく、彼らの活動領域を理解し、多様で複雑な活動の一端を垣間見ることができる。よって、この多様な活動痕跡が大地に残されていることを前提に試掘調査を展開することが、**遺跡空間分析研究**(8)の基盤的情報資料となる。

生活拠点となる集落遺跡は、日照条件、飲料水の確保、資源採取地との距離、水害などの災害予防、コストのかからない集落開発——といった条件が優先的に選ばれてかたちづくられていったと推察することができる。集落内部では、社会的役割に応じて機能の配置が考慮されていたと理解される。

たとえば、現在、里山に残っている近代村落を概観してみると、いくつかの氏(父兄の「マキ」)で村落が構成され、家が分布している例が見られる。埋葬は共同墓地でおこなわれ、「マキ」ごとに墓域を形成する事例がある。(9) ほかには、お堂や集会場、消防小屋と火《ひ》

破壊される場合は、開発原因者に調査費用の負担(調査期間もふくまれる)をお願いする。よって、その調査内容は原因者の理解と協力の範囲内で決定されることになる。

特別な環境下
日本の一般的な台地の上に残された遺跡は、それをおおう土壌が酸性である。しかし、貝殻を集積した貝塚や石灰岩洞窟遺跡やサンゴ礁砕屑砂《さいせつさ》が堆積する遺跡などをおおう土壌はアルカリ性が高い。このようなアルカリ性が高い遺跡や水中にパックされて空気から遮断されていたような低湿地遺跡などをさして「特別な環境下」と形容している。

遺跡空間分析研究
セトルメント研究と同義語。多様な活動痕跡のありかたとその立地要素との関係を

の見櫓《みやぐら》、燃料材を積みあげて保管する**キニョ**などが空間分布することで、集落範囲をおおよそ認識することができる。そして、村境を示す**結界民俗事例**（写真１）が確認できれば、確実にそこまでが集落範囲だと確認できるのである。

考古学的観察によって把握されている集落範囲は、集落機能がおおよそ平坦分布する範囲を想定しており、その外縁部で営まれた**観念的儀礼を背景とする結界遺構**を把握することはむずかしい。また、拠点集落遺跡は、そこが平坦地だから立地するということではなく、**集落造成コスト**や「遺跡の心性・場所性」[10]などをふまえて考察する視点が必要である。また、拠点集落遺跡をとりかこむ里山、山、深山は、資源の宝庫である。対象によって、その採取地点や採取時季が異なることが予想され、それらの**採取地点における活動痕跡や採取加工場跡**も多様である可能性が想定される。

深山での活動にともなう滞在施設としての山小屋建設や岩陰・洞窟の利用は、昭和三〇年代まではあたりまえに存在した。新潟県魚沼市三ツ又ではゼンマイ小屋がつくられ、同県南魚沼郡湯沢町《ゆざわまち》や長野県下水内郡《しもみのち》栄村《さかえむら》などではクマ猟にともなう岩陰や洞窟利

写真１　結界札
毎年、十日町市白羽毛集落と程島集落の境界にある十二沢の杉の木にまじないを墨書した木札をくくりつけ、悪霊や災いが村に入ることを禁じ願う（円内は、上側の札の拡大写真）。

さぐって類型化し、その類型遺跡の分布状態を資源分布などと照合して分析する。

マキ
一集落内の父系集団のうち、直系ではないが同じ苗字をもつ父系集団。

キニョ
ニョとは「積んだもの」のこと。キニョとは木を積んだ山をさす。通常、キニョは、長さ三尺に切られ、割った材木を整然と積みあげた貯木をいう。

観念的儀礼を背景とする結界遺構
新潟県十日町市《とおかまち》の白羽毛《しらはけ》集落と程島《ほとじま》集落の境界である十二沢に結界札が吊るされる。程島集落の入り口であることから、近傍の倉俣《くらまた》集落にあるお寺の住職に祈祷いただいた結界札を神木に縛り吊るす民俗儀礼が残さ

用の実態が、民俗学的調査であきらかにされている(11)。

近代クマ猟における滞在施設としての洞窟利用は、縄文時代の洞窟遺跡を彷彿とさせる民俗事例である。縄文時代草創期における季節回帰性長距離移動生活が想定され、それらを背景に、開地遺跡（丘陵・台地上につくられた遺跡）と洞窟・岩陰遺跡との関係が注目される。

洞窟遺跡は、自然地形である岩陰や洞窟を探しだし、試掘調査によって人為的活動が確認されてはじめて、遺跡として周知登録される。

しかしながら、現在では新規の岩陰遺跡や洞窟遺跡の登録は、なかなかすすまない。それは、深山をくまなく歩いて活動していた山人が高齢化していることと無関係ではない。深山は管理されず、荒れて、山道すら消え去る一途をたどっている。

いまではもう、古老に現地案内していただくのはむずかしい段階にきているが、宿として利用した洞窟や岩陰、あるいは石仏などが安置されている場所などを聞きこみ調査して記録することは、まだ可能である。また、笠原藤七の地名研究(12)などをふまえて、「ユ」や「ヨウ」から発生する「湯沢」「世の前」といった地名や、「小屋」や「室」などのつく深山地名を、渓流雑誌や山登り機関紙などから探しだすのも、ひとつの方法である。

開地遺跡と洞窟遺跡の有機的関係

新潟県南部の津南段丘に点在する開地遺跡と洞窟遺跡との季節回帰性長距離移動生活を想定して、魚沼地方に立地する洞窟探訪を始めた。その結果、守門岳《すもんだけ》山麓に洞窟を確認し、試掘調査によって洞窟遺跡として認識されたため、「黒姫洞窟遺跡」として周知化し

れている。

集落造成コスト

原生林のなかには、自然発生による火事場や旧集落跡などが二次林《にじりん》や茅場などの草地として散在しているイメージがある。これらは開拓コストのかからない用地であり、小林達雄が指摘する場所性や心性をふくめた遺跡立地用件とあえば、そこが集落の造成地として選択される可能性が高い。その結果、時期差や文化系統差の異なる活動痕跡が重複する現象が集落遺跡などで確認されると考える。

採取地点における活動痕跡や採取加工場跡も多様

たとえば蓑《みの》の材料となる「ヒロロ」（植物）は、集落の近くにも生育している。集落近場のものの丈が短いとき、集落から約一〇キロ離れている地点で必要な長さのも

た。その後、二〇一一年（平成二三年）まで断続的に一二年におよぶ発掘調査⒀がすすめられ、現在は縄文時代草創期文化層の調査がおこなわれている（写真2）。

ここの第V層からは、一条菱目押型文土器《いちじょうひしめおしがたもんどき》と無斑晶《むはんしょう》ガラス質安山岩製の剥片が出土した。特徴的なこの押型文土器は、津南町卯ノ木遺跡を標識とする「卯ノ木一式土器」⒁であり、無斑晶ガラス質安山岩の産地も、同町志久見川《しくみがわ》水系に求められる。また、卯ノ木遺跡からは、守門岳山麓に産地が求められる鉄石英製の剥片が出土している。この遺物分布現象は、分水嶺を越えた約五〇キロの開地遺跡と洞窟遺跡でも確認されている。一条菱目押型文の希少性とその施文具《せもんぐ》製作技術の伝習性を考慮するならば、伝播というよりもダイレクトに同一集団による季節回帰性長距離移動生活の可能性が考えられる。

ここで示した黒姫洞窟遺跡と卯ノ木遺跡の関係は、同一集団が関与していた可能性が想定される。しかし、津南段丘における旧石器時代研究においては、遺跡間で彫器と刃部再生にともなう削片が接合する「遺跡間接合」が、現実的におこなわれた⒂。地点は異なるが、同一層位で検出される旧石器時代石器群の石材種に着眼し、特徴的な石材にあだ名をつけて認識する。地点を越えて特徴的な石材を探査し、接合を試みる作業を実施していた。その結果、下モ原Ⅰ遺跡と居尻A遺跡で出土した石器群が接合した。それらは、直線距離にして六〇〇メートル、比高差四〇メ

写真2　黒姫洞窟遺跡第12次発掘調査のようす（2011年10月）

のを採取し、その場で長さの調整加工をほどこしてから自宅にもち帰る事例がある。また、「コスキ」（除雪具）の製作では、深山でコマと称する大形粗削りのコスキ状形態（ブランク）に整形し、里に下ろしたあとで整形加工する事例がある。ともに新潟県中魚沼郡津南町での民俗調査で得た情報である。

季節回帰性長距離移動生活　資源獲得を目的に、広域な地理的範囲を対象に季節を背景に回帰性のある移動をくり返す生活様式。

笠原藤七　一九〇一—。新潟県村松町生まれ。日本山岳会役員。

黒姫洞窟遺跡　新潟県魚沼市大白川《おおしらかわ》に所在する洞窟遺跡。弥生時代後期末、縄文時代早期前葉、

図2　下モ原Ⅰ遺跡と居尻A遺跡の石器接合
網部分の削片が居尻A遺跡から出土し、彫刻刀形石器本体が下モ原Ⅰ遺跡から出土した。

初頭、草創期前半の異なる遺物包含層が洪水堆積層にパックされ、層位的に検出されている。

卯ノ木一式土器
新潟県中魚沼郡津南町の卯ノ木遺跡から出土した縄文時代早期の押型文土器。一条菱形文などの菱形系押型文と楕円山形文と山形文の異種併用押型文の二種があり、前者を一式、後者を二式と区分している。

特徴的な石材にあだ名
たとえば茶色系の縞模様のある頁岩《けつがん》を「錦蛇」、珪化《けいか》が進行した良質な緑色凝《ぎょう》灰岩《かいがん》を「緑ピカ」などとあだ名をつける。

ートルの異なる地点で残された石器群の有機的関係を示した（図2）。

5　埋蔵文化財保護と考古学研究の新しい地平

「日本列島改造論」を契機とした大規模開発の波は、あっというまに列島を飲みこんだ。東京の多摩ニュータウン遺跡調査会は、大規模開発によって姿を消す遺跡を学術的に記録保存する目的で組織された。その端緒には、開発にともなう遺跡発掘調査の哲学と埋蔵文化財保護行政の礎がある。すなわち、遺跡の周知化作業と考古学的記録作業があった。

記録保存した考古学的記録の活用が叫ばれている昨今、不動産である遺跡は隠滅したが、動産である遺物や遺構などの記録図・記録写真などは収蔵庫に保管され、公開された報告書をもとに調査成果を展示という手法で公開する事例が多い。この公開資料のクオリティは、発掘調査に比例するものであり、その関係を真摯に受けとめる必要がある。

遺跡の内容把握と遺跡分布状況は、考古学研究や埋蔵文化財保護にとっていちばん重要な情報である。よって、遺跡の発見とその周知化がすべての源泉といえる。遺跡の調査成果から地域史を語るためには、質の高い遺跡情報の収集とより細かな時間軸で遺跡を整理分類することが肝心である。

また、近年の調査成果からは、一万年間継続した縄文時代の文化領域は、均等な円形領域をかたちづくるものでなく、その基本は起伏に富んだ地理的範囲に制約される場合もあるが、地理的規制を飛び越えてアメーバのような広がりを形成する。また、その文化領域を時間変遷のなかで整理するならば、その広がりは均等でなく、時代背景のなかで拡大し

日本列島改造論
地方との格差をなくし、標準化する目的で、東京と地方を新幹線と高速道路で結ぶなど日本列島全体に大規模開発を展開しようとする開発論。当時の首相田中角栄が打ちあげ、実施した。

たり縮小したりする現象が知られる。これらは移動生活から半定住生活への変化、さらには定住生活にともなう活動様式の固定化など、さまざまな要因が想定される。これこそが躍動した縄文文化の個性であり、一万年間という時の累積によって形成された社会の複雑化を反映している。

地勢環境を考慮した地域区分を背景に、縄文文化をていねいに整理し、その活動領域の変動を概観することが望まれる。そのためには、大地をくまなく歩き、その大地の履歴とともに埋没している大小の遺跡（生活の証）を探し出すことが、埋蔵文化財行政と考古学研究を支える支柱である。また、それらを両翼として羽ばたくことこそが、埋蔵文化財行政と考古学研究の新しい地平を見る手立てだと考えたい。

6　おわりに

田中琢《みがく》は、「過去の人間活動を復元する情報を発掘調査によって遺跡から収集する」と規定したのち、遺跡を構成する「遺構・遺物・遺物包含層からなる空間のなかだけで活動していたのではない。その周辺環境を含めた空間で生きていた」とする〈環境と人間〉の関係を深く述べた。そして「人間活動を総体として復元することに考古学の調査と研究の第一歩があるとすれば、環境復元と周辺地域に対する調査研究は欠かせない」とした[16]。この提言をふまえ、日々、大地に向き合い、遺跡の周知化作業を邁進させ、その基礎データをもとに考古学研究をすすめる必要性を痛感した。

田中琢
一九三三―。日本の考古学者。滋賀県出身。文化庁文化財鑑査官などを経て奈良国立文化財研究所所長。平城宮跡の発掘調査では木簡第一号発見者となった。

〈参考文献〉

（1）小林達雄「縄文遺跡の来し方行く末」『遺跡学研究』第7号　日本遺跡学会　二〇一〇年
（2）文化庁文化財部記念物課編「第1章第1節　埋蔵文化財の保護と発掘調査」『発掘調査のてびき　集落遺跡発掘編』二〇一〇年
（3）柴田常恵「第二編第一章第一節　遺跡」『日本考古学』国史講習録　第十九巻　国史講習会　一九二四年
（4）小林達雄「多摩ニュータウンの先住者」『月刊文化財』112号　第一法規出版　一九七三年
（5）鈴木公雄『考古学入門』東京大学出版会　一九八八年
（6）文化庁文化財部記念物課編「第Ⅲ章第1節3―C　試掘・確認調査」『発掘調査のてびき　集落遺跡発掘編』二〇一〇年
本書では、「『試掘・確認調査』としてまとめて説明する」との前置きを付し、「開発予定地の範囲の一〇%について確認調査をおこなえば、本発掘調査の範囲の決定に必要な情報を得ることができる」とされている。
（7）前掲（4）の文献参照。
（8）キーリーC・T「セトルメント・アーケオロジー」『信濃』第23巻第2号　信濃史学会　一九七一年
五十嵐彰「空間分析」『用語解説　現代考古学の方法と理論Ⅰ』同成社　一九九九年
（9）及川登「第Ⅱ章3（4）相吉共同墓地の調査」『相吉遺跡』津南町教育委員会　一九九五年
（10）前掲（1）の文献参照。
（11）魚沼先史文化研究グループ「秋山郷における狩猟民俗について　長野県下水内郡栄村屋敷集落の調査報告」『國學院大學考古学資料館紀要』第11輯　國學院大學考古学資料館　一九九五年
（12）笠原藤七『川内山とその周辺』新潟県村松町　一九六五年（茗渓堂　一九八七年）
（13）小林達雄編『黒姫洞窟遺跡　第1期発掘調査報告書』新潟県・入広瀬村教育委員会　魚沼地域洞窟遺跡発掘調査団　二〇〇四年
小林達雄編『黒姫洞窟遺跡　第2期発掘調査報告書』新潟県魚沼市教育委員会　魚沼地域洞窟遺跡発掘調査団　二〇〇八年
小林達雄編『黒姫洞窟遺跡　第3期発掘調査報告書』新潟県魚沼市教育委員会　魚沼地域洞窟遺跡発掘調査団　二〇一三年
（14）小熊博史「卯ノ木遺跡の研究1　押型文土器の再検討」『長岡市立科学博物館研究報告』No.32　長岡市立科学博物館　一九九七年
（15）佐藤雅一「第4章　総括　第2節　居尻A遺跡と下モ原Ⅰ遺跡の連鎖活動について」『貝坂桐ノ木平遺跡群〈旧石器時代編〉』津南町教育委員会　二〇〇六年

（16）田中琢「遺跡」『日本考古学事典』三省堂　二〇〇六年

佐藤雅一（さとう・まさいち）

昭和三四年、新潟県三条市生まれ。幼いころ、五十嵐川流域で表面採集に明け暮れ、現在は魚沼地方に居を移し、山野を歩いている。小学四年時、近傍の遺跡が破壊され、盗掘におもむき、縄文時代のロマンに接する。中学生のとき「三条ジュニア考古学クラブ」を結成し、ガリ版刷の機関誌を発行した。高校生で「三条考古学研究会」に改名して現在にいたる。中学二年時、中村孝三郎先生に出会う。津南町教育委員会勤務。

＊　＊　＊

■わたしの研究に衝撃をあたえた一冊『古代の追跡　火焔土器から蒼い足跡まで』

本書には「一発掘野夫が（中略）苦闘の先史野帖から（中略）草稿した」とある。中村先生の火焔土器復元から、その遡源をたどる洞窟遺跡探究の姿勢に感動した。本書は「吉川英治文学賞」を受賞した。先生の晩年、わたしは病床に呼ばれ、「シャベルの哲学」を貫けと薫陶を受けた。

中村孝三郎著
講談社
一九七〇年

吉野ヶ里遺跡を探る

——七田忠昭

1　はじめに

過去の人類の営みを知るための学問は、「考古学」と呼ばれる。その考古学の基本はとにかく歩きまわることだと、先輩たちに教えられた。考古学の英語の発音「アーケオロジー（archaeology）」を「歩けオロジー」ともじったことばだ。つまり、遺跡が存在する地理的な環境を知り、遺跡に張りついて肌で感じながら研究しなければならないとの戒《いまし》めだろう。

しかし、発掘によって出土した大昔の遺物や遺跡は、みずからは何も語ってくれない。どんなに貴重な土器や石器、金属器なども、知らない人にとってはただの土くれや石ころ、金屑でしかない。長いあいだ土中に埋もれていたモノを掘り出して語らせることが、考古学の醍醐味である。

発掘調査によってパノラマのように巨大な姿を現し、一九八九年（平成元年）二月に話題となった佐賀県の吉野ヶ里遺跡は、まもなく小・中学校、高校の歴史教科書で弥生時代の重要遺跡として紹介されるなど、だれもが知る遺跡となった（次ページ表）。一九八六年

表　弥生時代の中国・日本と吉野ヶ里遺跡の関係

年代	中国	日本		吉野ヶ里遺跡関連
B.C. 770	春秋	弥生前期	600〜500 ころ 弥生文化成立	・早期の環壕集落出現 ・南部に前期の環壕集落出現（2.5ha）
403	戦国			
221	秦			
206 202	前漢	弥生中期	50 百余国に分立 漢に献見《けんけん》(1)	・南部環壕集落拡大（25ha 以上） ・北部に大型墳丘墓築造
A.D. 8	新			
25	後漢	弥生後期	57 倭《わ》の奴国《なこく》の王が後漢に遣使(2) 147〜189 ころ 倭国大乱(2)	・環壕集落の範囲が北部に拡大（40ha 以上）
220	三国時代（魏・蜀・呉）		239 邪馬台国女王卑弥呼《ひみこ》が魏に遣使(3)	・物見櫓《ものみやぐら》などで守られた南と北の内郭の建設 ・北内郭《きたないかく》に大型建物建設
265 280	晋（西晋）		266 倭の女王壱与《いよ》（台与《とよ》）が晋に遣使(4)	

(1)『漢書』地理志
(2)『後漢書』東夷伝
(3)『晋書』

（昭和六一年）から続く発掘調査は、弥生時代の多岐にわたる情報を発信し続けている。

吉野ヶ里遺跡は、弥生時代がはじまってから終わるまでの約七〇〇年間の集落の移り変わりや墓の変化——つまり、ムラからクニへとまとまっていく姿——を追うことができる遺跡として、一九九〇年（平成二年）に史跡、翌一九九一年に特別史跡に指定された。現

ムラからクニへとまとまっていく姿

吉野ヶ里遺跡は、弥生時代がはじまってから終わるまで継続した遺跡で、日本の社会が原始的な国家へとまとまっていく過程を知るための重要な遺跡だが、『魏《ぎ》志《し》倭《わ》人伝《じんでん》』（正式名称は、『三国志』「魏書《ぎしょ》」東夷伝《とういでん》倭《わ》人条《じんのじょう》）に記された倭女王卑弥呼が君臨した邪馬台国のありさまと発掘成果が類似するため、その謎を解くカギを提供する遺跡としても大きく注目されている。

地はいま国営吉野ヶ里歴史公園として、守りのために集落の周囲に巡らせた環壕や土塁・柵に囲まれた集落の内部に一〇〇を超すさまざまな建物が、考証された当時の姿で等身大に再現され、多くの来園者でにぎわいをみせている。

畑地や水田、雑木林として利用され、地上には何も残っていなかった場所から出現した「弥生時代の博物館」と評される吉野ヶ里遺跡。その豊富な情報をどのようにして探っていったかについて、発掘現場からの視点で紹介したい。

2 吉野ヶ里遺跡の発掘調査

吉野ヶ里遺跡の名は、地元では一九二五年ごろ（大正時代末期）から知られていた。畑の開墾《かいこん》や土とりの跡から土器のかけらや石器が数多く見つかることは、地元の研究者たちによって注目され、地方の雑誌などで紹介されたこともあった。一九三五年（昭和一〇年）前後の時期には、遺跡やその周辺から出土した土器や石器、青銅器やその鋳型、貝製腕輪などについて中央の研究雑誌に相次いで発表されたが、それ以降、学界に吉野ヶ里遺跡の名が登場することはなかった。

一九八二年（昭和五七年）、遺跡周辺を工業団地にしようという計画が、佐賀県によってはじまった。「重要な遺跡のようだが、詳細がわからない」ということで、工業団地計画は現実のものとなった。その年には、丘陵地全体に試掘坑（試し掘りのための溝。トレンチ）を設けて遺構（竪穴住居や溝や墳墓など構造物の痕跡）存在の有無や、存在した場合はその内容や数の多少、深さなどが調査された。遺構の種類や、粗密、深さなどの把握は、調

吉野ヶ里歴史公園

「弥生人の声が聞こえる」をテーマにした、国営公園五四ヘクタール、県営公園六三ヘクタールからなる歴史公園。弥生時代の後期終末期（邪馬台国時代）に存在した竪穴建物や高床倉庫、物見櫓、大型祭殿などの建物九八棟や、環壕や土塁・柵などの施設が実物大で再現されている。園内ではさまざまな体験もできる。

地元の研究者たちによって注目され

たとえば、吉野ヶ里遺跡のそばで生まれ育った考古学者の七田忠志（筆者の父親）は、一九三四年（昭和九年）、吉野ヶ里遺跡が、日本農耕文化の成り立ちや邪馬台国問題を解明するための重要遺跡になることなどを予言した。

査計画を立て、費用を積算するために必要不可欠なものである。最終的に約六七ヘクタールの団地面積のうち三六ヘクタールの区域に遺跡が存在することが判明し、うち遺跡が密集して確認された六ヘクタールの区域を団地内保存緑地とし、残る三〇ヘクタールの広大な区域を三年間で発掘することになったのである。

このようにして、造成工事前の事前の発掘調査が一九八六年（昭和六一年）に開始された。その発掘の現場責任者をまかされたのが、佐賀県教育委員会で発掘調査など文化財保護の仕事にたずさわっていたわたしだった。

幼いころから各地の遺跡を歩きまわったのがきっかけとなって考古学に興味を抱き、その道に入ったのだが、もっとも身近でたくさんの遺物が採集できる遺跡として、吉野ヶ里遺跡に対する思い入れは大きかった。幼いころから想像をたくましくして弥生時代のようすを思い浮かべたこの吉野ヶ里遺跡を自分の手で発掘できる喜びと、**発掘が終了したらこわされる**という遺跡の運命とを感じながらの調査となった。

発掘調査は、数百から数千平方メートルの遺跡を数か月かけておこなうのが一般的であるが、早期の工業団地建設が求められたため、三〇万平方メートルという広大な遺跡を三年間で完了することとなり、佐賀県と地元の町の調査員六名、数名の調査補助員、地元の発掘作業員一〇〇名以上という大調査団を組織した。

一般的に発掘調査は、表土除去から遺構検出、遺構発掘、記録（写真・図面）……といった手順ですすめる。

発掘が終了したらこわされる
開発前提の発掘調査では、発掘終了後にこわされるか、遺跡の上に永久的な構造物が設けられるので、再発掘して確認することができない。そのため、遺跡の内容は発掘調査報告書などの記録として残される。

土が語る〝時〟を、見わける

遺構をおおっている表土をとりのぞいて（近年の大規模な発掘調査の場合は、パワーショベルなどの建設機械を用いる）、その表面をジョレン（刃幅が広い鍬《くわ》のような道具）などでていねいかつ平らに削っていくと、柱穴や竪穴住居、溝といった、遺構の平面の輪郭を確認することができる。過去に人が掘った穴や溝なので、それらが意図的に埋められた場合や自然に埋まる過程で、周辺のちがった土、いろいろなものが混じった土が入りこむ。土の色や質のちがいなどによって、区別できるのである。地面が乾燥して土のちがいが確認しにくい場合は、ジョロで水をまいて湿らせながら確認作業をする。足の踏み場もないほどに遺構が密集する場合も多く、重複した遺構も多い。この重複の具合（切りあい）によって、遺構の新旧を判別する（図１・２）。

　遺構の確認が終わると、それらの位置を示す分布図をつくり、番号をつけながら、時期的に新しい遺構から発掘をすすめる。

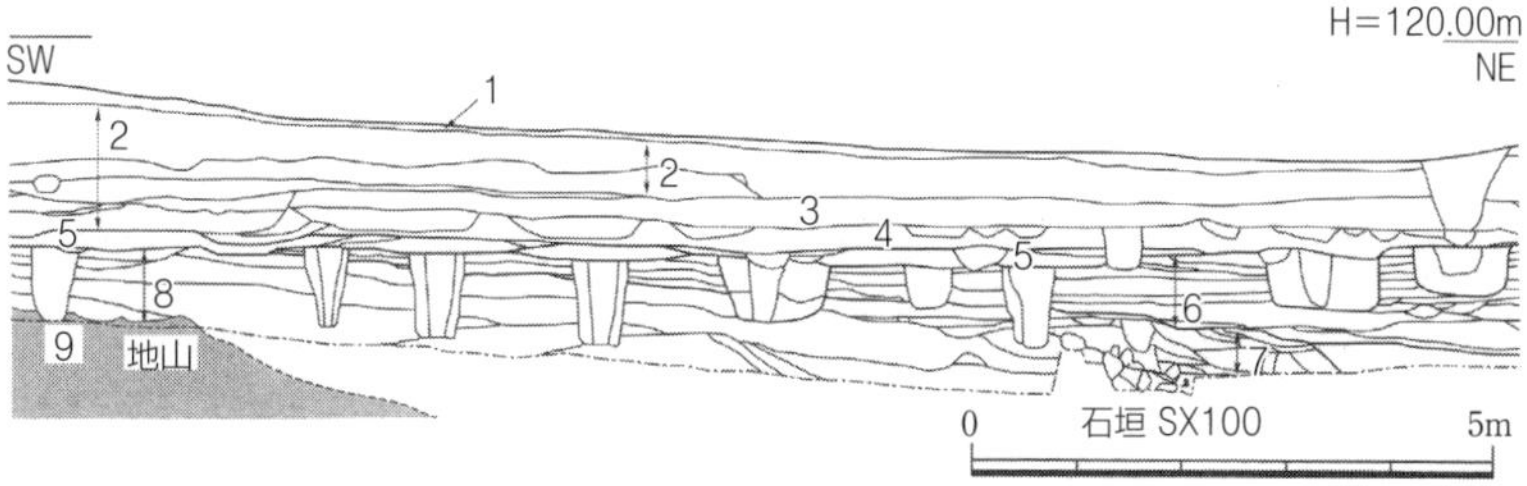

図1　土層図（文化庁文化財部記念物課『発掘調査のてびき　整理・報告書編』2010年　172ページ　図139より）

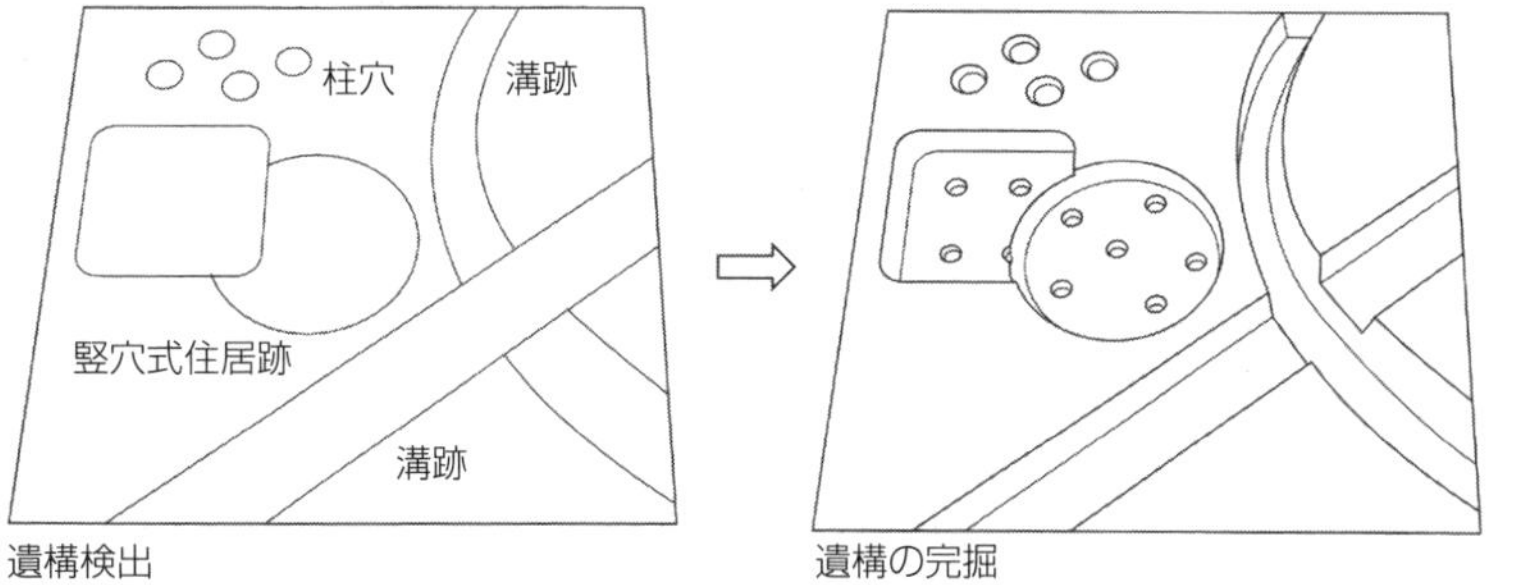

図2　遺構同士の切りあい関係（文化庁文化財部記念物課『発掘調査のてびき　集落遺跡発掘編』2010年　126ページ　図114に加筆）

遺構は、ただ発掘すればいいというものではなく、その作業過程も重要だ。たとえば、ある穴が埋まった過程を知るために、土層の断面図を書き、途中で出土する遺物の位置関係なども、写真や図面に記録していく。このような仕事を黙々とくり返していくことと、178ページで述べるような出土遺物の整理・分析の結果をふくめることによって、遺跡の全体像や時期的な移り変わり、個々の遺構や空間の位置づけ（機能）などをあきらかにしていくのである。

墓はタイムカプセル

もっとも注意をはらうのは、墓の発掘である。なかでも佐賀・福岡を中心に分布する「甕棺《かめかん》」と呼ばれる墓は、吉野ヶ里遺跡ではこれまでに約三二〇〇基が発掘されたが、二千数百年を経た現代まで人骨や衣類の断片、副葬品などをタイムカプセルのように残してくれているものも多い。内部に衝撃をあたえないように土器を割り、人骨や遺物を傷つけないように内部に流れこんだ土をスプーンや耳かきのような小さな道具を用いていねいにとりのぞいていく。人骨を傷つけずに露出させるとともに、着衣の絹や麻の微細な破片や髪の毛をも発見することができた（写真1）。

写真1　甕棺内の人骨。人骨調査のため甕棺上部を割っている（写真提供：佐賀県教育委員会）

重複の具合（切りあい）によって、遺構の新旧を判断する
たとえば土が自然に堆積した場合、上位の土が下位の土より新しく堆積したことになり、それぞれに掘りこまれた遺構の先後関係を認めることができる。また、平面的には、遺構が埋まっている土の色や質は個々の遺構で異なるため、ジョレンなどでていねいに削っていくと、平面的に先後関係をつかむことができる。

甕棺
弥生時代前期終わりごろから後期にかけて、九州北部の佐賀県・福岡県で盛行した墓。成人の遺体は巨大な素焼きの甕形の土器を二個合わせた棺桶の中に、子どもや乳幼児の遺体は中型・小型の甕棺に納められた。大きなものでは一メートルを超す土器が使われる。青銅の武器や鏡、鉄の武器などが副葬された例があり、

すこしずつ姿を現す遺構

吉野ヶ里遺跡（図3）には、「北内郭《きたないかく》」と呼んでいる弥生時代後期終末期（後三世紀前半前後、邪馬台国時代）のもっとも重要と考えられる二重の環壕に囲まれた空間がある。先がまるい平面A字形にめぐるこの環壕には外側へ突出する部分が四か所あり、その内側に六本柱の物見櫓跡が存在している。入口も鍵形にジグザグとなっているなど、しっかり守りを固めていたことがわかる。物見櫓や鍵形の入口は、国内ではほかに例がない（写真2）。この北内郭の内部では一辺一二・五メートル四方の一六本の柱をもつ大型の建物跡が発掘されたが、このような集落の〝つくり〟は、『魏志倭人伝《ぎしわじんでん》』に記された倭の女王卑弥呼《ひみこ》が邪馬台国《やまたいこく》においた宮殿のようすと類似するものとして注目された。

発掘現場に立っていなければわからないことも多い。たとえば、この北内郭の大型建物の南北中軸線が、その北約一〇〇メートルに存在する弥生時代中期前半から中ごろ（前二世紀）に一四人の首長を埋葬した墳丘墓の真ん中を向いていることに気づいたのだが、何かをおこなう際に過去の英雄たち（祖霊）の声を聞く祭祀が大型建物のなかでおこなわれていたと推測することにつながった。のちに、

写真2　北内郭の鍵形出入口（写真提供：佐賀県教育委員会）

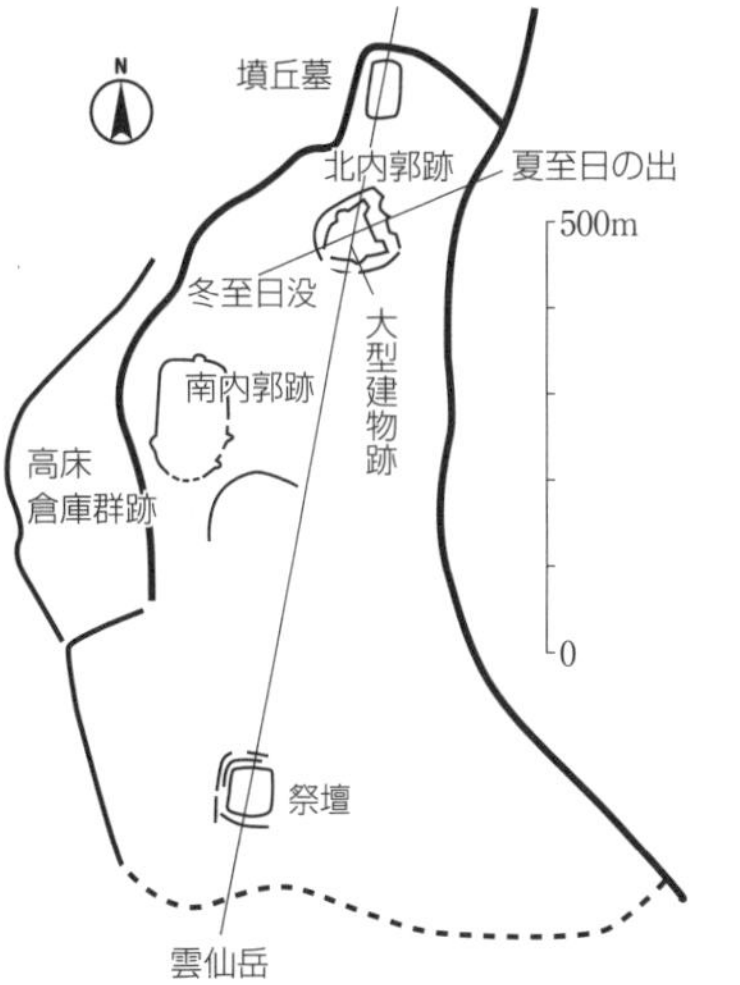

図3　吉野ヶ里遺跡概要図（弥生時代終末期）

割れずに完全に残ったものからは人骨が出土するなど、当時の社会や弥生人を知るタイムカプセルである。

北内郭の南六〇〇メートルの位置に存在する祭壇や、さらに南六〇キロの火山である雲仙岳の頂上がこの中軸線の南延長線上に存在することや、この北内郭の中軸線が夏至の日の出と冬至の日の入りの方向を正確に向いていることも、次々と判明した（前ページ図3）。発掘現場に立ち、遺跡のささやきを聞きとりながら調査をすすめることは、遺跡のもつ本質に近づくための、さまざまな発想につながるのである。

3 出土遺物、遺構の整理・分析

発掘によって出土した遺物や遺構は、その後の細かい整理・分析作業によって、わたしたちに遺跡のもつ貴重な情報を提供してくれる。

土器などのモノは、機能の変化や他地域からの影響などで形が変化し続けるのだが、その形態変化と出土した遺構の新旧関係などによって序列的に並べたものが、「編年」と呼ばれる尺度である。しかし、この編年では、たとえば「この形の土器がつくられたのは紀元前五〇年だ」などといった絶対的な年代をあたえることはむずかしい。絶対年代を知る方法としては、炭化物にふくまれる放射性炭素14（^{14}C）の減少によって年代を知る方法（炭素14年代値）や、樹木の年輪幅が毎年ちがうことに着目し、使われた年代がわかる木材から過去にさかのぼる「年輪年代」という自然科学的な分析方法などが利用されている。また、九州北部では、制作年代がわかる中国の銅鏡などといっしょに出土する土器に、実際と近い弥生時代の絶対年代をあたえることができる。

遺物の年代がわかると、それらを出土した遺構の年代が推定でき、道具の変化の過程の

北内郭の大型建物の南北中軸線
吉野ヶ里遺跡の弥生時代終末期の集落の中心である北内郭は中国の城郭構造を意識したつくりになっているが、北の墳丘墓や南の祭壇、雲仙岳を結ぶ線上に大型建物を配置していることも、礼法にもとづく中国の都城の構造と類似する。これが夏至・冬至の方向というのも、中国の暦法の影響を受けたものと考えられる。

炭素14年代値
動植物は、大気中にふくまれる放射性炭素^{14}Cを同じ濃度でとり入れながら成長するが、死んだあとは体内の放射性炭素は一定の割合で減少し、五七三〇年で半分になる。この原理を応用して、木材・種子などの炭化物や人骨などさまざまな資料を用いた測定がおこなわれている。

みならず、たとえば竪穴住居や倉庫や墓など遺構の形の変化を追うことができる。個々の遺構を総合的にまとめていくと、集落あるいは墓地といった遺跡全体の移り変わりが解明できるのである。

考古学の基本とされるものには、先の編年や、遺構や遺物の新旧を知るための「層位学」があるが、地域間の交流を知るために分布状況を調べることも重要である。たとえば吉野ヶ里遺跡から出土したもののなかに沖縄で採れるイモガイやゴホウラの貝殻でつくられた腕輪があったり、東海地方や近畿、山陰・瀬戸内、中九州地方でつくられたものやその地域の形に似た土器が存在することは、その地域との交流を知る手がかりになる。

文字資料（古記録、古文書）も、歴史研究にとって重要な資料である。書き手の立場を反映して書かれたものなので、正当に解読・批判して歴史資料として用いる必要があるのだが、日本では弥生時代以降の歴史が内外の文字による記録として記されている。弥生時代の研究に、『漢書』『後漢書』『三国志』（「魏書」）など中国の正史（歴代王朝が公式に認定した歴史書）、また日本の『古事記』や『日本書紀』などは欠かすことができない。

ほかにも、当時の植生や農業作物を知るための花粉やプラント・オパール（主にイネ科にふくまれる植物ガラス）分析、原料の入手先を知るための成分分析、人骨の形質から地域性や系譜を知るための形質人類学やDNA分析、その他さまざまな自然科学的な力も借りて、はじめて真実に近づくことができる。人類の過去を知るために、今後は考古学の方法のみならず、さまざまな学問との学際的な連携、共同調査が望まれる所以である。

年輪年代
樹木の年輪は気象状況によって年々の幅が変化するが、変化のパターンを現代から過去にさかのぼる資料をつなぎあわせることによって、個々の柱や木製品に使用された樹木の生育年代や伐採年代を測定することができる。

制作年代がわかる中国の銅鏡
中国の銅鏡には、製作年代が記されたものや銅鏡を副葬した墓の年代が判明した例があるなど、形や文様など形式的な変遷が把握されている。日本においても、墳墓の時期的な変遷と中国製銅鏡の変遷がほぼ合致している。

層位学
地質学の一分野で、地層を構成する岩石や土などの性質のちがいで層をわけ、上下関係や新旧関係を調べる学問。発掘調査の際には、

4　吉野ヶ里遺跡発掘調査の成果

これまで述べたような発掘作業を経て、現在、膨大な量の遺物や、調査記録類の整理・分析がすすめられている。吉野ヶ里遺跡は、弥生時代を特徴づける多くの情報に満ちた集落跡と墓地跡からなる遺跡であり、朝鮮半島や中国の同時代文化を受容して発展したことを示す代表的な大規模遺跡であることがわかった。

紀元前六世紀の朝鮮半島青銅器文化の流入を機に、縄文時代晩期（「弥生時代早期」と呼ぶこともある）に小規模環壕集落が丘陵南端に形成され、青銅器生産が開始された前期には二・五ヘクタール規模、中期には二〇ヘクタール超規模の環壕集落へ、後期には約四〇ヘクタールの大規模環壕集落へと継続して発展した集落の姿をあきらかにした。また、周辺に存在する集落群の動向などから、吉野ヶ里遺跡は弥生時代のはじめから最後まで、地域の盟主的な集落、つまりある国の都であったこともあきらかになった。

農業生産や前期から開始された青銅器生産などにより、中期には首長権の確立を示す大規模墳丘墓が営まれ、国内最大級の規模に発展した後期の環壕集落の内部では、弥生時代終末期に、物見櫓を備えた環壕区画である北内郭と南内郭《みなみないかく》の二つの特別な空間が設けられる。二重の環壕（土塁・柵）で厳重に囲まれた北内郭は、その内部に中期の墳丘墓に南面する祭殿と目される大型重層建物をふくむ掘立柱建物《ほったてばしらたてもの》跡群が存在するなど、司祭者の居住・祭祀の場であり、南内郭は高階層の人びとの居住区であったことを、防御施設や祭祀関係遺物、豊富な鉄製品の出土から知ることができる。南内郭西方に存在する大規模な高床倉庫跡群は、その規模・構造からクニ全体の物資の備蓄や交易の場（市）となってい

新旧関係がわかった各層にふくまれる遺物の新旧関係を把握することができる。

形質人類学
人類を生物学的に研究する学問で、ヒトの系統的な発生から進化、変異、生態、環境などを古人骨、石器、遺物、人体、霊長類、歯、食物などを研究対象として解明していく。自然人類学とも呼ばれる。

朝鮮半島青銅器文化
BC一五〇〇年からBC三〇〇年とされる朝鮮半島無文土器時代中期以降の青銅器を中心とした金属文化で、日本の弥生文化の源流となった。稲作などの農業の発展や青銅器の使用などにより大きな集落が生まれ、原始的な国家成立へと向かっていった。

ある国の都であった
邪馬台国の位置については、江戸時代の本居宣長や新井

たと推定できるなど、クニの中心集落へと発展した姿を読みとることができる。

集落構造を見てみると、南北内郭の環壕突出部と物見櫓、北内郭の鍵形の入口は、馬面《ばめん》、角楼《かくろう》などの突出部や鍵形の門である甕城《おうじょう》、護城墻《ごじょうしょう》など中国古代城郭の城壁に備えられた防御施設からの強い影響を受けたことが理解できるし、周辺の墓地から多数出土する中国の権威を帯びた銅鏡や鉄刀と合わせて、中国との外交のありようを垣間見ることができる。

5 おわりに

人類の数百万年の営みを知り、現代そして未来に生かすことこそが、科学としての考古学の目的である。吉野ヶ里遺跡は、弥生時代がはじまってから終わるまでの約七〇〇年間の人びとの営みを教えてくれる。弥生時代は、自然破壊や環境問題、資源の問題、人権問題、戦争・紛争、外交問題など、現代・未来のわたしたちが解決しなければならない課題が日本で生まれた時代であった。そのような問題がなぜ起こったのか、先人たちはどのようにして問題解決にいどんだのかということを研究することによって、解決へと導くヒントを見つけ出すことが可能になるのである。

発掘調査によって、集落や墓地の変遷のみならず、衣食住の変化、精神生活、戦い、他地方や外国との交流を知るための情報を得るが、発掘調査の最終的な評価は、発掘現場で作成した図面や写真、メモなどの記録類や、出土遺物の分析結果などをもとにおこなう。しかし、現地調査の段階での判断の誤りや認識の甘さといったものが最終的な評価に悪影響をおよぼすこともあるので、考古学の世界では、とくにフィールドワークの精度がもの

白石をはじめとして現在も論争が続き、近畿説と九州説が有力だが決着をみていない。地名や行程記事、記紀の記述などからの論争に加え、大正時代末期からは考古学の成果を用いた論争も活発となっている。邪馬台国の中心集落の候補地としては、奈良県纒向《まきむく》遺跡や佐賀県吉野ヶ里遺跡が注目されている。

フィールドワークの精度がものをいう

発掘調査には、開発によって破壊あるいは恒久的に埋没する遺跡の情報を記録として保存するものと、学術目的のものがある。前者は、最終的には遺構を完全に掘りあげてしまうが、後者の場合は、将来の再確認や検証、将来の進歩した方法による発掘調査に備えるために、部分的な調査をおこなう場合が多い。

をいう。わたしたち考古学にたずさわる者は、常に「歩けオロジー」ということばを肝に銘じながら、研究を続けなければならない。

七田忠昭（しちだ・ただあき）

一九五二年佐賀県生まれ。吉野ヶ里遺跡そばにある家のまわりは遺跡や遺物の宝庫で、幼いころから考古学にあこがれる。最初のフィールドワークは、小学四年生のときの、父に連れられて佐賀県と福岡県をわける脊振山《せふりさん》中での縄文遺跡の踏査で、原始人たちの生活の場の立地や環境を学んだ。はじめての発掘は高校時代で、佐賀・福岡の特色となっている甕棺の発掘や実測図作成をおこない、その道にすすむことを決めた。吉野ヶ里遺跡の発掘調査では、当初から二二年間、発掘主任をつとめた。

＊　＊　＊

■わたしの研究に衝撃をあたえた一冊『かもしかみち』

著者は太平洋戦争前後に活躍したアマチュアの考古学者。味気ない解説ばかりの考古学の書物のなかで、原始時代・古代の生活を、当時の精神生活にもふみこんで想像豊かに描いている。まるでおもしろい小説を読んでいるかのように、遠い存在だった原始・古代を身近に感じさせてくれた。

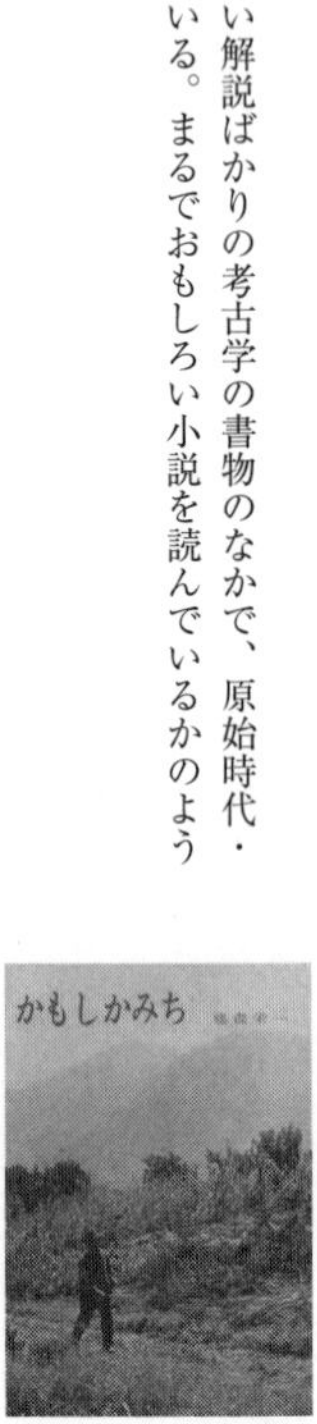

藤森栄一著
学生社
一九七七年（新装版：学生社　一九九五年）

黒曜石の流通にみる共生の知恵

——大竹幸恵

1　槍先形尖頭器の発見と黒曜石原産地

日本列島には、数万年以上も昔の旧石器時代から人類が生活していた。このことを最初に証明した相沢忠洋《あいざわただひろ》さんによる岩宿《いわじゅく》遺跡の発見は有名である。

その発見の糸口は、道端の赤土の地層のなかからキラキラ光る黒曜石《こくようせき》製の槍先形尖頭器《やりさきがたせんとうき》を見つけたことであった。

黒曜石は、火山から噴出したマグマがかたまってできた天然のガラスである（次ページ図1）。割れ口が鋭く、加工しやすいことから、鋭利な刃をもつ狩猟具や肉を切るナイフなどの石器の原料として盛んに利用されていたが、岩宿遺跡のある群馬県には、黒曜石を採取できる火山はない。黒曜石は、いったい、どこからどのようにして、この場所にもち運ばれてきたのであろうか。

日本列島は火山列島と呼ばれている。しかし、噴火のしかたやマグマの成分によって黒曜石の原産地は場所が限定され、黒曜石自体も、産地ごとに大きさや質にちがいがある。旧石器時代や縄文時代の遺跡から出土した石器をみると、加工に適した大きさの原石を確

旧石器時代から人類が生活していた
大陸から人びとが日本列島にうつり住むようになったのは、いまからおよそ五万～四万年前とされている。

岩宿遺跡
群馬県みどり市にある旧石器時代の遺跡。一九四六年ごろ、在野の考古学者、相沢忠洋によって発見された。発掘調査の結果、日本ではじめて旧石器時代の遺跡の存在が学術的に証明された。

保しており、また、切れ味の鋭い石器をつくるために、より不純物のすくない良質の黒曜石をもとめて、利用する原産地を選んでいたようすがうかがえる。

日本列島の広範囲で利用された代表的な黒曜石の原産地としては、北海道の白滝《しらたき》や十勝岳、長野県の霧ヶ峰から八ヶ岳の一帯、神奈川県と静岡県にいたる伊豆・箱根、栃木県の高原山《たかはらやま》、そして、東京湾から海を南に渡った神津島《こうづしま》がある。また、西日本の産地としては、島根県の隠岐島《おきのしま》、九州大分県の姫島、佐賀県の腰岳が有名である。

割れ口の鋭い黒曜石は、現在でも医療用のメスの材料として輸入されているという話も聞く。産地が限定される黒曜石の石器が日本列島の各地で発見されている状況をみると、金属がなかった旧石器時代や縄文時代において、いかにその石材の人気が高かったかを知ることができる。

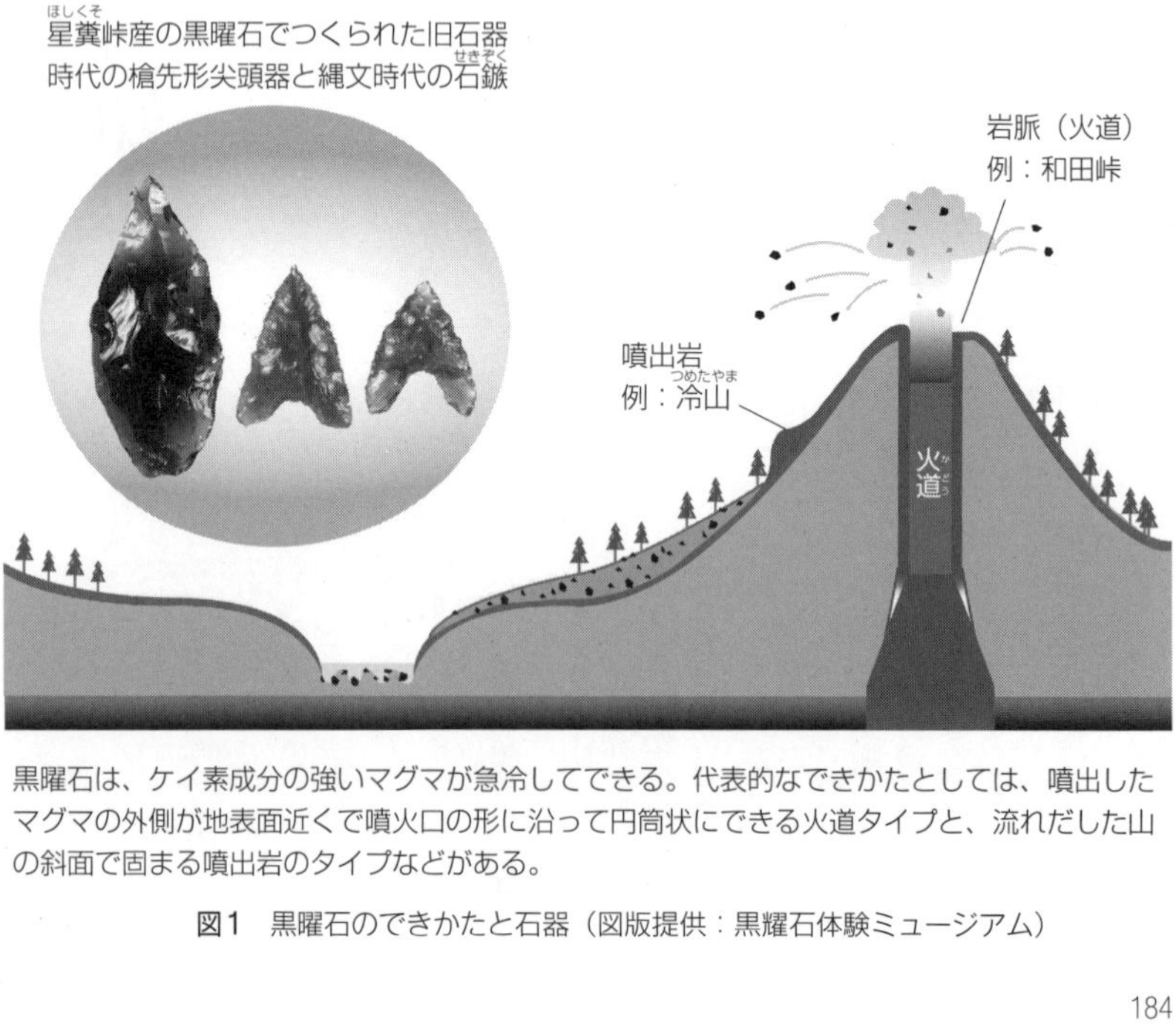

黒曜石は、ケイ素成分の強いマグマが急冷してできる。代表的なできかたとしては、噴出したマグマの外側が地表面近くで噴火口の形に沿って円筒状にできる火道タイプと、流れだした山の斜面で固まる噴出岩のタイプなどがある。

図1　黒曜石のできかたと石器（図版提供：黒耀石体験ミュージアム）

2 信州産黒曜石の利用変遷

黒曜石の成分を理化学的な方法で分析し、遺跡から発見された石器の産地を推定する研究がすすんでいる（次ページ図2）。その結果、関東地方では、遠く離れた信州産の黒曜石が日本列島における旧石器時代のはじまりのころから利用されはじめ、いまから二万七〇〇〇年前ごろに利用率が急増することがわかってきた。遺跡数の増加とともに、より優れた信州産黒曜石を入手するための遠征部隊が組織されていたと考えられている。狩りをしながら移動する先々に残された遺跡のなかでも、複数の集団が合流したと思われる大きな遺跡から大量の信州産黒曜石が発見されている。

ところが、いまから二万五〇〇〇年前ごろになると、相模野台地や武蔵野台地では信州産黒曜石の利用率が激減する。この時期は旧石器時代の最寒冷期にあたり、年間の平均気温は現在よりも七度ほど低かったとされている。信州の黒曜石原産地の多くは、標高一〇〇〇メートルを超える高地にあり、一帯が氷に閉ざされていた可能性が高い。関東地方に近接する伊豆・箱根や高原山産の黒曜石の利用率が高くなるのは、質のいい信州産黒曜石の入手が困難になっていたことを反映しているようだ。

信州産黒曜石の利用率がふたたび高まるのは、二万年から一万八〇〇〇年前のことである。このころになると、原産地側の高原地帯に遺跡の数が増加する現象がみられる。遺跡は、狩りに適した湿原の周囲や、黒曜石の原石が入手しやすい産地の直下に、密集するようにして発見されている。そして、原産地直下の遺跡では大量の石器が集中的につくられ、ほぼ完成に近い石器が遠隔地へ送りだされるようになっていった。岩宿遺跡で発見された

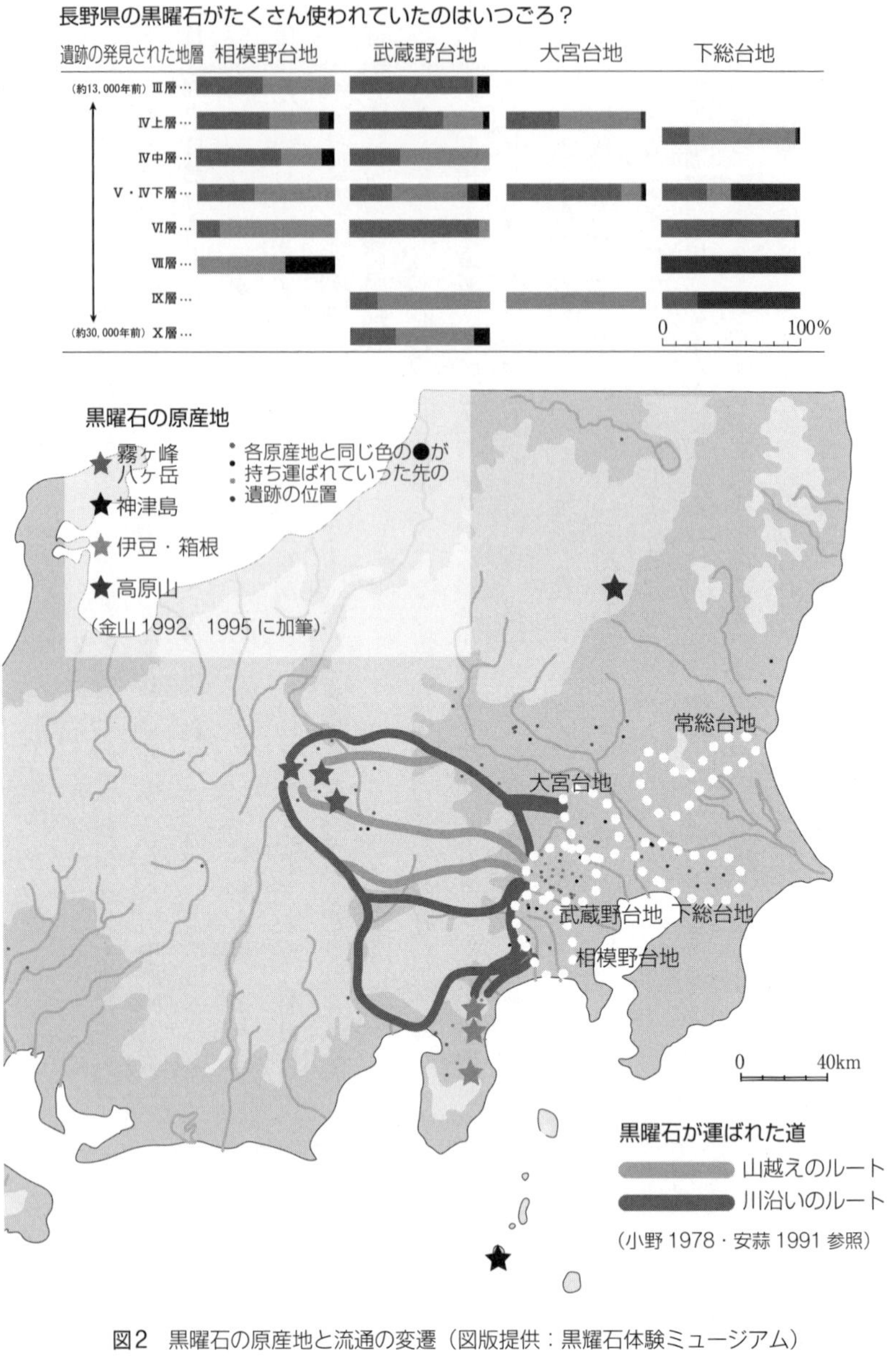

図2　黒曜石の原産地と流通の変遷（図版提供：黒耀石体験ミュージアム）

美しい槍先形尖頭器は、その代表的な石器のひとつだったのである。

では、今日のような運送手段がなかった当時、長距離におよぶ流通が継続できたのはなぜだろうか。その理由となる答えを、原産地に残された遺跡の実態からさぐってみよう。

3　黒曜石原産地に密集する大規模な遺跡

信州の黒曜石原産地として著名な和田峠や星糞《ほしくそ》峠がある長野県小県《ちいさがた》郡長和町《ながわまち》では、黒曜石資源の獲得と流通について、原産地遺跡群の調査・研究が継続しておこなわれている。

標高一三七〇メートルの高原地帯に一一の大規模な遺跡が密集する鷹山遺跡群は、星糞峠の直下に位置している（写真1）。星糞という不思議な名は、黒曜石にちなんだ数すくない地名である。この峠から北東側に隣接する虫倉《むしくら》山《やま》の斜面に藪《やぶ》をかきわけて踏み入ると、その一帯には生い茂る下草におおわれるようにして無数の黒曜石の原石が広がっていることに気づく。一九九〇年（平成二年）からはじまった黒曜石の産出源と遺跡の場所を探す分布調査では、この原石の分布はさらに峠から山の麓《ふもと》に向かって崩れ落ちるかのように続き、山裾を流れる鷹山川とその周囲に発達した湿地にいたっていることが判明した（次ページ図3）。

遺跡では、やや磨耗した角礫《かくれき》を使用しており、その特徴は、鷹山川の河《か》床《しょう》や湿地部に産出する原石と共通している。鷹山川《たかやまがわ》の周囲に立地する遺跡

写真1　鷹山遺跡群全景、星糞峠側から臨む
右端が鷹山第Ⅰ遺跡（写真提供：黒耀石体験ミュージアム）

群では、河床付近で採集できる黒曜石を原料として、大量の石器をつくっていたのである。

発掘調査がおこなわれた鷹山第I遺跡は、遺跡群の中核となる大規模な遺跡である。約二万年前に残されたM地点と一万八〇〇〇年前に残されたS地点の二か所にわたって発掘がおこなわれたが、M地点ではブロックと呼ばれている直径一八メートルにおよぶ工房跡から六二七二点の遺物が、隣接するS地点では直径一六メートルのブロックから一万七五一五点もの大量の遺物が出土した。原産地から離れた消費地側で発見されるブロックと比較すると、その面積は数十倍、遺物の点数は数百倍という規模である。

原産地直下の大規模なブロックと消費地側のブロックとでは、石器づくりの内容にもちがいがみられた。M地点とS地点には、石器をつくる際にうち捨てられた膨大な量の割りくずと製作途上の破損品が残されていたが、完成品はわずかしか残されていなかった。つまり、石器製作にたずさわった人びとがその場で使用する最小限の石器を残して、M地点のブロックからはナイフ形石器の素材となる薄手の剥片《はくへん》が、S地点のブ

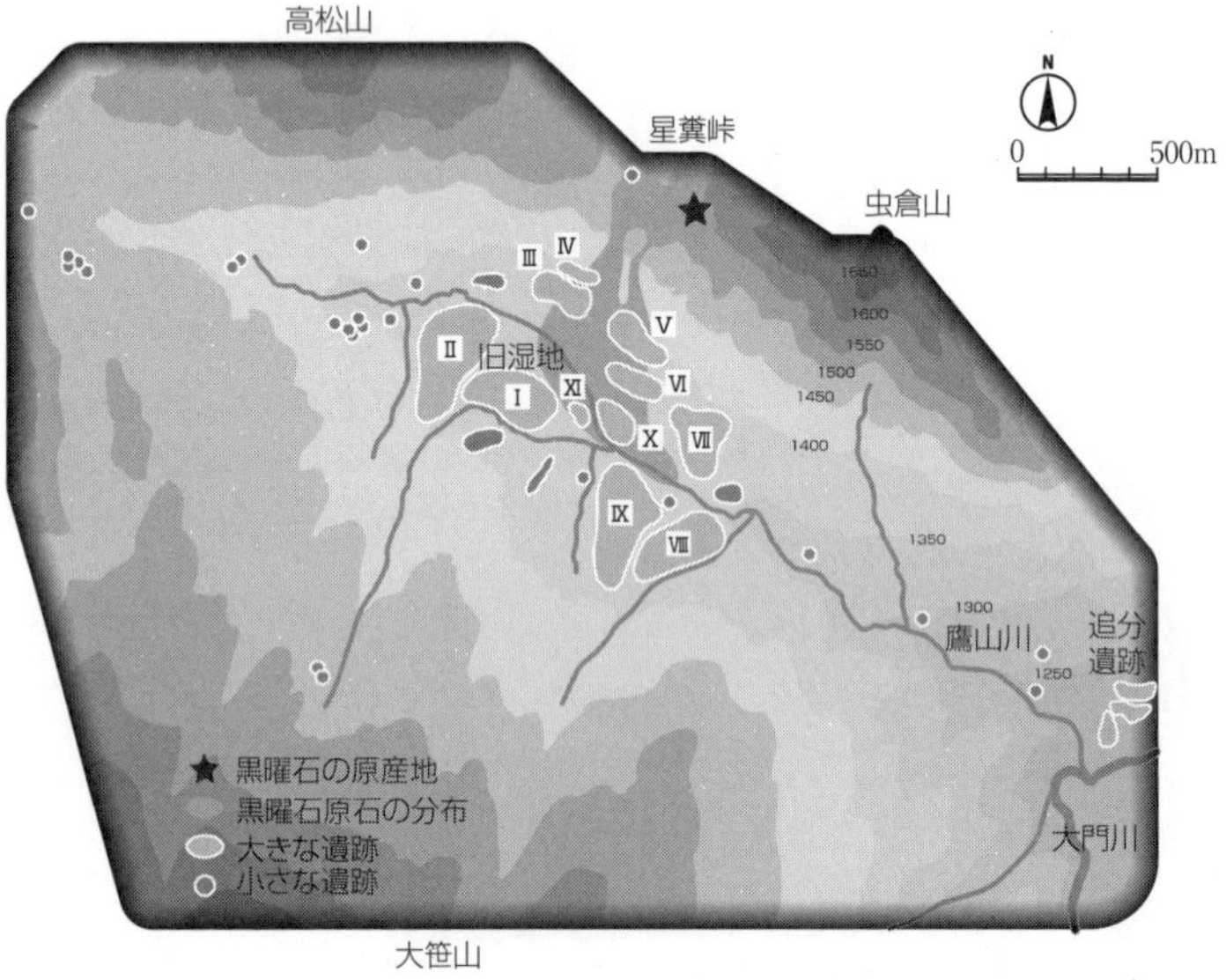

図3　星糞峠黒曜石の分布と鷹山遺跡群（図版提供：黒耀石体験ミュージアム）

ロックからは槍先形尖頭器の完成品が、大量にほかの遺跡へともち出されていたことを示している。

S地点と同じ時期に残された、消費地側の遺跡に目を向けてみよう。黒曜石の原産地から九〇キロほど離れたところに、ナウマンゾウの発見で有名な野尻湖遺跡群がある。そのひとつである貫ノ木《かんのき》遺跡のブロックからは、**産地推定分析**で和田・鷹山産とされた黒曜石が出土した。しかし、ブロックの内容をみると遺跡の近くで入手できる石材が中心で、黒曜石の遺物は三点の槍先形尖頭器とその形を整える際にうち捨てられた四一点の割りくずのみであった。貫ノ木遺跡では、槍先形尖頭器が製品としてもちこまれ、破損の修復あるいは仕上げの工程のみがおこなわれていたことになり、原産地側のS地点のようなブロックがその供給源であった可能性が強い（図4）。

時期の異なるM地点とS地点のブロックは、石器の素材を送りだす段階から完成した石器そのものを送りだす段階へと、流通する黒曜石の内容が変わっていったことも示している。その理由はなんだったのだろうか。

槍先形尖頭器は、先端のとがった薄いナイフ形石器に比べてより丈夫な狩猟具であったが、やや厚手の素材に丹念な調

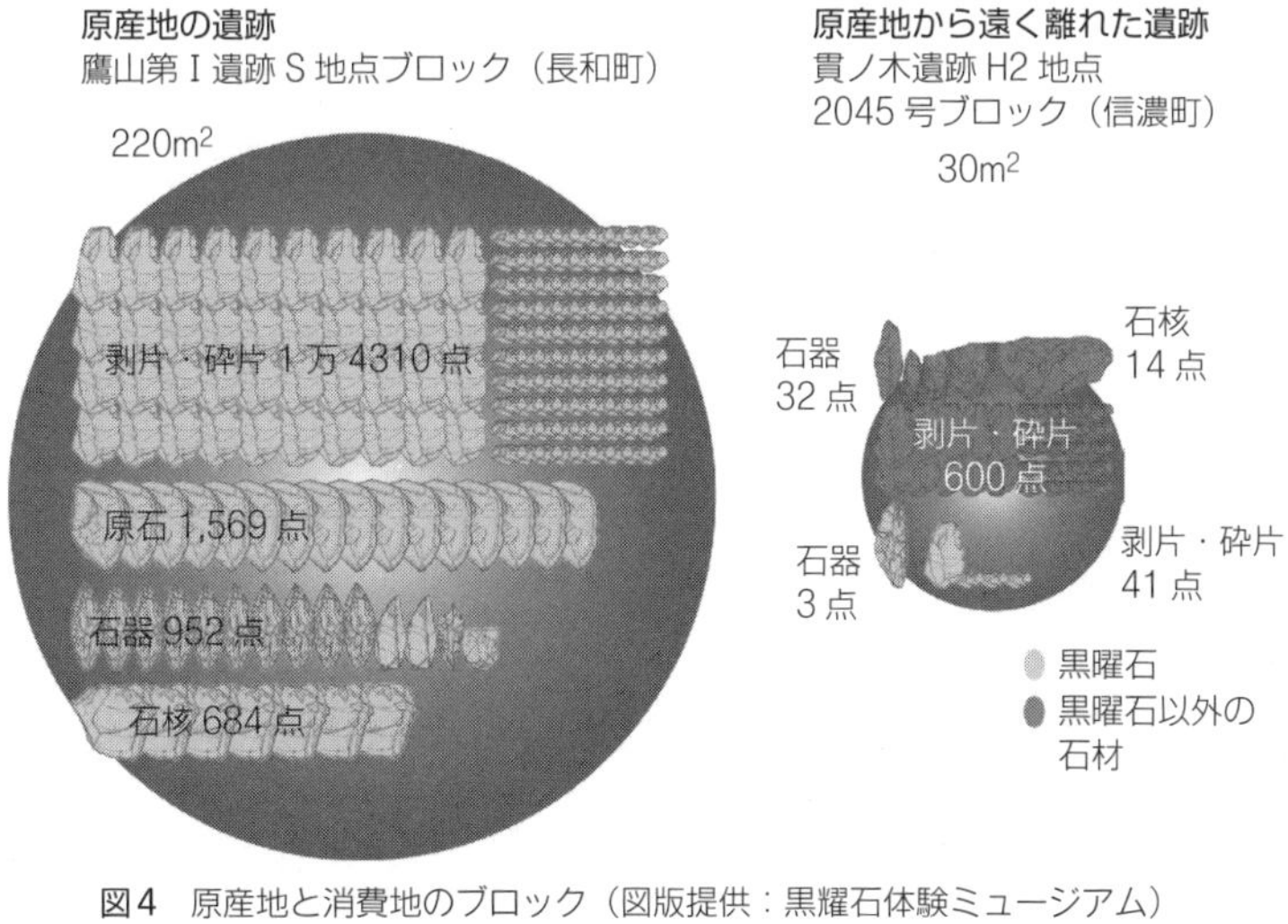

図4　原産地と消費地のブロック（図版提供：黒耀石体験ミュージアム）

整を加えてひとつの石器をつくりだすため、より手間のかかる石器でもある。また、素材にたいする加工の度合いが大きいため、槍先形尖頭器の工房跡には製作途上で失敗した多くの破損品が残されている。

槍先形尖頭器が新たな石器として登場した当初、消費地側の遺跡では信州産黒曜石の製品が数多く発見されている。その背景には、このような石器づくりのリスクを補うために、S地点のように原料の豊富な原産地側で集中的に石器をつくり、製品を消費地側に送りだすといった流通のしくみが生まれたと考えられている。そして、時を経て槍先形尖頭器の製作技術が広まると、消費地側でも原料から槍先形尖頭器をつくりだすようになり、ふたたび原料や素材が流通の対象となっていった。

原産地直下に残された大規模な遺跡群は、石器製作技術の特質にあわせて必要とされる石器の素材や製品を供給する役割を担っており、大量の黒曜石資源が広範囲に供給されていった背景には、原産地と消費地側の遺跡を結ぶ生産と流通のしくみが、すでに旧石器時代からあったと考えられる。

4　縄文時代と黒曜石鉱山の出現

平均気温が現在よりも四度ほど低い最終氷期も終わりを告げ、温暖な気候の縄文時代になると、豊富な食糧を提供する自然環境が形成され、列島規模で人口の増加がみられた。標高の高い原産地帯では降雪量が増えるため遺跡の数が減少するが、原産地から離れた下流の川のほとりには、竪穴式住居が並ぶ集落が数多く発見されている。

貫ノ木遺跡
長野県上水内郡信濃町にある旧石器時代の遺跡。野尻湖の南西側に密集する野尻湖遺跡群のひとつ。

産地推定分析
黒曜石の元素組成を比較することによって産地を推定した。

縄文時代
気候の温暖化にともなって、木の実をはじめとする豊富な植物質食糧を調理する土器が発明される。約一万年にわたって、縄目の模様を代表とする縄文式土器が使用された。

縄文人たちは、複数の集落から人手を募り、黒曜石が枯渇した鷹山川の河床からさらに星糞峠へと登り、地下に埋蔵された黒曜石を直接掘りだすようになる（図5）。星糞峠から東側に連なる虫倉山の一帯では、縄文人が黒曜石を採掘した痕跡が、六・六ヘクタールの斜面地に一九五基のクレーター状のくぼみとして階段状に連なって発見された（写真2）。

大規模な黒曜石鉱山の出現は、人口の増加とともに黒曜石の獲得が以前にもまして人びとの重要な課題のひとつになっていったことを示している。一九九一年（平成三年）からこの一帯を星糞峠黒曜石採掘址群として継続的な発掘調査がおこなわれてきたが、鉱山の中腹に位置するくぼみの第一号採掘址では、採掘の方法や規模を立体的に解明する大きな発見が相次いでいる。

5　星糞峠第一号採掘址の発掘調査

発掘調査は、トレンチと呼ばれる幅四メートルほどの溝を掘って地下のようすをさぐる方法ですすめられた。その結果、第一号発掘址の地下には黒曜石を掘りだす際に捨てられた「採掘排土」と称される大量の土砂が堆積していることがわかった。採掘排土は採掘の場から左右、そして斜面の下方へと捨てられ、次第に高く積み重なって、くぼ

図5　黒曜石の産出状況と獲得方法の変化
旧石器時代（約3万年前）には狩りのあいまに鷹山川で黒曜石を拾って石器をつくっていた（右）が、縄文時代（約1万年～3500年前）にはいると、星糞峠から虫倉山の一帯で黒曜石を掘りだし、原産地から離れた集落にもち帰るようになった（左）（図版提供：黒耀石体験ミュージアム）

みの周囲を区画するような土手がつくりだされていた。トレンチを延長して地層の特徴を追うと、採掘の痕跡はくぼみの単位を超えて連続しており、山の斜面全体が切り崩されるようにして掘りすすめられている。階段状の地形は、斜面の下から頂上に向かって掘りすすんでいたようすを示すものであった。そして、厚く積み重なる採掘排土をとりのぞくと、現在の地表面から三メートル、深いところでは五メートルほど掘り下げたところに、ようやく縄文人がねらっていた黒曜石原石をふくむ白色の鉱床が顔を出してきた。軽石や黒曜石の砂が混じった白色の地層は、その地層の特徴や黒曜石の成分が類似することから和田峠付近から流れてきた火砕流ではないかということである。

　粘土質でかたくしまった鉱床の表面には無数の凹凸が見られ、縄文人が苦労して掘りこんでいたようすもうかがえる。また、二〇一二年（平成二四年）の発掘調査では、五メートル下の鉱床上面に丸太を積みあげた構造物の一部が発見された（写真3）。いったん掘り捨てた粘土質の土砂は、山の斜面に湧きだす水の影響で崩れやすくなり、発掘中も土砂の崩落に悩まされた。縄文人も同じ苦労をしていたのであろうか、丸太材は掘り捨てられた土砂の山裾に沿って積みあげられており、土砂崩れ防止のためにつくられた木柵であるらしい。有機質の木材は、水の影響で三五〇〇年を経過したいまも強固で、樹皮や年輪も新鮮な状態であった。

　膨大な量の採掘排土は、時期の異なる複数回の採掘によって廃棄された

写真2　採掘の痕跡を示すくぼみ
157号採掘址（写真提供：黒耀石体験ミュージアム）

写真3　地下5mから発見された3500年前の木柵（写真提供：黒耀石体験ミュージアム）

こともわかってきた。複雑な地層を丹念に観察すると、第一号採掘址の南側では、その土砂のなかに採掘当時の地面が薄い三枚の地層となって発見された（写真4）。その地面から発見された土器や周囲に広がる炭の年代を測定したところ、上から二枚の地層はおよそ三五〇〇年前の縄文時代後期の地面であり、三枚目の地層と鉱床の上面から採集された炭は、およそ七九〇〇年前の縄文時代早期の年代を示すものであった。

黒曜石の利用は、およそ三万年前の旧石器時代からはじまり、縄文時代の一万年間を経て、弥生時代へと続く。星糞峠付近での採掘がいつごろからはじまり、いつごろまで続いたのかについては、発掘地点が鉱山のごく一部にしかすぎないため全貌はわかっていない。しかし、第一号採掘址のようすからは、すくなくとも縄文時代早期には採掘がはじまっていた可能性が強くなってきた。そして、およそ四〇〇〇年を経過した縄文時代後期には、一度採掘した場所をふたたび掘り返すようにして採掘が試みられている。山の斜面全体の地形が縄文人の採掘によって大きく改変されていたことを考えると、すこしずつ場所を変えながら採掘していた彼らが、やむなく、先人の掘り捨てた土砂をとりのぞきながら同じ場所を掘らざるをえなくなっていったと考えられる。

写真4　第1号採掘址の調査区
中央最下面が鉱床、左右の段は縄文時代の旧地表面（写真提供：黒耀石体験ミュージアム）

火砕流
火山の噴火にともない、火山灰や軽石、黒曜石が火山ガスと混じりあって火口から一気に流れ下る現象。

6　縄文人がもち帰った黒曜石

すでに黒曜石が掘りだされた場所で採掘活動を再開した縄文時代後期の人たちは、竪坑《たてこう》という井戸のような穴を掘りこむ方法と、山の斜面を階段状に切り崩す方法とによって黒曜石を入手している。竪坑は、山積みにされた採掘排土の内側や、地表面に顔を出していた白色の粘質土をねらって掘りこまれており、地下に埋もれている鉱床の存在や、その深さをある程度予測していたようである。第一号採掘址の北側では、竪坑によって鉱床を掘り抜き、続いて土砂崩れ防止の木柵をつくりながら山の斜面を切り崩していったようすが見られる。

一方、調査区の中央から南側で発見された数多くの竪坑は、鉱床に達していないものや、鉱床の上部をわずかに掘り下げただけで掘り終えてしまったものもある（写真5）。鉱床を深く掘りこむことがなかったこれらの竪坑掘りは、彼らにとって無駄な作業だったのだろうか。この疑問にたいして、**発掘調査に参加した地元の中学生**が答えを出した。

竪坑が掘りこまれた当時の地面にも、その下に積み重ねられた採掘排土のなかにも大量の黒曜石が見られる。中学生は、当時の地面に落ちている原石は、縄文人が目にしながらももち帰らなかったものであると考えた。

では、縄文人はどんな黒曜石をもち帰ったのだろうか。数回にわたって掘り捨てられた採掘排土のなかに残されている黒曜石と、三回目の採掘のあとに形成された縄文時代後期の地面の黒曜石とを比較することにした。

黒曜石の大きさを計測すると、地面に残されていた原石は、不純物を

発掘調査に参加した地元の中学生
長和町の和田中学校では、二〇〇九年（平成二一年）から博物館との連携事業として黒曜石の歴史遺産を学ぶ授業を開講している。発掘調査には六〇人の生徒が参加し、その分析結果をシンポジウムで発表した。

写真5　星糞峠第1号採掘址中央の竪坑断面
中央部の白いラインは、竪坑の輪郭や時期の異なる採掘排土の区分を表示したもの（写真提供：黒耀石体験ミュージアム）

多くふくむ一点をのぞいて、いずれも三センチ未満の小さなものであった。そして、同じく縄文時代後期に掘り捨てられた三回目と二回目の採掘排土のなかにとり残されていた原石も、三センチ未満の大きさであった。ところが、一回目に掘り捨てられた縄文時代早期の採掘排土のなかには、三センチから大きなもので七センチというサイズの原石が数多く残されていたのである。

鉱床にふくまれる原石のサイズは、砂粒状のものから直径三〇センチを超える大きなものまでと、バラエティに富んでいる。採掘排土のなかにとり残された原石のサイズを比較すると、大きなサイズのものから運びだされ、最終的には三センチ未満のものが不要なサイズとして採掘跡に残されるにいたったようすを読みとることができる。

この分析で得られた原石のサイズは、下流付近の集落遺跡で使用されていた原石のサイズとも強い関係性を示すものであった。縄文時代の狩りの道具である**石鏃**《せきぞく》やナイフとして使われた**石匙**《いしさじ》、穴をあける**石錐**《せきすい》などの代表的な石器の多くは、三センチ以上の原石から素材をつくりだしている。つまり、採掘がはじまったばかりの縄文時代早期の採掘排土のなかに三センチ以上の原石が残されていたことは、採掘の深さが鉱床におよばなかった竪抗においても、早期の採掘排土中から必要とされるサイズの原石を獲得することができたことを示している。後期にいたると採掘排土が次第に厚く積み重ねられていったが、彼らが掘りこんだ竪坑の深さは、いずれも早期の採掘排土を掘り抜いていた。

採掘排土をふたたび掘り返すという行為は大きな労働力をともなうものであり、黒曜石の入手がより困難になっていったようすがうかがえる。しかし、初期段階の採掘排土をねらって掘りこまれた竪坑の存在は、目的とする原石サイズを求めて採掘の目標を定め、よ

石鏃
弓矢の先につけるやじり。

石匙
ひもなどを巻くつまみ部がつくりだされたナイフ。

り計画的に採掘がおこなわれていたことを示すものであった。

7　黒曜石の広域流通と自然共生の知恵

調査がすすむにしたがって、星糞峠の一帯では縄文時代の人びとがかなりの労力を費やして黒曜石を手に入れていたようすがわかってきた。集落側では三センチを超えるサイズの原石からさまざまな石器をつくっていたが、苦労の末に手に入れた小さな原石ももち帰り、利用しようとしていたようすもうかがえる。では、しだいに入手が困難になっていった黒曜石資源が、依然として各地域の遺跡へと分配され続けていたのはなぜだろうか。

　特定の物資を集中的に生産し、広域に流通させる現象は、縄文時代になるとより多様になる。貝塚や製塩遺跡、土器の材料となる粘土の採掘跡といった遺跡、また装飾品として流通する翡翠《ひすい》の玉づくりの工房跡なども登場する。このことから、縄文時代に活発な「交易」があり、交換する特定の物資を生産するための分業や、その活動をとりしきる身分的な差があったとする考えもある。しかし、特定の物資の生産や流通に関わった遺跡とほかの多くの遺跡とを比較した場合、狩りや漁撈、そして植物採集といった日々の暮らしぶりに大きな格差は認められない。また、特定の資源をめぐって無差別の殺戮《さつりく》がおこなわれたことを示す積極的な証拠も発見されていない。

　大きな集落の中央に残された広場や、大型の住居は、複数の集落が共同で生活資源の流通や分配をおこなっていたことを示しており、各集落に生活の必需品が安定して供給されていた背景には、ムラ同士の協力関係と地域を越えた活発な交流があったと考えられてい

石錐
穴をあけるドリル。

※写真提供：黒耀石体験ミュージアム

る。生活必需品を代表する石器の原料としては、チャートなど比較的身近で入手できる石材も利用されている。しかし、より労働力が必要とされる黒曜石鉱山の採掘活動が継続し、そこで生産された黒耀石が広範囲に流通していた背景には、良質な生活資源を得るだけではなく、集団の協力関係を維持するための社会的な事業として黒曜石の生産と流通がとりおこなわれていたと考えられよう。

大規模な鉱山跡を見学した子どもたちは、苦労をして手に入れた黒曜石をひとり占めすることなく送りだしていたようすを思い浮かべて、「黒曜石をみんなにわけてあげた縄文人は、心のやさしい人たちだった」と感想を述べている。また、そのことが、「自然の恵みを活かし、たがいに平和な暮らしを続けた縄文人の知恵だった」と指摘する。遠く離れた遺跡で発見された黒曜石の輝きには、「みんなが豊かであるように……」そんな思いが秘められていたのではないだろうか。

チャート
堆積岩の一種。微密な岩石で黒曜石と同様に鋭利な刃先を有する石器の材料として用いられた。

大竹幸恵（おおたけ・さちえ）

考古学者。「石無し県」といわれる茨城県出身。小学校六年生の授業で縄文土器や石器を表採したことがきっかけとなり、自宅の裏の畑で黒耀石の石器を発見。教科書には、黒耀石の産地は遠く信州の和田峠にあるとあった。数千年という時空間を経て手にした黒耀石の輝きが忘れられず、考古学の道に進む。大学院生となった一九八四年に、念願の黒耀石原産地鷹山遺跡群の発掘調査に参加し、以後、ライフワークとして黒耀石流通の背景を解き明かす研究に取り組んでいる。

＊　＊　＊

■わたしの研究に衝撃をあたえた一冊『石器と土器の話』

考古学者のなかには、藤森栄一氏の本に感銘を受けてその道にすすんだという人が多い。この本に出会ったのは高校三年生のときだった。著者は、石器や土器を拾った子どもたちの質問に答えながら、「人から聞いた知識なんて、本当はなんの価値もないのだよ」、考古学という学問をとおして「どう観たり考えたらよいか」を勉強することがたいせつだと語っている。黒耀石への素朴な疑問を自分の手で解き明かす——わたし自身の進学の目的と、現在の博物館での仕事の原点はここにある。

藤森栄一著
学生社
一九六九年

環状列石（ストーン・サークル）を求めて

――葛西　勵

1　はじめに

生活の跡や墓などは「遺構」、道具は「遺物」

縄文時代にはどのようなマツリ（つまり祭祀《さいし》）がおこなわれていたのか、考古学をはじめたころから深い関心があった。しかし、考古学からそれをさぐることは、きわめてむずかしい。なぜかというと、考古学という学問は、地下に埋まっている遺跡から、「発掘」という手段によって生活の痕跡《こんせき》や道具類を発見し、それを考察していく学問だからである。生活の跡や墓などを「遺構」といい、道具を「遺物」と呼ぶ。

遺物の場合、形態や現代の道具との比較からその機能を推考し、石器であればヤジリとかナイフ、オノなどと呼ぶ。土器も、その形態から鉢とか皿などと呼んでいる。

ところが、縄文時代の遺物のなかには、それを何に使用したのかわからないものがすくなくない。それが土製の場合は○○土製品《どせいひん》、石製の場合は○○石製品《せきせいひん》と呼び、木製の場合も同じように呼ばれる。そして、多くは形状から名前がつけられる。

代表的なものが土偶だ。何に使用され、どのような性格の遺物であったのかがわからないから、古くから「これは、実用ではなくマツリに使われたのだろう」とされてきた。

縄文時代の遺物には、生活のための道具と、その生活を支えるために使われた精神的な遺物がある（前者を「第一の道具」、後者を「第二の道具」と呼ぶ）。精神的な遺物である第二の道具は、縄文時代の後半になると多くなってくる。

遺構のなかにも、不明なものがある。たとえば住居跡の場合、地面を円形または楕円形に掘りこんで壁と床をつくり、柱を埋める穴を掘り、ほぼ中央に石で囲った炉を設けているので、一見して住居跡だということがわかる。ところが縄文時代の後半になると、大規模な土地造成をおこない、そこへ川原石などを運んで環状に配列した遺構が盛んに構築されてくる。考古学では、それを「環状列石（ストーン・サークル）」と呼んでいる（写真1）。わざわざ何千個もの石を運んで、縄文人は何をしようとしたのだろうか。

写真1　小牧野遺跡（青森市）の環状列石（ストーン・サークル）（写真提供：青森市教育委員会）

精神的な遺構——環状列石

環状列石の性格については、古くから墓地説と祭祀説が有力視されてきた。環状列石の周辺からは、墓が検出されたり、祭祀的な遺物が多く発見されることから、最近では「墓をかねた多目的祭祀場」だという説が有力視されている。

わたしのフィールドワーク人生にも、環状列石の発見や調査に関わった遺跡がいくつかある。発見の経緯や、遺跡の内容を紹介していくことにしよう。

2　環状列石の分布

縄文時代の遺跡は東日本に濃密に分布しており、環状列石もまた東日本で多く発見されている。最初に発見された環状列石は秋田県の大湯《おおゆ》環状列石（鹿角《かづの》市）であり、一九三一年（昭和六年）に水田にするための工事中に見つかった。環状列石は現在のところ一六の遺跡で見つかっており、とりわけ北海道から北東北にかけて分布している。秋田県には、大湯環状列石のほか伊勢堂岱《いせどうたい》遺跡（北秋田市）の環状列石があるし、岩手県には湯舟沢《ゆぶねざわ》遺跡（滝沢市）の環状列石がある。青森県には、大森勝山《おおもりかつやま》遺跡（弘前市）と小牧野《こまきの》遺跡（青森市）の環状列石、それに近年調査された太師森《たいしもり》遺跡（平川市）の環状列石がある。北海道には忍路《おしょろ》遺跡（小樽市）の環状列石をはじめとして、近年発見された鷲ノ木《わしのき》5遺跡（茅部《かやべ》郡森町《もりまち》）の環状列石などがあり、道南部で多く発見されている。ほとんどの環状列石が縄文後期の構築であるのにたいして、大森勝山遺跡の環状列石は縄文晩期とみられている。

3　小牧野遺跡の環状列石

一九七二年（昭和四七年）八月二一日、青森市内在住のある縄文土器のコレクターから「青森空港近くの小館で、集石の下から大型壺が発見された」との情報が寄せられたので、さっそく土器を拝見させてもらった。土器の形態、大きさ、つくられた時期は、当時わたしが研究していた人骨再葬土器に非常に似ていた。

同月二七日、市教育委員会の担当者と、土器が出た現場に行くことができた。教育委

人骨再葬土器
遺体をいったん土葬や風葬にし、肉体が朽ちはてたころに骨をとり出して土器に収納した。

員会の情報で、遺跡名が「小牧野遺跡」であると知らされた。青森市の中心市街地から南方約九キロの大字野沢字小牧野にあり、標高は約一四〇メートル。付近一帯は江戸時代から馬の放牧場であったといわれ、地名もそれに由来するという。土器が出たところには、「嘉永七年」(一八五四年)の年号が刻まれた馬頭観世音《ばとうかんぜおん》碑が建っていた。いまでもときどき、どこからともなく馬の鳴き声が聞こえてくるといういい伝えがあり、人びとはあまり近づかない場所だそうだ。

地道なボーリング調査

馬頭観世音の周辺は俗に「石神平《いしがみてい》」と呼ばれていて、丘陵地にもかかわらず長辺一メートル前後の川原石が地表に露出している部分があった。このため、地中には多くの石が眠っている可能性があることから、付近一帯のボーリング調査をおこなった。一九八五年(昭和六〇年)のことである。

ボーリング調査は、実際に発掘調査をおこなうまえの基本調査である。T字形をした長さ一、二メートル前後の細い鉄の棒を地中にさしこんで地中の様子を調べていく。地中に石があればそれに反応し、音によって大きさを推測することもできる。反応があったところに目印となる木の枝をさして、広がりを確認していった。

調査は、じつに四年間にわたって続けられた。石神平にはほぼ南北に農道が通っていて、これを軸に、東側は雑木林で、西側は畑地になっている。最初は雑木林を中心に調査していったのだが、目印が多数におよび、雑木林のせいもあって、明確な形状を知るのはむずかしかった。ただ、そこに大規模な配石遺構が存在していることは確実だった。

一部が農道を横切って西側の畑地におよんでいることがわかり、地元高校の考古学研究会のメンバーを加えて、調査範囲を畑地に移した。畑地には目印をつけることができないので、石の反応があった場所を平板測量機に記録して、調査をすすめていった。

鉄の棒を数えきれないくらいつきさした結果、配石遺構が畑地の周囲をぐるりととり囲んでいることが判明し、はじめて環状列石の存在が予想された。しかもそれは二重構造のようで、石の分布密度も濃厚であり、規模は直径三五メートル前後であることが想像された。

不可欠な地主の協力

本格的な発掘調査をおこなうためには、地主の許可が必要となる。何日か畑地へ足を運んで待ってみた結果、ある日、収穫をしている地主のかたと偶然会うことができた。事情を説明すると非常に良心的に対応してくれ、畑地への立ち入りと調査への協力を快諾してもらった。地主の話によると、以前から農道の端にあった長さ一・二メートル、幅・厚さともに五〇センチの柱状石材は、かつては畑地の農道沿いに立っていたとのこと。耕作のじゃまになるので、ワイヤーをかけてトラクターで引きあげたのだということがわかった。

また、**馬頭観世音**のある雑木林が町会の共有地であることも知ることができた。

いよいよ発掘調査である。準備にかかるあいだに、何度か秋田県にある国特別史跡**大湯環状列石**も訪れた。「小牧野遺跡もこういうふうになるんだ」と想像をめぐらせていたことがなつかしい。

馬頭観世音
小牧野遺跡の環状列石のなかには、「嘉永七年（一八五四年）」の年号が刻まれた江戸時代末期の馬頭観世音碑が建っている（204ページ写真2）。遺跡周辺の台地は江戸時代から馬の放牧場として使用され、「小牧野」という地名もそこに由来する。碑は、当時の人びとが放牧された馬を供養するために、その場所にあった環状列石の石を転用して建てたものと推定されている。

大湯環状列石
万座環状列石と野中堂環状列石のふたつの環状列石を主体とする、縄文時代後期（約四〇〇〇〜三五〇〇年前）の遺跡。

姿を現した小牧野環状列石

一九八九年（平成元年）、筆者らの指揮のもとに前述の考古学研究会のメンバーら約二〇人による学術発掘調査を実施し、はじめて環状列石が姿を現した。九月までに南西側のほぼ半分があきらかになる。一一月には文化庁から調査官が現場を訪れ、前代未聞の遺跡であることがわかった。史跡指定に関わる土地買収の件があり、一九九〇年（平成二年）からは青森市教育委員会が調査を引きついで現在にいたっている。

その間、一九九五年（平成七年）には国史跡に指定された。約四〇〇〇年前の遺跡で、東方五〇〇メートル地点付近を流れる荒川（堤川上流）から約二四〇〇〇個もの川原石を運搬して、三重の輪で環状列石を構築していた。

構築にあたっては、まず斜面の高いほうを削りとり、その土を低い斜面に盛土している（切り盛り工法＝160ページ参照）。この作業によって、中央に平坦な広場が造成された。その後、運搬してきた川原石を、切り土と盛土の法《のり》面《めん》に、縦横に石垣状に積みあげている。内帯（直径二九メートル）・外帯（直径三五メートル）と呼ばれる石垣状の輪は、二重になっている。この配石の方法は、それまで発見されてきた環状列石には認められないことから、「小牧野式配列」と呼ばれるようになった（写真2）。中央にはもっとも大きな石（約四六〇キロ）を立て、その立石を中心に、中央帯（直径二・五メートル）が構成されている。内帯・外帯の各所には、列石以外の特殊な組石が設置されていた。広場はかたく踏みかためられていて、火を焚いたあとも見つかっている。

写真2　小牧野式配列（上）と馬頭観世音（右）
（写真提供：青森市教育委員会）

遺体を埋葬したと思われる人骨再葬土器が、四か所で発見された。わたしたちは「土器棺」と呼んでいるのだが、後期のはじめころには、山野峠《さんのとうげ》遺跡（青森市）や薬師前遺跡（三戸《さんのへ》郡五戸町《ごのへまち》）にみられるように、「再葬土器棺墓」という風習があった。近年までおこなわれていた類似の葬法としては、沖縄県の洗骨葬がある。土器棺の多くには大形の壺形土器が使用されており、ひとつの土器に一体ぶんの人骨が収納される。その大形壺が、環状列石の内部から埋められた状態で検出された。仮埋葬や本埋葬のときには儀式をおこなっていたものと思われる。

この遺跡からは、環状列石のほかに、周辺から竪穴住居跡、貯蔵穴、捨て場、湧水遺構、道路状遺構、土坑墓群、埋設土器なども発見されている（図1）。環状列石と同時期の住居跡は二軒確認されているが、これは環状列石でおこなうイベントの準備をするために先に乗りこんだ人びとが仮住まいに使用した住居であろうと考えられている。貯蔵穴は食料の貯蔵に、捨て場は信仰や儀式に使った道具類をまとめて捨てたところで、環状列石の内部はきれいに清掃されていた。湧水遺構は、生活飲料水に利用したほかに「神水《しんすい》」を得ていたと思われる。道路状遺構はいく筋か確認されているが、これは川原石を運搬した跡ではないかと考えられている。

遺物としては、生活の道具（第一の道具）のほかに、祭祀に使用されたと思われるもの（第二の道具）が見つかっている。土偶、

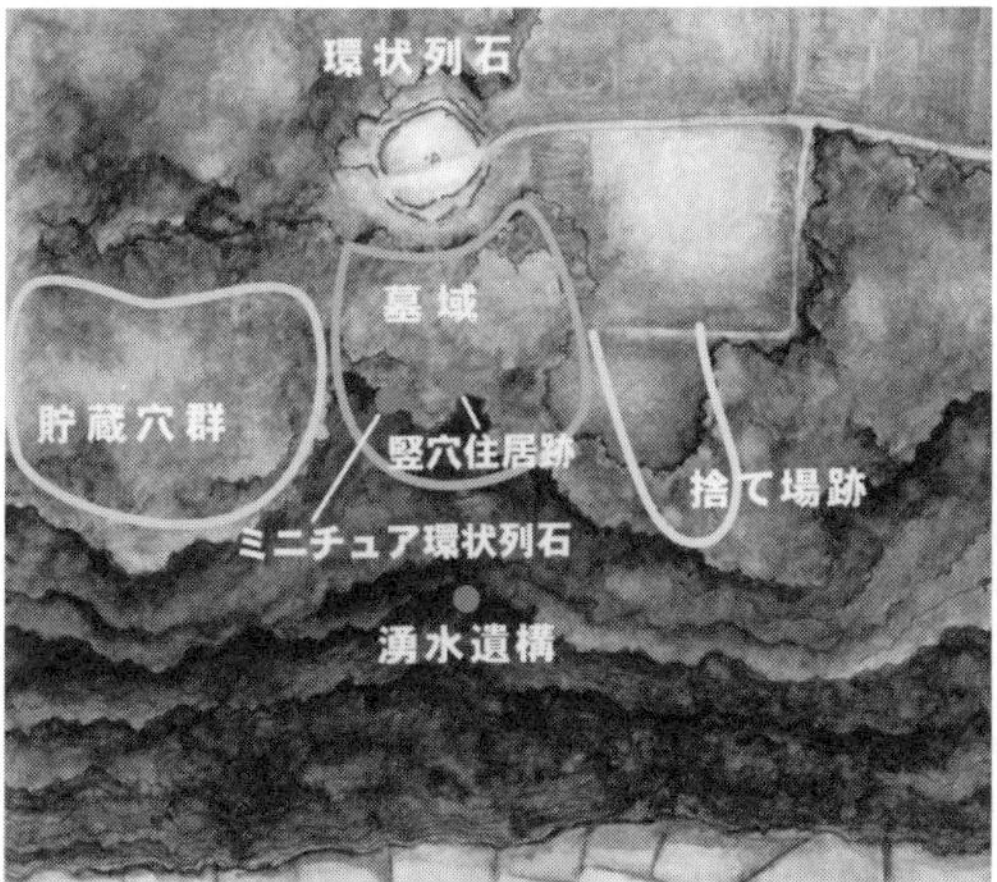

図1　小牧野遺跡の見取り図（資料提供：青森市教育委員会）

ミニチュア土器、動物形土製品、鐸《たくがた》形土製品、靴形土製品、キノコ形土製品、三角形土製品、円形土製品、手形・足形付土版、三角形岩版、円形岩版、男根形石製品、石刀、石冠、ミニチュア石器、赤彩土器、切断壺形土器、注口《ちゅうこう》土器など、種類は豊富だ。とくに三角形岩版は、四〇〇点以上が見つかった。ほかに、正装時に着装したと思われる土製・石製の装身具類も出土した。これらの豊富な祭祀遺物は、祭祀そのものが多目的であったことを示唆していると思われる。

4　太師森遺跡の環状列石

青森県平川市の中心部から東方六キロのところにあるこの遺跡は、時の新聞記事によると、一九四一年（昭和一六年）にはその存在が知られていたようだ。一九八三年（昭和五八年）には、送電線の鉄塔建設にともなって遺跡の南側斜面の一部が発掘調査され、縄文時代前期後半から後期末（約五五〇〇〜三二〇〇年前）の土器や石器が見つかっている。

平坦面を「堂ケ平《どうがたい》」といい、隣接する小高い山は「太師森」と呼ばれている。遺跡の名前は、この山にちなんでいるようだ（図2）。この地には、「石の土俵で相撲をとった神さまが、十和田サマの池で足を洗った（ここで相撲をとった神さまが、西側の尾根を越えたところにある十和田信仰の神社の池で足を洗った）」との伝説

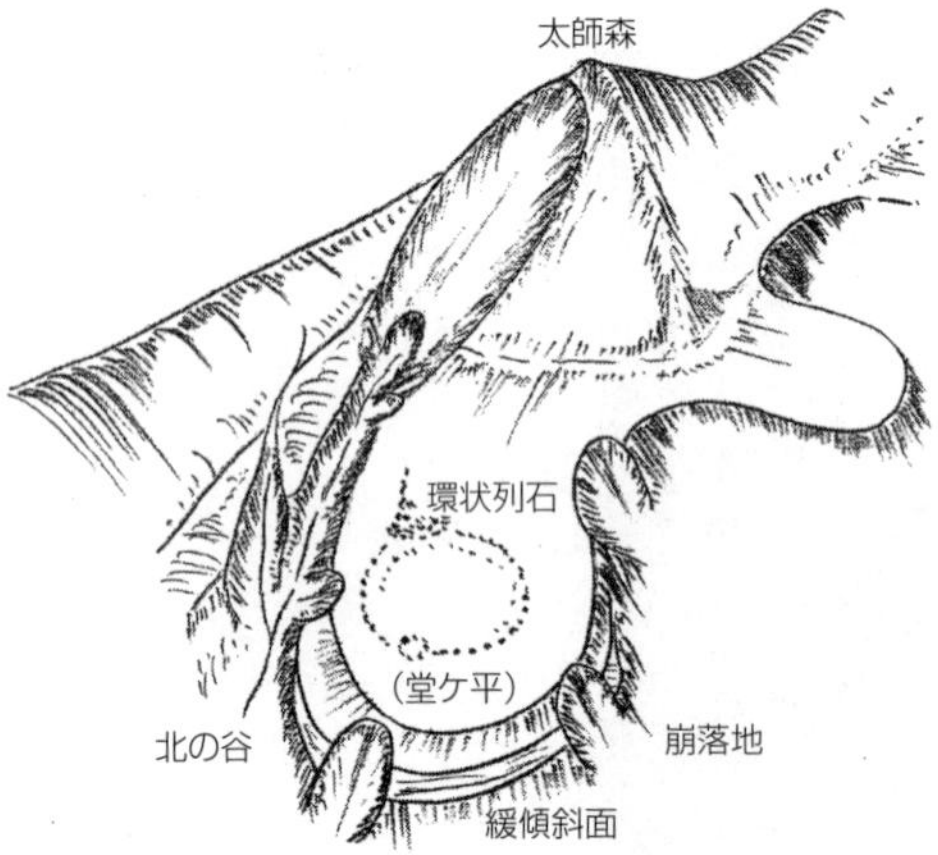

図2　太師森のイラスト（『太師森遺跡発掘調査報告書』青森県平賀町教育委員会　2005年より）

がある。平坦面には石が露出している部分があり、一九九〇年（平成二年）から翌年にかけて小牧野遺跡で環状列石を発見した高校生とともにボーリング調査を実施して、環状列石の存在があきらかになった。おそらく、この地は昔から石が散在していたためにこのような伝説が生まれたのであろう。

開拓で撹乱

筆者らのボーリング調査のあと、遺跡の重要性を考えた市教育委員会が、国・県の補助事業として、二〇〇〇年（平成一二年）から二〇〇四年（平成一六年）にかけて発掘調査をおこなった。これまでの調査で、環状列石のほぼ四分三の構造があきらかになっている（残念ながら、戦後の開拓で北側の一部が撹乱を受けていたことがわかった。次ページ図3）。

この環状列石は縄文時代後期前半（約四〇〇〇年前）に構築されたもので、組石、集石、列石、石棺から構成されている。東側にはいわゆる「日時計」型の組石を集中させ、南側から西方に向けて、列石を配置している。規模は、東西方向約五〇メートル、南北方向約四五メートルで、平面観は円形だが、東側が指輪状に張りだしている。東側には、一五×二〇メートルの範囲に日時計をふくむ四〇か所の組石を配置し、その部分の標高が五〇センチから六〇センチほど高くなっている。環状列石の構築にあたっては、東西方向をかなり意識しているものと考えられる。

環状列石の中心部から東側をながめると祭壇状になっていて、延長線上に太師森がそびえている。反対の西側には直径六メートルの環状配石を配置し、その部分からは、津軽平野ごしに「津軽富士」の異名をとる岩木山（一六二五メートル）をながめることができる。

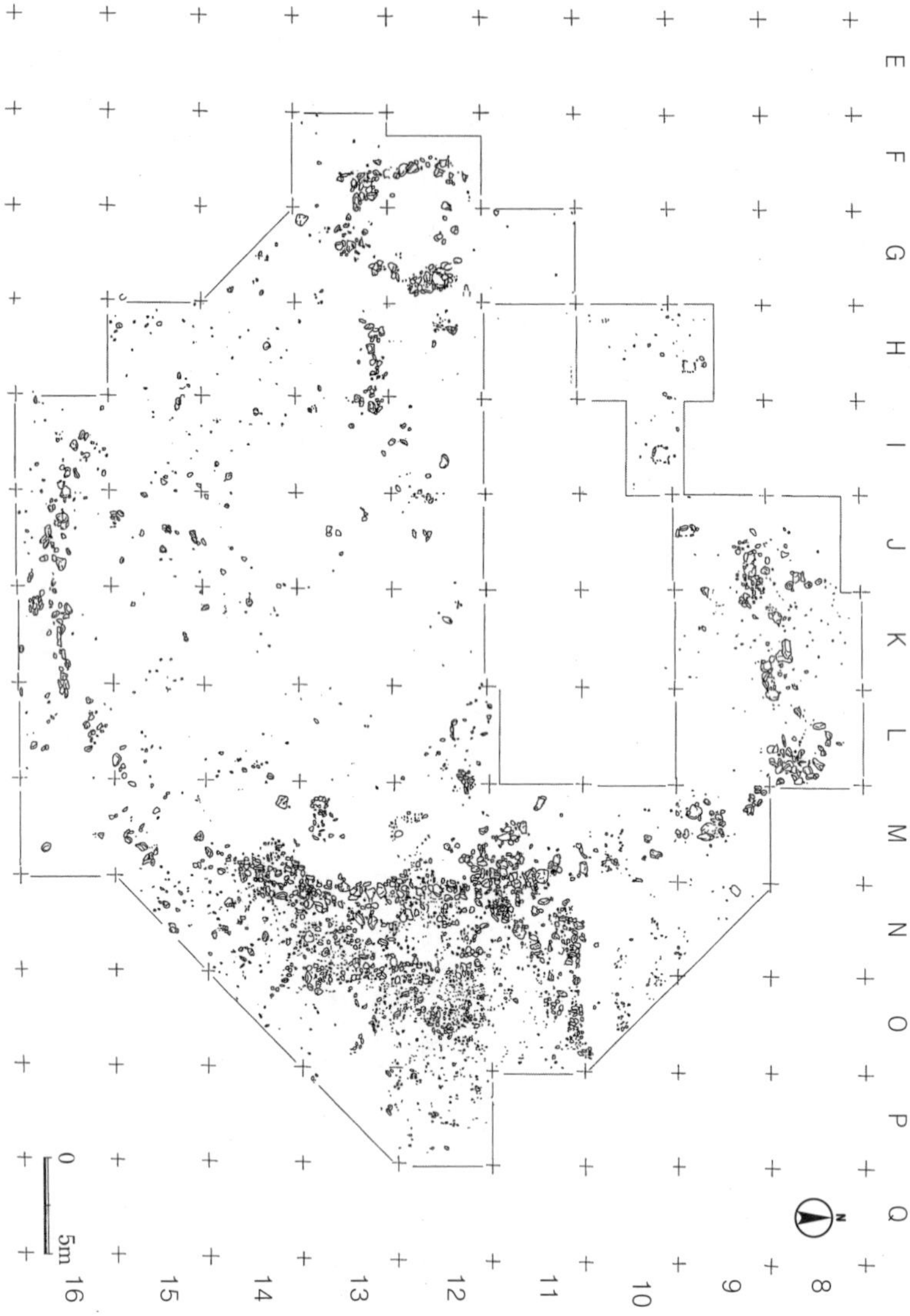

図3　太師森遺跡の環状列石全体図（『太師森遺跡発掘調査報告書』青森県平賀町教育委員会　2005年より）

東の方向は春分・秋分の日の出方向で、反対に西は日没方向にあたる。太師森と岩木山を結ぶ線上に環状列石を構築しているのは縄文人のこだわりで、太陽の運行や季節を意識して土地を選定していたものと思われる。堂ケ平の平坦面の標高が二六〇メートル、太師森山頂が二九〇メートルとなっていて、太師森の西側眼下に環状列石を見下ろすことができる。太師森の斜面を削って低い部分に盛土して平坦面を造成した土木工事が認められた。また、太師森の北側直下には湧水が認められた。

環状列石の構築された時期に関係するような出土遺物は非常にすくないのだが、環状列石のほぼ中心部から、土器棺と思われる大形壺が二個出土している。ほかに、円板状土製品、土偶、切断壺、三角形石製品、異形《いけい》石器なども出土している。付近からは、環状列石を構築した人びとの住居跡は、検出されていない。

5　おわりに――環状列石の謎を解く

環状列石は、中央に広場を設け、各種の祭祀用具を使いわけながら、先祖をまつり、死者を手厚く葬り、偉大なる自然の力に生命の安全や豊かな収穫を祈願した、神聖なる場所であったと考えられる。

また、環状列石は土木技術や構築規模から縄文社会の組織力を見せつけるものであり、人びとは構築作業やさまざまなマツリをとおして共通の価値観や世界観をもち、構成員としての結束を固めていたと思われる。環状列石にみられる遺構間の類似性は、相互の交流や情報のネットワークを示唆すると考えられる。

最近では、縄文人はすでに二至二分（夏至・冬至・春分・秋分）を認識し、それを環状列石の設計にとりこんでいたという説が浮上してきている。時計をもたない縄文人だが、太陽の運行の観察をとおして季節の移り変わりを的確にとらえながら、さまざまな生業活動をおこない、重要なマツリを執りおこなっていたものと思われる。

葛西　勵（かさい・つとむ）

一九四五年青森県生まれ。昭和三〇年代、当時中学生であったわたしは、いわゆる考古学少年で、家庭が貧しいせいもあって楽しみを野山に求め、寸暇を惜しんでは土器拾いに出かけていた。その土器片のひとつが、当時あまり知られていなかった縄文時代の再葬用土器の破片であることがわかり、以後、再葬土器棺墓の研究へと奔走し、さらに再葬土器棺墓と関係の深い環状列石の発見へとつながっている。

＊　＊　＊

■わたしの研究に衝撃をあたえた一冊『香港の水上居民　中国社会史の断面』

本書は一九七〇年に出版され、中国の船上生活者をとりあげたものである。本書には、再葬（洗骨葬）についてもふれており、再葬用の容器に人骨を納める配置まで詳細に記録している。青森県内出土の再葬土器棺は、人骨が蹲踞姿勢のような状態で納められる場合があるが、中国の船上生活者と縄文人の人骨の配置と一致しており、非常におどろいたことを記憶している。

可児弘明著
岩波新書
一九七〇年

火山爆発と人びとの祈り

――新東晃一

日本列島最南端の南九州は日本の代表的な火山地帯であり、過去数十万年間、何回かの巨大噴火をふくめて断続的に火山活動をくり返してきた。そして、火山の爆発は、有史以前から人びとの生活に多くの影響をあたえてきた。近年の多くの遺跡の発掘調査において火山灰層が確認され、歴史の記録者としてそこから多くの情報を発信している。また、有史以後も多くの火山爆発が文献史料などに記録されており、火山爆発と人類の盛衰を知ることができる良好なフィールドとなっている。

わたしは、いまからちょうど四〇年前の一九七四年、はじめて鹿児島県の高速道建設にともなう発掘調査を担当した。そこでは、「地山《じやま》」(人工的な盛り土にたいする、自然なままの地盤)といわれていた赤い地層の下に古手の縄文土器が発見された。当時の先学者・研究者の土器編年に照らしあわせると、どうも新しい年代に位置づけられている縄文土器がふくまれているらしい。そして、古いと考えられていた土器がこの赤い地層の上から発見されるという矛盾に悩まされた。そこで、この赤い地層は火山灰層ではないかと考えるようになり、当時の地質学の南九州の火山活動の研究を勉強して、各地の地層を見てまわるフィールドワークをはじめた。

編年
考古学資料(土器など)の新旧関係にもとづいて、その相対的年代を決定する方法。

二年後の一九七六年、町田洋（当時東京都立大学）氏によって、関東地方で見られる上部ローム層の噴出源が南九州の離島の（屋久島《やくしま》の北の竹島・硫黄島《いおうじま》を外輪とする）鬼界《きかい》カルデラであるという衝撃的な研究結果が発表された（図1）。この赤い地層はアカホヤ火山灰層であることが確信され、六三〇〇年前（当時の推定。現在の測定では七三〇〇年前）に降灰した火山灰層であることが判明した。[1]

わたしはそれ以降、これまで発見されているすべての遺跡の調査報告書からこのアカホヤ火山灰層の上下に出土する縄文土器を比較検討する、編年作業にとりかかった。そして一九七九年ごろから次々とその研究成果を発表することになる。これは火山灰を鍵層とした新しい分野の研究法で、わたしは「火山灰考古学」と呼んでいる。[2]

いまはこれら火山爆発における人類の盛衰について考古学的手法で研究をすすめているが、有史の文献史料のなかにも火山噴火の脅威に対応した人びとのようすが記録されている。考古学の遺跡や出土遺物からだけではわからない実情を、これら文献史料からひもとくことはできないかと、文献史料の探索もおこなっている。

それでは、人類は火山爆発にどのように対応してきたのか、これまでの研究活動からわかってきたものをもとに、有史以前・以後の実態を考察してみたい。

1　先史時代の南九州の火山爆発と人類史

人類の発達には、生活の舞台となる豊かな森林の形成が不可欠である。そして、その豊

町田洋
一九三三―。東京都立大名誉教授。地形学・第四紀学が専門で、日本の火山・火口の研究の第一人者。とくに、姶良カルデラ（姶良Tn火山灰（AT））や鬼界カルデラ（アカホヤ火山灰）の研究で知られる。

鍵層
その上下に残された遺跡の文化があきらかにちがうことがわかる火山灰層。火山灰は短時間のうちに広い範囲に堆積するという特徴をもっているので、それがいつの噴火によるものかがわかれば、層の直下で見つかった遺跡の年代を知ることができる。

かな森林の発達と、地球規模の寒暖の変化や火山活動など自然災害のくり返しが、人類の盛衰の大きな要因となってきた。その典型的事例を、南九州に見ることができる。

日本列島最南端にあたる南九州の人類史は、過去三万年間の火山活動を調べることによってあきらかになってきた（図1）。代表的な噴出源には鬼界カルデラ（種《たね》Ⅳ火山灰：約三万五〇〇〇年前、アカホヤ火山灰：約七三〇〇年前）、姶良《あいら》カルデラ（入戸《いりと》火砕流《かさいりゅう》〔姶良Tn火山灰〕：約二万九〇〇〇年前）、桜島（桜島薩摩火山灰〔桜島P14〕：約一万二八〇〇年前）などがあげられる。それ以外にも、小規模ながら霧島山系火山帯の火山活動も確認されている（次ページ表1）。

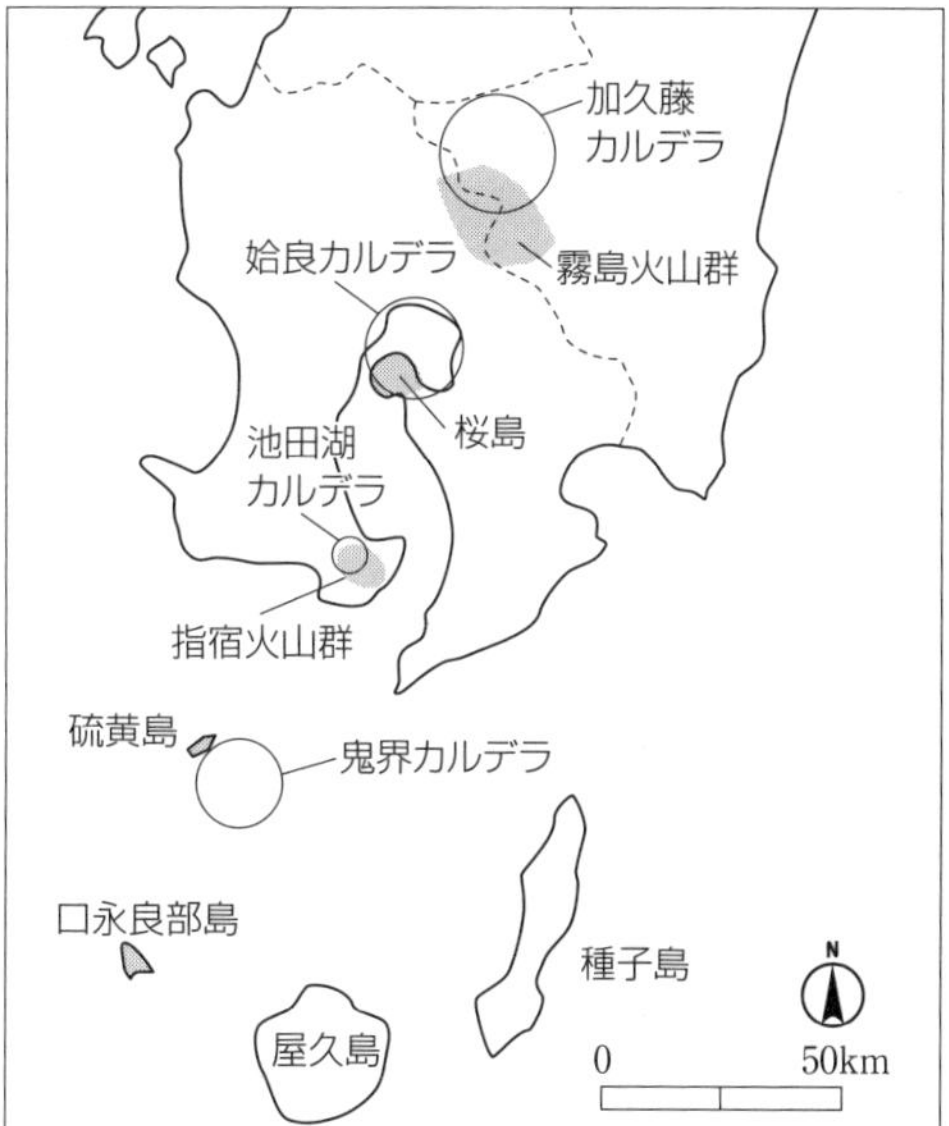

図1　南九州の火山活動

旧石器時代の火山灰層が語るもの

約二万九〇〇〇年前に起こった姶良カルデラの大規模な火山噴火がもたらした火山灰層は、関東地方では「姶良Tn火山灰（AT）」と呼ばれ、日本列島における旧石器時代の広域編年をおこなうことができる重要な鍵層となっている。これまでの旧石器編年は、これをもとに関東地方を中心に型式や技術論から精力的にすすめられてきた。

表1　南九州の火山爆発と遺跡

時代区分		^{14}C 年代	暦年代・較正年代	火山灰		火山灰に関する遺跡
				噴出源	火山灰名称	
弥生			約3400年前	指宿火山群開聞	灰ゴラ	新番所後Ⅱ遺跡（指宿市）弥生
縄文時代	晩期					新番所後Ⅱ遺跡（指宿市）晩期
	後期	約4000年前	約4400年前	指宿火山群開聞	黄ゴラ	宮之迫遺跡（曽於市） 成川遺跡（指宿市）
	中期					前田遺跡（南大隅町） 田中遺跡（指宿市） 岩立遺跡（都城市）
		約4200年前	約4600年前	霧島火山群御池	御池ボラ	天神河内遺跡（宮崎市） 前床遺跡（鹿屋市）
	前期	約4900年前	約5600年前	桜島	桜島 P5	上野原（3）遺跡（霧島市） 鎮守ケ迫遺跡（鹿屋市）
		約5600年前	約6400年前	指宿火山群池田湖	池田テフラ	伊敷遺跡（鹿屋市）
	早期	**約6400年前**	**約7300年前**	**鬼界カルデラ**	**アカホヤ火山灰**	
		約6500年前	約7300年前	霧島火山群	牛のすね火山灰	
		約7300年前	約8100年前	米丸マール	米丸スコリア	
		約7400年前		旧高千穂火山	蒲牟田スコリア	
		約7500年前	約8000年前	桜島	桜島 P11	上野原（3）遺跡（霧島市）
		約9400年前	約1万600年前	桜島	桜島 P13	地蔵免遺跡（曽於市）
						上野原（4）遺跡（霧島市） 加栗山遺跡（鹿児島市）
	草創期	**約1万1400年前**	**約1万2800年前**	**桜島**	**桜島 P14(薩摩)**	
						掃除山遺跡（鹿児島市） 栫ノ原遺跡（南さつま市）
旧石器時代	後期	約1万4000年前	約1万6700年前	霧島火山群	小林軽石	加栗山遺跡（鹿児島市） 白ケ野遺跡（宮崎市） 新村遺跡・東城原第1遺跡（小林市）
		約1万1000年前	約2万4000年前	桜島	桜島P15～17	西丸尾遺跡（鹿屋市） 帖地遺跡（鹿児島市）
		約1万1000年前	**約2万9000年前**	**姶良カルデラ**	**入戸火砕流・AT**	
		約3万1000年前	約3万5000年前	鬼界カルデラ？	種Ⅳ	前山遺跡（鹿児島市）
	中期					横峯 C（南種子町） 立切遺跡・大津保畑遺跡（中種子町）
		約3万8000年前		霧島火山群	霧島イワオコシ	後牟田遺跡（川南町）

^{14}C年代（**炭素14年代**）測定法は、遺物などにふくまれる物体の放射性炭素でおこなう測定法。
暦年代・**較正年代**は、加速器^{14}C年代と樹木の年輪年代などで補正した測定法。（奥野2002[(3)]）

南西諸島の種子島《たねがしま》（鹿児島県）では、この姶良Tn火山灰層下位の種Ⅳ火山灰層（約三万五〇〇〇年前）と直下の種Ⅲ火山灰層のあいだから**日本列島最古の生活跡**が発見されている。氷河期まっただなかの旧石器時代に該当する遺跡にもかかわらず、南のこの島では想像以上に温暖化がすすんでおり、十分な植物質食料を得ることができる豊かな森林が形成されていたことがうかがえる。

南九州では「入戸火砕流」と呼ばれるこの火山灰は、厚いところでは約一〇〇メートルにもおよび、そこに遺跡を確認するのはむずかしい。しかし、火砕流の直撃を受けた鹿児島県内にもその層厚が薄くなっているところがあり、そこからは多くの遺跡が発見されている。

縄文時代の火山灰が語るもの

日本列島の縄文研究では、長いあいだ、長崎県佐世保市の**福井洞穴**などに代表されるように西北九州地方の森林発達とともに縄文文化が誕生し、それが列島に拡大していったと考えられてきた。しかし、桜島起源の薩摩火山灰（桜島P14、約一万二八〇〇年前）の発見によって見直しがもとめられることになる。つまり、以下のような展開である。

桜島薩摩火山灰は、縄文時代の草創期と次の早期のあいだに噴出したもので、両方の文化を明確に区分する重要な火山灰層である。

この層を調べてみると、南九州でも、旧石器時代終末の**細石刃《さいせきじん》文化**段階において石鏃《せきぞく》や石皿などの石器や、土器などの縄文的様相が誕生していることがわかった。その後、「**隆帯文土器**」と呼ばれる土器も誕生し、この地には独特の縄文文化が展開することになる。

炭素14年代と較正年代
自然界では生物の体内に存在する炭素14（^{14}C、放射性炭素）の値は一定である。生物の死後は^{14}Cの取り入れがとまり、一定の割合で減っていく（崩壊する）。^{14}Cの半減期は五七三〇年であり、そのことを利用して残存する^{14}Cの量から年代を知ることができ、このようにして求められた年代を^{14}C年代と呼ぶ。しかし、^{14}Cの大気中の濃度は時代を通じて変化しており、濃度は一定という条件で求めた^{14}C年代は、真の年代からはずれている。このため、堆積物の年縞や樹木の年輪を使って補正する。こうして補正した年代を較正年代といい、測定した^{14}C年代値にたいして較正を意味するcalをつけてcal. B.P.であらわす。較正年代は、暦年代とも呼ぶ。

日本列島最古の生活跡
鹿児島県熊毛《くまげ》郡中種子町《なかたねちょう》の

降灰直後の縄文時代早期になると列島に先駆けて定住集落が生まれ、隆帯文土器から発達した貝殻文円筒土器が使用されている。さらに早期後半には、列島の縄文文化よりもひと足はやく壺形土器や土製耳飾り、土偶などが出現しており、そこには先進的な縄文文化があったことが判明してきた。最近では、P14に続く桜島P13や同P11火山灰層などの発見によって、南九州の早期後半の縄文文化をさらに細かくわけて調べることも可能になってきたので、新たな発見などが期待される。

その後、この早期文化をおおうように鬼界カルデラの大爆発が起こり、それにともなって噴出したアカホヤ火山灰は、西日本を中心に東北地方南部までの広大な地域に降灰が確認されている（九州では、この火山灰を鍵層として縄文時代早期と前期の区分がおこなわれている）。鹿児島県本土の南半部と薩南諸島（種子島、屋久島）には、火砕流（幸屋《こうや》）が堆積した。

火山灰層の上下に展開された文化のちがいから、鬼界カルデラ（アカホヤ火山灰層）爆発が南九州の縄文文化へあたえた影響を推し量ることができる。アカホヤ火山灰層の上位からは、「轟《とどろき》式土器」や「曽畑《そばた》式土器」などが出土している。これらは北部九州に起源をもつもので、火山灰層を境にした上下の文化のちがいからみて、土器型式や文化が北部九州から南九州へ流入し、日本列島に一般に見られる縄文文化が南九州にも展開してきたことを確認することができる。

このように日本列島の縄文文化を比べてみると、南九州には縄文時代草創期から早期にかけて先進的な物質文化があったことが確認され、アカホヤ火山灰以前の南九州の成熟した縄文文化の存在は動かしがたい状況となった。

立切《たちきり》遺跡や大津保畑《おおつぼばた》遺跡では、種Ⅳ火山灰層直下から、貯蔵穴や蒸し焼き料理の調理場としての礫群《れきぐん》や炉《ろ》址《し》遺構、狩猟の落とし穴遺構や、石斧や礫器《れっき》、台石《だいいし》・敲石《たたきいし》・凹石《くぼみいし》などの植物質食料加工具などが出土している。

福井洞穴
長崎県佐世保市にある旧石器時代終末期から縄文時代草創期の遺跡。七層の存在が確認されているうち、上から三番目の層から「隆起線文土器」※が発見された。これは一万二〇〇〇年から一万三〇〇〇年前のものとされている。
※縄文時代でいちばん古い草創期の土器。細めの隆起状の粘土紐で飾られている。

細石刃文化
土器が出現するまえの旧石器時代最終末の石器文化で、カミソリの刃のような石器を組みあわせてつくったも南九州地方ではやい時期から縄文文化がかたちづくられてきた要因のひとつには、豊かな森林の形成や発達が考えられている。植物珪酸《けいさん》体分析によると、種子島地域の鬼界カルデラ起源の種Ⅲ火山灰（約三万五〇〇〇年前）と種Ⅳ火山灰の降灰時期間には、最終氷期の最寒冷期にもかかわらずイスノキ属やシイ属などの照葉樹によって遺跡周辺がおおわれて温暖化していることが推定されている。そして、姶良カルデラ起源の姶良Tn火山灰（入戸火砕流）直下では寒冷化して照葉樹が減少し、直上では照葉樹はほとんど見られなくなる。その後、桜島起源の薩摩火山灰降灰期以降には、再度の温暖化にともなって照葉樹林へと移行している。

鬼界カルデラ起源のアカホヤ火山灰降灰期以前には南九州のほぼ全域にシイ属やクスノキ科を主体とした照葉樹が分布拡大し、鹿児島県域から宮崎県南部沿岸部にかけての一帯は照葉樹林におおわれて豊かな森林が形成されていたと推定されている。その後、照葉樹の繁茂はピークを迎えるが、アカホヤ火山灰の降灰によって照葉樹は絶滅している。

幸屋火砕流到達地域の大部分の地域では、約九〇〇年間にわたって照葉樹が回復しなかったと推定されている。とくにアカホヤ火山灰と直上の池田テフラ（約六四〇〇年前）のあいだには照葉樹がまったく検出されず、火山活動がおよぼす森林破壊の壮絶さを物語っている。(4)

2　遺跡から探る南九州の火山爆発と人類の対応

1で述べたように、南九州では、姶良カルデラや鬼界カルデラといった巨大カルデラを

のを利用した。

隆帯文土器
南九州の始源期（草創期）の土器。太めの粘土紐で飾られている。

貝殻文円筒土器
筒状の円筒形の平底土器。これまでの縄文研究では、縄文時代前期のものとして新しい時代に位置づけられていた。

轟式土器
熊本県の轟貝塚出土のものを標識とした土器。条痕文で飾られた、尖底・丸底の器形をしている。

曽畑式土器
熊本県の曽畑貝塚出土のものを標識とした土器。沈線文で幾何学的な文様で飾られた丸底の器形をしている。

植物珪酸体分析
植物の細胞内に蓄積される珪酸分の化石（プラント・

中心に、桜島や池田湖、開聞岳《かいもんだけ》など、有史以前の火山爆発がたくさん確認されている。爆発の結果生まれた火山灰層は時代を特定する火山灰層であり、日本列島の時代を対比する資料として有効な鍵層となっている。とくに桜島の薩摩火山灰層や鬼界カルデラのアカホヤ火山灰層は、列島の縄文文化にたいして南九州の縄文文化の発達を知る良好な火山灰層として注目されている。

しかし、火山爆発にたいして当時の人びとがどのように対応してきたのかを遺跡だけから読み解くことは、なかなか困難である。そのようななか、この地域の文献史料に見られる火山爆発への対応などから、縄文時代の遺跡における事例を検討してみた。

縄文時代の火山爆発と鎮静の祈願

縄文時代の遺構のなかで性格（それがなんのために、どのように使われてきたものなのか）がよくわからないものは、祀りの場として使われた「祭祀遺構」とされることが多い。つまり、集落遺構のなかに非日常的な遺構が発見されると、それは祭祀遺構だと推定されるのが一般的である。ただし、その祭祀がなんのためにおこなわれたのかを類推することは、考古学上においては非常にむずかしい(5)。たとえば、南九州では、城ケ尾《じょうがお》遺跡（鹿児島県霧島市）や灰塚《はいづか》遺跡（熊本県人吉《ひとよし》市）、鐘付《かねつき》遺跡（鹿児島県肝属《きもつき》郡肝付《きもつき》町《ちょう》）などで祭祀的遺構が発見されているが、はたしてなんの祭祀をおこなったのか、いまだ定かになっていない。

そのようななか、一九九二年に鹿児島湾を見下ろす**上野原遺跡**（1号）

写真1　上野原遺跡壺形土器（霧島市
鹿児島県立埋蔵文化財センター蔵
撮影：牛島茂氏）

オパール）から植物の種類を推定する方法。

池田テフラ
薩摩半島（鹿児島県）先端の指宿《いぶすき》市に所在するカルデラ湖。

上野原遺跡
鹿児島県霧島市にある縄文時代早期から近世にかけての複合遺跡。日本列島でもっとも古い定住集落跡が見つかり、早期後半の壺形土器などの先進文化があきらかになった。

から、土坑内に二個並べて埋納された完全な壺が出土して、大きな話題を呼んだ（写真1）。遺跡のもっとも高い丘の上に、一対の壺形土器が埋納されていたのである。さらに周辺からも一〇種一〇個の壺形土器などが同じような状態で埋納されて出土し、「異形《いけい》石器」と呼ばれる非実用的な石器などもたくさん出土した。上野原遺跡のこの小高い丘の一角は、縄文時代早期の縄文人の祀りの場だったことが考えられる（図2）。

発見された壺形土器は、縄文早期後葉前半期にあたる天道《てんどう》ヶ《が》尾《お》式土器期のものが五個、次の時期の平《ひら》栫《がこい》A・B式土器期が四個、さらに次の時期の平栫C式土器期が三個という三時期に区分される。つまり、およそ三〇〇年という時期を経るなかで形成されたものであり、そこが一回限りの祭場ではなかったということがわかる。この土器埋納遺構は、意図的に土坑に埋納された土器群だと考えられ、遺跡の最頂部（標高二六二メートル）の限られた範囲（五〇×二〇メートル）内に埋納されているところから、ひとつのまとまった重要な遺構であることが判明し

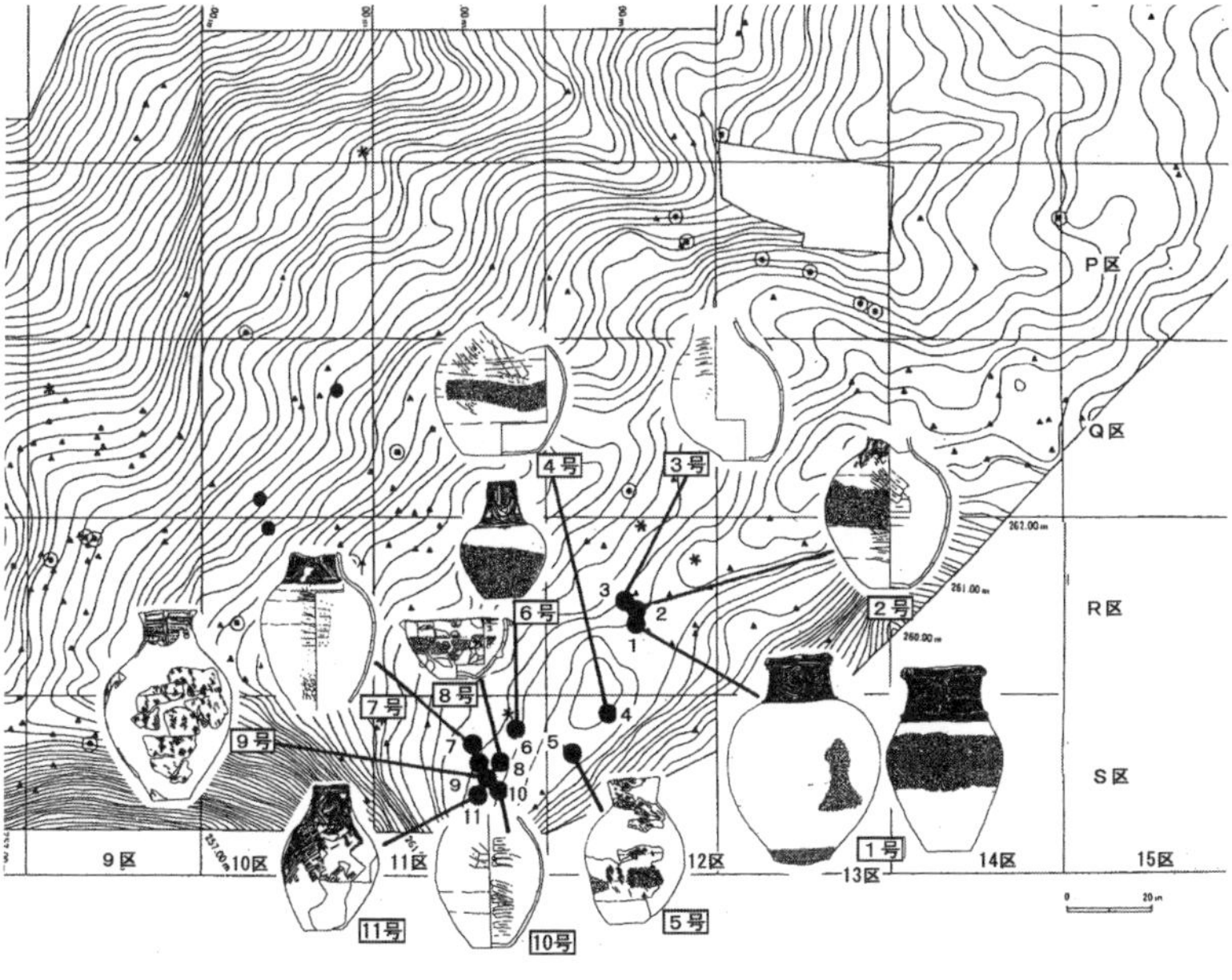

図2　上野原遺跡の埋納遺構

ている。

発見当時、わたしはこの祭場について、壺形土器を中心とする出土遺物や所有する遺跡の内容の先進性からみて、すでに五穀豊穣の祀りがあったのではないかと、安直に考えていた。しかし、後述するような最近の新しい時期の発見例や有史時代の文献などを調べていくうちに、縄文時代から多発する火山噴火への鎮静祈願の祀りではないかとも考えるようになってきた。

上野原遺跡の集落の形成期間は、縄文早期前葉と後葉である。この間、眼前の桜島は幾多の噴火をくり返している。五二軒の竪穴住居で構成する早期前葉の定住集落では、桜島起源のP13火山灰噴火の以前と最中、以後という三段階の形成過程が確認されている。これは、火山の爆発にともなって段階的に集落の盛衰があったということで、集落の廃絶やその場からの一次退避を余儀なくされたことなどが考えられる。また、祭祀のときに使われたと思われる壺形土器などの埋納土器が見つかった後葉段階にも、眼下の桜島起源のP11の爆発が起こっている。これらの火山爆発の脅威がいかに大きかったかは、現在の状況から見ても容易に想像することができる。その驚異をしずめるためにこのような火山鎮静の祀りがおこなわれた可能性を想定している。

古墳時代の火山爆発と鎮静の祈願

群馬県渋川市の金井《かない》東裏《ひがしうら》遺跡で、古墳時代後期にあたる六世紀初頭に噴火した榛名山《はるなさん》二ツ岳の火山灰（火砕流）の下位層から、甲冑《かっちゅう》着装人骨（甲《よろい》を着装した状態の人骨）および甲の部品が出土した（報道二〇一二年一二月一一日）。榛名山二ツ岳の方角を向いたうつ伏せの状態で、幅二メートル、深さ一メートルの溝のなかから見つかったという（図3）。この人骨は、骨格の状況から成人男性と判断されている。周辺からは五世紀後半の竪穴住居群などが発見され、生後数か月の乳児骨も見つかっていることから、この場所は同時代のムラのなかだろうと想定されている。

文献史料のない古墳時代の研究においては、出土した遺構の状態については考古学的手法で判断しなければならないし、人骨については人類学的手法での解明が必要である。今後、周辺の調査や研究がすすむにつれて総合的な検討もまたすすむことであろう。

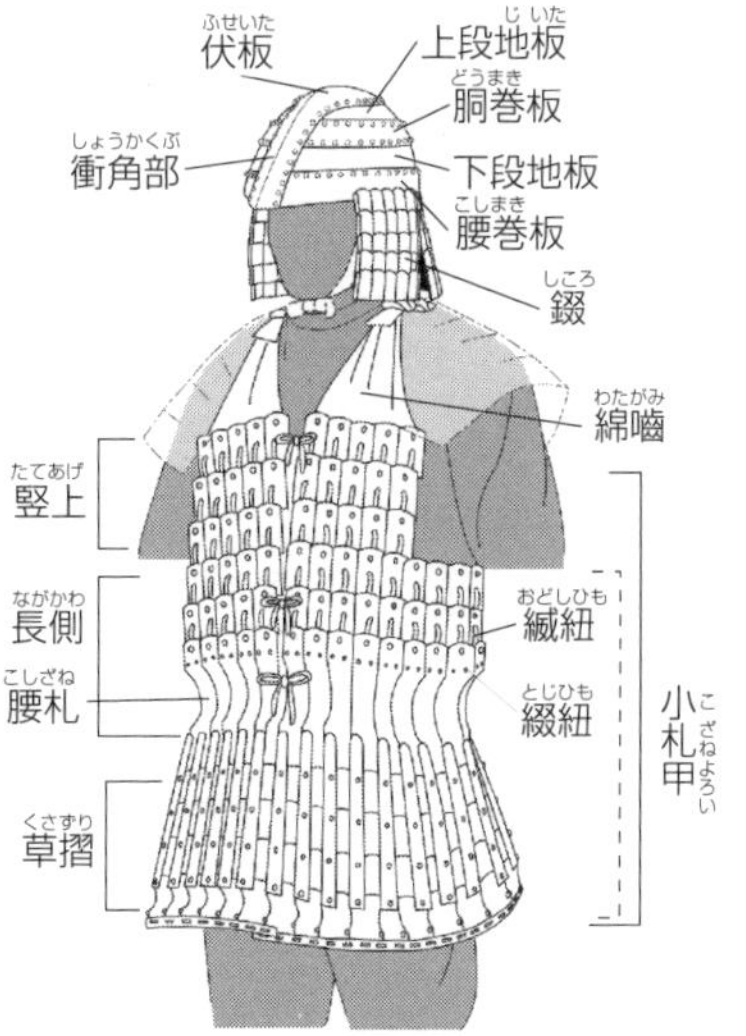

図3　榛名の甲冑復元図（点線部分が出土した
図版提供：群馬県埋蔵文化財調査事業団）

ところでわたしは、かねてより火山国鹿児島の火山の大爆発への対応は、戦闘と同様リーダーのいちばんの使命だったのではないかと考えてきた。後段で藩政時代のリーダーの対応例を紹介するが、この群馬県の事例についても、眼前の火山が大噴火し、その自然災害にたいする脅威に人びとがどのように対応したのかを知ることができるできごとの一例として、非常に注目している。

発見されたばかりで正式な報告書が出ていないためあくまでも推測なのだが、つまり、こういうことだ――。

男性が甲を着装するのは、戦いに挑むときである。この日、榛名山二ツ岳で激しい噴火がはじまった。ムラの首長は、部族同士の戦闘の場合と同様に、自然災害の脅威にたいしても対抗しようとした。戦闘服を着用して立ちあがり、先頭に立ってその鎮静を祈願したのではなかろうか……と。

火山が集中して大きな火山災害が連続する鹿児島の藩政時代の記録（『薩藩旧記雑録』など）には、火山爆発に対応した記録が残っている。しかも、当時のリーダー（藩主・国主）が先頭に立って火山爆発の鎮静祈願をおこなったと思える記録である。戦国時代の戦闘においても、戦いの拠点であるとともに農民をふくめた人民を守るための大がかりな山城（南九州群郭《ぐんかく》式山城）が、南九州の各地に点在している。

文献史料のない古墳時代の首長の対応例としてこの報道を知って、わたしは藩政時代の対応と合致するようで強く感動した。

3　藩政時代の火山爆発とその対応

火山の噴火と鉾の奉納

各種の文献史料にあたってみると、南九州で中世末期に火山噴火の鎮静祈願をおこなった事例――桜島の噴火や「天の逆鉾《さかほこ》」で有名な霧島連山の噴火に対応した事例――が、いくつも見られる。

一四七三年（文明五年）から一四七六年（文明八年）には、桜島（向島）の大爆発があった。熔岩流の堆積や火山灰層が確認されており、「桜島の文明の大爆発」として文献史料（表2）にも登場する、記録に残る大爆発である。直後の一五〇九年（永正六年）には、火山鎮静のために、島津家の福昌寺の一一世天祐によって、金（真鍮《しんちゅう》）の鉾が奉納されている。

霧島では、一五二二年（大永二年）から一五七八年（天正六年）にかけて大爆発が引き続いて起こっている。そして、この時期のたび重なる大爆発が人畜に多大な被害をもたらしたことが、史料に記載されている。薩摩国主だった島津義久公は、一五七六年（天正四年）に霧島のお鉢の噴火を封じるために鉾を奉納した（『薩藩旧記雑録』）。「鉾は噴火除け

表2　火山爆発と鉾の奉納

	西暦	年号	火山・文献
○	1473年	文明5年	桜島噴火　《日本災異志》
○	1475年	文明7年	桜島噴火　《島津国史》
○	1476年	文明8年	桜島噴火　《日本噴火志・麑藩名勝考》
◎	1509年	永正6年	向島（桜島）御嶽金ノ鉾（真鍮）、福昌寺11世天祐立之　《薩藩旧記雑録》
●	1522年	大永2年	霧島大異常　《阿蘇宮略記》
●	1524年	大永4年	霧島噴火　《玉龍山続年代記》
●	1554年	天文23年	霧島噴火　《三国名勝図会・地理纂考》
●	1566年	永禄9年	霧島噴火　《飫肥松井蛙助年代記・三国名勝図会・島津国史》
●	1574年	天正2年	霧島噴火　《玉龍山続年代記・襲山考》
●	1576～1578年	天正4～6年	霧島噴火　《三国名勝図会・薩藩旧記雑録》
◎	1576年	天正4年	島津義久公霧島お鉢の噴火を封じるため〈逆鉾〉を建立
◎	1576年	天正4年	天正3年8月18日夜金峰山神前に落雷のため〈落雷除けの真鉾〉を建立　島津義久公か？
●	1585年	天正13年	霧島地震または噴火　《飫肥松井蛙助年代記》

○が桜島の激しい噴火があった年代記録。その直後に◎の鉾の奉納がある。
●が霧島の激しい噴火があった年代記録。その直後に◎の鉾の奉納がある。

写真2　霧島連山（高千穂の峰）の逆鉾（撮影：田中一典氏）

の義」であり、鉾を地に刺すと噴火が治まるとの考えから、逆鉾が登場する（前ページ写真2）。

さらに同年には、金峰山《きんぽうざん》（鹿児島県南さつま市）に落雷があり、金峯神社が消滅した。国主島津義久公は、このときも鉾を奉納している（『薩藩旧記雑録』）。鉾を天に向けて刺した真鉾と伝わる、いわゆる避雷針である。

ここには、国争いの戦いだけでなく、降りかかる火山爆発などの自然災害にたいしても民のために先頭に立って主導している、当時の首長の姿を様子をうかがい知ることができる。

フィールドワークから探る火山噴火と田之神石像の起源

田之神は、全国の稲作地域で信仰されており、それにともなう行事や祀りも数多い。田仕事姿で、蒸器の底に敷くスノコを頭にかぶり、手にはメシゲ（しゃもじ）・椀を持つ、笑い顔や翁顔のユニークな「田の神《かん》サア」は、広く農民の祭りとして定着したとされている（写真3）。

この田之神を石像で祀るのは、旧薩摩藩領だけである。わたしも各地に残るいくつかの像を見てまわったが、田を守り、稲の豊作をもたらす神とされる田之神石像が田の土手に鎮座して田園を見守る姿は、じつにのどかな光景である。

田之神石像は、はじめは仏像や神像をモデルにしてつくられた。最古例は、一七〇五年（宝永二年）銘の仏像型（薩摩郡さつま町《ちょう》

写真3　触田《ふれた》の田の神（姶良市　撮影：下鶴弘氏）

表3　火山爆発と記銘年田之神石像

	西暦	年号	像型	所在地
●	1598〜 1600年	慶長3〜 5年	霧島噴火　《三国名勝図会》	
●	1613〜 1614年	慶長18〜 19年	霧島噴火　《霧島神宮記》	
●	1617〜 1618年	元和3〜 4年	霧島噴火　《三国名勝図会》	
●	1628年	寛永5年	霧島噴火　《日向郷土史年表》	
●	1637〜	寛永14〜	霧島噴火　《三国名勝図会》	
○	1638年 1642年	寛永15年 寛永19年	桜島噴火　《玉龍山続年代記》	
◎	1644年	正保元年	神職型	霧島市横川町紫尾田
●	1659〜 1661年	万治2〜 寛文元年	霧島噴火　《三国名勝図会》	
●	1662〜 1664年	寛文2〜 4年	霧島噴火　《三国名勝図会》	
●	1677年	延宝5年	霧島噴火　《福島巌之助編・鹿児島噴火書類》	
●	1678年	延宝6年	霧島噴火　《福島巌之助編・鹿児島噴火書類》	
○	1678年	延宝6年	桜島噴火　《日本噴火志》	
◎	1705年	宝永2年	仏像型	さつま町紫尾
●	1706年	宝永3年	霧島噴火　《福島巌之助編・鹿児島噴火書類》	
○	1706年	宝永3年	桜島噴火　《日本噴火志》	
◎	1711年	宝永8年	仏像型（県指定）	薩摩川内市入来町副田中組
◎	1712年	正徳2年	仏像型	始良市楠元
◎	1714年	正徳4年	仏像型	薩摩川内市樋脇町本庵
◎	1715年	正徳5年	仏像型	南さつま市金峰町大野

●霧島噴火　○桜島噴火　◎田之神石像

紫尾《しび》）とされている。ところが、二〇〇四年（平成一六年）に霧島市横川町上ノ《よこがわちょうかみの》紫尾田で、一六四四年（正保元年）銘の衣冠束帯《いかんそくたい》の神職型の石像が発見された（前ページ表3）。これまで最古とされてきたものより六一年も古いところから、**学界では論議をよんだ**。

田之神石像の建立が一般的に広くおこなわれるようになったのは、江戸時代の中期ごろ（一八世紀のはじめごろ）とされている。その要因には、①薩摩藩の水田の開拓事業が本格的にはじまった、②仏像や神像を石でつくるブームが起こったが、③薩摩藩では田之神像を石像につくった、④僧侶や山伏たちの指導があった――などが指摘されている。

寺師三千夫《てらしみちお》は、伊佐市平出水王城《ひらいずみおうじょう》の一七二一年（享保六年）銘の大日如来田之神石像の刻銘（石切　庄内　藤岡七右門）に着目し、製作者は庄内（宮崎県都城《みやこのじょう》市）者であり、伊佐市の田之神石像は彼《か》の地から伝播したと考え、起源の田之神石像はこの庄内地方にあると想定している。[6] 寺師三千夫の影響を受けた宮崎県の田之神研究者である青山幹雄は、衣冠束帯型の田之神石像の造立には真言山伏などが関係していると推定し、その要因に霧島噴火の影響があったとしている。[7] 鹿児島県の民俗学者村田熙《ひろし》もこの説を支持し、霧島噴火を契機として造立された説に注目している。[8]

学界では論議をよんだ
さまざまな論議がかわされたが、これを田之神石像と認める者と認めない者があり、いまなお並行線状態にある。
ちなみに、それまで神職型の最古のものは、小林市に

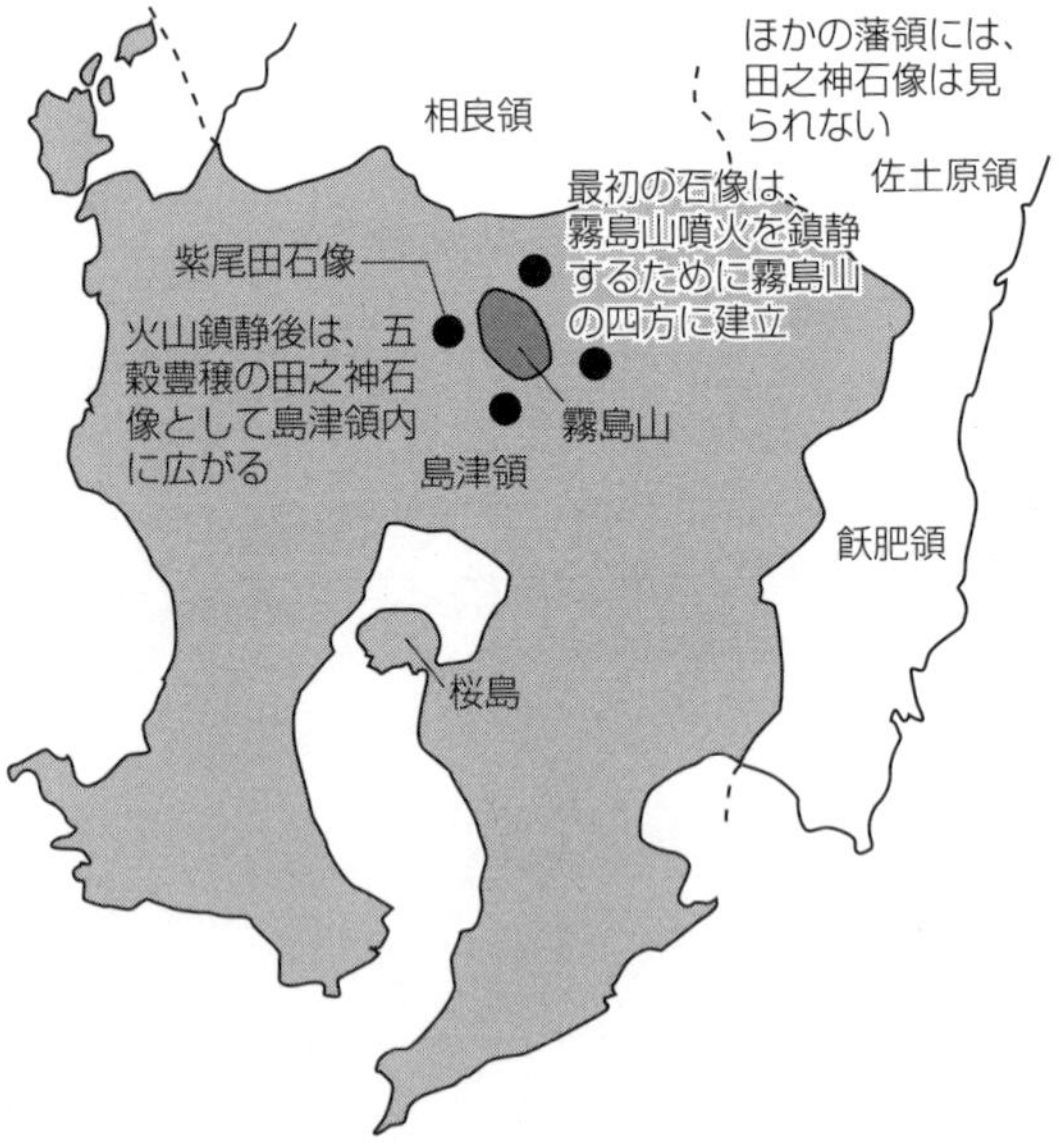

図4　田之神分布図
網点内が薩摩（島津）藩領内。田之神石像は、この範囲内にだけ存在する。

江之口汎生《はやお》（鹿児島県の田之神研究者）は、歴史史料を駆使し、田之神石像の誕生を霧島大噴火と関連づけて、二〇一一年（平成二三年）に発表している。[9] つまり、『庄内地理志』記載の都城市「霧島大権現四位安良神《やすらがみ》」石塔に田之神石像誕生の起源をもとめた。これは、噴火を封じ、安穏を祈念して霧島山の四方向に建立した神像で、都城例は一六六八年（寛文八年）に薩摩藩主導で郷士によって建立された。霧島市の紫尾田石像は、その西方例だと説いている。紫尾田石像は、霧島市安良地区で『庄内地理志』の安良神にも一致する。北は小林市、南は霧島市安楽地区付近と推定している（図4）。

一七一六年（享保元年）の霧島新燃岳《しんもえだけ》の大噴火は著名だが、以前の紫尾田例の直近でも、一六三五年（寛永一二年）以降三度の大噴火の記録がある。この霧島山大噴火の鎮静祈願を目的に建立された石像が、その後は豊作をもたらす田之神石像へと進化し、旧薩摩藩領に広がったとする考えは、田之神石像誕生のひとつの重要な視点であろう。

田之神が火山爆発に関係する事例に、鹿児島県姶良市楠元《くすもと》の石像がある（写真4）。楠元例では、二体の石像が一〇メートルほど離れて安置されている。一例は山裾にある笏《しゃく》をもった衣冠束帯姿の神像で、背面には「奉造立山神正徳二年壬辰天九月吉日」と彫ってある。いわゆる山の神である。山の神から一〇メートルほど離れた水田の中には、仏像型石像に「奉造立田之神正徳二年壬辰天九月吉日」と彫った田之神石像がある。同じ人名が施主関係者として彫られており、どちらも一七一二年に建立されたものである。つまり、山の神と田之神は一対

ある一七二〇年（享保五年）の石像とされ、享保年間には霧島周辺で多数つくられている。

寺師三千夫　一八九九—一九六七。民俗学研究者、眼科医。南九州で最初に田之神研究を確立した。おもな著書に『薩摩のタノカンサア』鹿児島放送文化研究会（ＮＨＫ）出版がある。

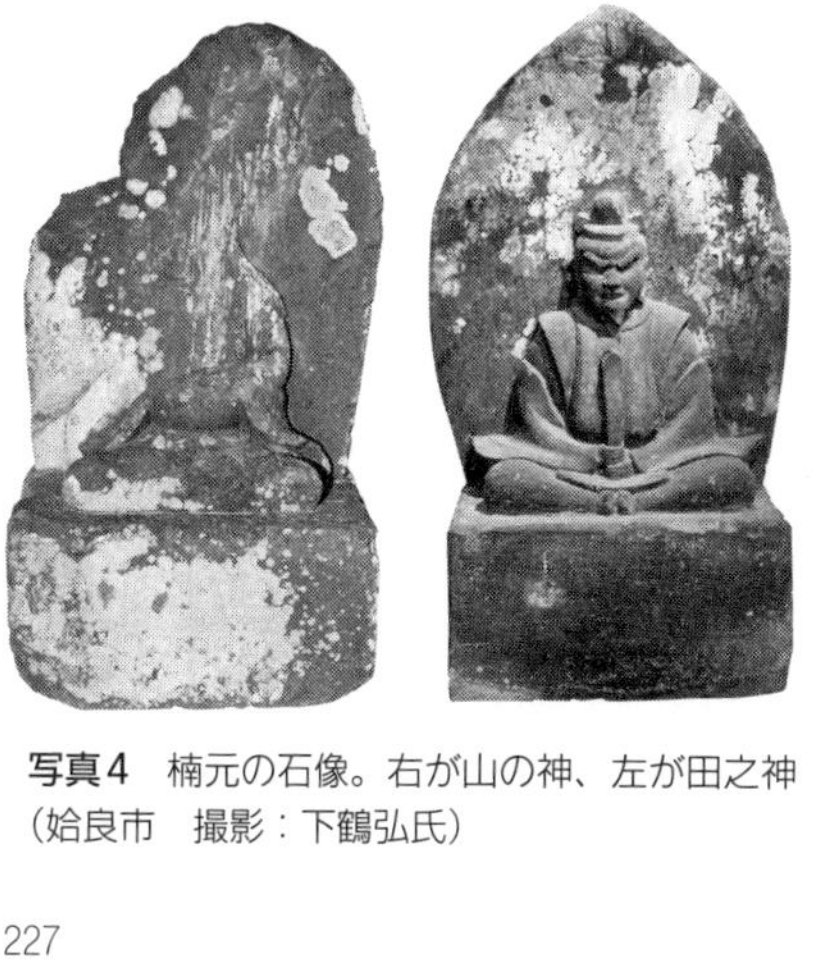

写真4　楠元の石像。右が山の神、左が田之神（姶良市　撮影：下鶴弘氏）

であり、水田が植えられる春には山から下りてきて田之神となり、秋に収穫をもたらすと山に帰って山の神になるという、田之神観を表したものである。この山の神は火山であり、霧島山である。

同様のおもしろい事例がある。鹿児島県（島津藩）との県境にある熊本県人吉市大塚地区では、県境の間根ケ平《まねがひら》に所在する素賀嶽《すがだけ》神社にある山桜の枝を採り、春の四月三日には田んぼの水口に刺すという。そして、秋の一一月二三日には収穫物を同神社に奉納する。大塚は人吉の相良《さがら》藩領であり、田之神石像の慣習は見られない地域であるが、このようなかたちの田之神信仰がある。

さらに、田之神石像は頭にかぶるスノコの笠が極端に大きくつくられている。神社に奉納される田之神舞でも、大きな帽子をつけて舞う。火山噴火の影響がなくなった時期でさえ、田之神石像の笠は極端に大きくつくられているのである。これは、火山爆発に対応した火山礫・火山灰への防備の頭巾の名残りであり、考古学でいう「**痕跡器官**」として残ったものと解される。

痕跡器官
かつて、先祖が備え、機能していたが、現在では退化したもの。本来の意味が失われ、形だけが意味不明に残ったもの。

4 おわりに

先史時代の火山爆発にたいする対応については、連綿と続く後世の対応のしかたを学び、精神的な資料のすくない先史時代の対応を推察することがとても重要な手法だと考えている。

一九一四年（大正三年）の桜島の大爆発はわずか一〇〇年前のできごとで、写真や文献史料の克明な記録で悲惨な状況を知ることができる。昨今の霧島（新燃岳）や桜島の大爆発は、いまでも人びとに被害や恐怖をあたえ続けている。

しかし、旧石器時代から古墳時代にかけての有史以前の人びとが火山爆発にどのように対応してきたのかを知ろうというのは、なかなかむずかしい問題である。発掘調査で発見される縄文時代の遺跡などの生活跡や社会を復元するには、困難がつきまとう。限られた情報しか得られないなかでは、どうしても一般的な、無難な考えをもとに作業をおこなうことが多いからだ。

有史以後の人びとは、有史以前から連綿と続く火山活動にもとづく過酷な災害に、とくに地域のリーダーが中心になって対応してきた。これらをあきらかにしようとするとき、後世の文献史料や民俗学を応用することで新しいヒントを得ることができる。とくに背景に精神的な部分があれば、その復元には歴史学や民俗学の応用は欠くことができないものと痛感している。

今回は、関連分野のフイールドを調査・研究し、縄文人の火山対応がどのようなものであったのか、その一例を考えてみた。各部門のこれまでの調査・研究をひもとき、それらの分野のフィールドを調査していけば、先史時代の、より本来の姿に近づくことができるのではないかと、わたしは信じている。

〈引用・参考文献〉

（1）町田洋『火山灰は語る　火山と平野の自然史』蒼樹書房　一九七七年
（2）新東晃一「火山灰考古学の提唱」『毎日グラフ別冊　古代史を歩く12　日向・薩摩』毎日新聞社　一九八八年
（3）奥野充「南九州に分布する最近約3万年間のテフラの年代学的研究」『第四紀研究』41―4　二〇〇二年

(4) 杉山真二「鬼界アカホヤ噴火が南九州の植生に与えた影響」『第四紀研究』41―4　二〇〇二年
(5) 新東晃一「南九州に栄えた縄文文化　上野原遺跡」『遺跡を学ぶ』27　新泉社　二〇〇六年
(6) 寺師三千夫『薩摩のタノカンサア』鹿児島放送文化研究会　一九六七年
(7) 青山幹雄『宮崎の田の神像』みやざき21世紀文庫12　鉱脈社　一九九七年
(8) 村田熙「田の神展に寄せて」『田の神』鹿児島県歴史資料センター黎明館企画特別展図録　一九八七年
(9) 江之口汎生「横川町紫尾田の『安良神像』私説田の神像誕生異聞（上）」『千代』第39号　二〇一一年

新東晃一（しんとう・こういち）

はじめて火山灰と縄文遺跡の関係が重要と認識したのは、一九七四年の発掘調査であった。とくに、縄文時代最大の火山爆発といわれるアカホヤ火山灰層の上下に出土する土器型式がそれまでの土器編年とは大きく異なっており、この火山灰層によって新たな縄文土器編年ができるのではと確信した。その後、フィールドとその後の発掘調査でこの火山灰層を探索し、上下の縄文土器の編年作業にとりかかった。このことをきっかけに、縄文人が大規模な火山爆発にどのように対応し、その盛衰についての研究を続けている。

＊　＊　＊

■わたしの研究に衝撃をあたえた一冊『火山灰は語る　火山と平野の自然史』

火山灰層に着目した一九七四年段階では、その火山灰層の噴出源や噴出規模などは皆目見当がつかなかったが、運よく直後の一九七七年に町田洋氏の火山灰の研究本が出版され、むさぼるようにこの本を読破した。そして、この本をバイブルとして発掘調査にフィールド調査にかけまわった。町田氏の研究には日本列島のほとんどの火山・火口の規模や火山灰などの分布が示されており、火山爆発の規模や自然災害の脅威を読みとるには最良の本であった。

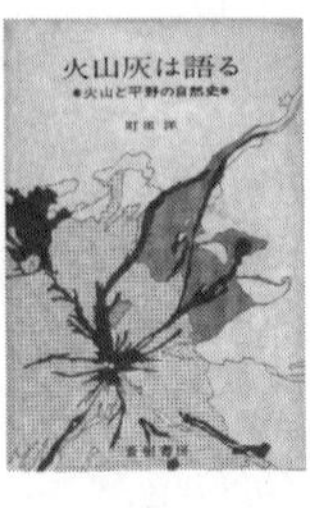

町田洋著
蒼樹書房
一九七七年

あとがき

赤坂憲雄

たしか、小学校の高学年のころには、よく洞窟探検に出かけた。いまにして思えば、戦時下に掘られた防空壕の跡であったのかもしれない。懐中電灯で照らしながら、化石を探したのである。道路工事の現場近くをウロウロするのも好きだった。きらきら光る珍しい石や、教科書か図鑑のなかに出てくる石器とか呼ばれるものを探しまわった。東京の郊外では、そのころ、いたるところで宅地造成や道路整備がおこなわれていた。東京オリンピックの開催に向けて、東京はその全域で近代都市へと変貌を遂げようとしていた。武蔵野の面影は急速に姿を消しつつあった。

あるとき、子どもの掌に収まるくらいの大きさのヤジリ状の黒曜石を見つけた。図鑑のなかの石器を思い浮かべながら、思いがけぬ大発見に興奮した。

何しろ、わたしには苦い失敗の思い出があった。まだ小学一年生であった。雑木林の奥のほうで、大きな貝の化石を見つけたことがあった。化石という名前も知らなかった。上級生が大事なタカラモノだと教えてくれた。発見者はわたしと同級生のヒロシくんだった。幼いわたしたちは、相談して、大事なタカラモノを大きな石で砕いて、半分ずつ家に持ち帰った。

庭の隅っこに捨ておかれたタカラモノは、いつしか忘れられた。武蔵野がまだ海の底に沈んでいたころの記憶を辿るための、たいせつな証言者になり得たかもしれぬ、貝の化石の哀れな末路であったか。

同じ失敗をくり返してはいけない。わたしは翌日には、勇んで、担任の先生にタカラモノを見せにいった。先生は関心がなさそうに、ただの石のかけらでしょ、といった。それはたちまち輝きを失って、机の引き出しにしまいこまれ、忘れられた。あのとき、わたしが考古学に関心の深い大人に出会っていたら、わたしはまちがいなく考古学者への道を歩んでいたにちがいない、と思う。

小林達雄さんの考古学少年のころの思い出話をうかがいながら、わたしはそんな古さびた記憶を反芻していたのだった。

それにしても、この本のなかには、ふと気がつくと、無名の考古学少年たちがくり返し登場してくる。たとえば、葛西勵さんの「環状列石（ストーン・サークル）を求めて」には、小牧野遺跡で発掘に参加して、環状列石を発見した地元高校の考古学研究会のメンバーについて、さり気なく触れられている。あるいは、大竹幸恵さんの「黒曜石の流通にみる共生の知恵」のなかには、黒曜石の遺跡に見られる竪坑掘りの謎について、発掘に参加した地元の中学生が答えを出した、と見える。むろん、ささやかな発見ではあるのだろう。かれらは無名の存在に留まる。

考古学は、大地に刻まれた人類の履歴を探るフィールドの学問である。どんなに時代が移り変わっても、パソコンの画面のなかを掘ることはできない。地面の下を透視する技術くらいは、すでにあるかもしれないし、さまざまなテクノロジーが活用されてはいるが、それでも、やはり考古学者は大地を掘りつづけることだろう。しかも、それはいつだって、大地の下に眠るモノに向けての敬虔なる想像力なしには、豊かな成果を期待できない。この、どこか引き裂かれた表情が、わたしは好きだ。

もし、生まれ変わることがあったならば、わたしは何としても、今度こそ考古学者になることにしよう。しかし、前世の記憶は失われているらしいから、うまくいくかどうかはわからない。それでも、大地を掘る人はいつの時代にも存在するはずだ。

■編者紹介

小林達雄（こばやし・たつお）

考古学の関係者には、考古少年出身がすくなくない。週末を待ちかねて、自転車をこいでは、二里三里と遠出しては遺跡を訪ね、石鏃や石斧や土器片を拾い集めた。まさにフィールドワークの第一歩である。しかし、昨今、考古少年は絶滅危惧種に堕ちてしまった。畑の作物は市場への出荷と直結するようになり、畝のあいだを歩きまわって表面採集する考古少年を閉めだしてしまったのもひとつの原因だ。ささやかな思い出は、人間学としての考古学に必要なことではあるまいか。

■わたしの研究に衝撃をあたえた一冊『日本遠古之文化』補註附新版

考古少年の夢を胸に抱えたまま、故郷の越後長岡をあとにして、高下駄履きで東京に出てきたのであった。手あたり次第に本を漁るうちに、ついにめぐりあった一冊だ。背文字すら拒否するほどに薄っぺらで、さしずめ文学の世界なら短編小説なみである。しかし、周到に削ぎ落とされた珠玉の文章にみなぎる力が、わたしをして縄文学へ導いてくれたのである。

山内清男著
先史考古学会
一九三九年

＊　＊

赤坂憲雄（あかさか・のりお）

わたしはとても中途半端なフィールドワーカーだ。そもそも、どこで訓練を受けたわけでもない。学生のころから、小さな旅はくりかえしていたが、調査といったものとは無縁であった。三十代のなかば、柳田国男論の連載のために、柳田にゆかりの深い土地を訪ねる旅をはじめた。それから数年後に、東京から東北へと拠点を移し、聞き書きのための野辺歩きへと踏み出すことになった。おじいちゃん・おばあちゃんの人生を分けてもらう旅であったか、と思う。

■わたしの研究に衝撃をあたえた一冊『忘れられた日本人』

一冊だけあげるのは不可能だが、無理にであれば、宮本常一の『忘れられた日本人』だろうか。宮本の〈あるく・みる・きく〉ための旅は独特なもので、真似などできるはずもなく、ただ憧れとコンプレックスをいだくばかりだった。民俗学のフィールドは、いわば消滅とひきかえに発見されたようなものであり、民俗の研究者たちはどこかで、みずからが生まれてくるのが遅かったことを呪わしく感じている。民俗学はつねに黄昏を生きてきたのかもしれない。

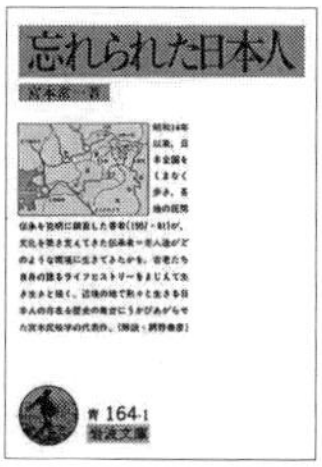

宮本常一著
岩波文庫
一九八四年（未來社、一九六〇年）

フィールド科学《かがく》の入口《いりぐち》

遺跡《いせき》・遺物《いぶつ》の語《かた》りを探《さぐ》る

2014年3月25日　初版第1刷発行

編　者———小林達雄　赤坂憲雄

発行者———小原芳明

発行所———玉川大学出版部

〒194−8610　東京都町田市玉川学園6−1−1
TEL 042−739−8935　FAX 042−739−8940
http://www.tamagawa.jp/up/
振替：00180−7−26665
編集　森　貴志

印刷・製本——モリモト印刷株式会社

ISBN978−4−472−18203−7　C0021 / NDC210

装画：菅沼満子
装丁：オーノリュウスケ（Factory701 ）
編集・制作：本作り空Sola